Verschwörung im Regenwald

SCHÖNBACH

VERSCHWÖRUNG IM REGENWALD

Ida Pfeiffers Reise nach Madagaskar im Jahre 1857

Mit einer biographischen Skizze von Hiltgund Jehle

SCHÖNBACH

Ida Pfeiffer: Reise nach Madagaskar
Nebst einer Biographie der Verfasserin nach
ihren eigenen Aufzeichnungen
Erschienen in 2 Bänden bei
Druck und Verlag von Carl Gerold's Sohn, Wien 1861

Bearbeitet und herausgegeben von G. Waeckerlin Induni
in der Reihe Von der Lust, die Welt herauszufordern

Layout und Schutzumschlaggestaltung:
J.J. Schaffner & S. Conzelmann, Basel

Druck:
Kreis & Co AG, Basel

Bindung:
Henssler AG, Basel

Printed in Switzerland 1991

ISBN 3-927883-10-7

The remarkable lady traveller, Madame Pfeiffer, arrived here yesterday after a voyage which we feel assured has surpassed all her previous undertakings. She has visited Madagascar and penetrated to the Hova Capital after having gone through all the dangers of the journey into the interior of that vast island. She has received the hospitality of the Queen Ranavalona, conversed with her, seen horrible punishment inflicted on the native christians, and finally for reasons, already known was ordered to leave the capital in all haste. We understand Madame Pfeiffer has suffered from the fatigues of the voyage and the Madagascar fever, but that she is now gradually recovering.

The Commercial Gazette – 15/9/1857

ZUR VORLIEGENDEN AUSGABE

Ist Ida Pfeiffers Beurteilung fremder Welten heute noch nachvollziehbar? War sie wirklich nur die scharfzüngige, zutiefst von den europäischen Idealen des 19. Jahrhunderts geprägte Reisende?

Um diese Fragen zu beantworten, muß man etwas tiefer in ihre Reisebeschreibungen »hineinhorchen«, um festzustellen, daß viele der von ihr beobachteten, geschilderten und vehement kritisierten Zustände sich heute zu Problemen mit unabsehbaren Folgen ausgewachsen haben, daß viele Episoden heute zum Alltag unserer Medienberichterstattung gehören – man braucht nur an das von Erosion bedrohte Madagaskar zu denken, an die jüngsten blutigen Ereignisse auf allen Kontinenten. Vielleicht sollten wir auch so ehrlich sein und uns eingestehen, daß – wenn der Reiz des Exotischen sich verflüchtigt hat – unser Bild einer Welt, die wir uns anmaßen, die »Dritte« zu nennen, sich nicht unbedingt immer von dem Ida Pfeiffers unterscheidet.

Um dem Leser den Text zugänglicher zu machen, haben wir dort, wo es uns für das Verständnis des Textes erforderlich schien, Orthographie, Interpunktion und Satzstellung des Originals der heute üblichen Schreibweise angepaßt; nicht mehr gebräuchliche, und daher oft unverständliche oder mißverständliche Begriffe haben wir durch einen geläufigen Ausdruck ersetzt, ohne den unverwechselbaren, lapidaren, ironischen Stil, der die Originalität von Ida Pfeiffers Werk ausmacht, zu verfälschen.

Basel/Hannover, April 1991

AM 21. MAI 1856 VERLIESS ICH WIEN

Ida Pfeiffer schifft sich auf dem Dampfer AUSTRIA ein und fährt die Donau aufwärts nach Linz, von dort mit der Eisenbahn nach Lambach und mit dem Pferdeomnibus weiter nach Salzburg – in Salzburg regnete es wie gewöhnlich. Nicht zu Unrecht nennen meine Landsleute diese Stadt ein »wahres Regenwinkel« –, *wo sie das neue Mozart-Standbild besucht und ihre Reise nach München im Stellwagen fortsetzt.*

Sie bleibt sechs Tage in München, nimmt am Künstlerfest teil – kurz, ein heiterer Scherz und Schwank löste den anderen ab, und das schaulustige Publikum unterhielt sich auf das beste, es war ein wahres Volksfest –, *bei dieser Gelegenheit wird sie König Max vorgestellt. Voller Lob stellt sie fest, daß der König in einfachem schlichten Bürgerrocke erscheint:* Schon seit langer Zeit habe ich keinen Monarchen in Zivilkleidern gesehen; Uniform und nichts als Uniform tragen die gekrönten Häupter, als ob sie bloß dem Soldatenstande angehörten. Freilich, was wären auch die meisten ohne Soldaten ...?!

Dann fährt sie mit dem Zug nach Berlin, wo sie mit Alexander von Humboldt und dem berühmten Geographen Carl Ritter zusammentrifft, der sie zur Sitzung der Geographischen Gesellschaft einlädt.

Einige Monate zuvor war Ida Pfeiffer als Ehren-Mitglied in diese Gesellschaft aufgenommen worden – eine Auszeichnung, die bisher noch keiner Frau zuteil geworden war –, *wie sie mit einiger Genugtuung bemerkt:*

In Berlin wurde mir eine große Überraschung zuteil: Alexander von Humboldt gab mir einen sehr warmen, offenen Empfehlungsbrief an alle seine Freunde in der weiten Welt. Ich hoffe, man wird es mir nicht als Eitelkeit auslegen, wenn ich im Gefühle der Freude, von solch einem Manne derart ausgezeichnet worden zu sein, die Abschrift dieses Briefes, den ich so glücklich war, von ihm zu erhalten, meinem Werk beifüge.

Der große Humboldt schreibt:

»Alle Diejenigen, welche in den verschiedenen Regionen der Erde eine Erinnerung meines Namens und Teilnahme für meine Werke bewahrt haben, bitte ich hiemit dringend, die Überbringerin dieser Zeilen, Frau Ida Pfeiffer, mit freundlichem Interesse aufzunehmen und mit Rat zu unterstützen. Diese Frau ist nicht bloß berühmt durch die edle Ausdauer, welche sie inmitten so vieler Gefahren und Entbehrungen zweimal um die Welt geführt hat, sondern vor Allem durch die liebenswürdige Einfachheit und Bescheidenheit, die in ihren Werken vorherrschen, durch die Wahrheit und Reinheit ihres Urteiles und durch die Unabhängigkeit und zu gleicher Zeit Zartheit ihrer Gefühle. Des Vertrauens und der Freundschaft dieser achtbaren Frau genießend, tadle ich, bewundere jedoch dabei nicht weniger diese unbezähmbare

Energie des Charakters, welche sie überall gezeigt hat, wohin sie gerufen – oder besser gesagt, getrieben wurde durch die unbesiegbare Leidenschaft, die Natur und die Gebräuche der verschiedenen Menschenrassen zu erforschen. Als der älteste lebende Naturforscher fühle ich das Verlangen, Frau Ida Pfeiffer diesen kleinen Beweis meiner hohen und respektvollen Achtung zu geben.«

Von Berlin aus fährt sie nach Hamburg – aber auch in Hamburg war meines Bleibens nicht lange; ich wollte meine Zeit für das mir noch ganz unbekannte Holland sparen, und so schiffte ich mich schon am 14. Juni abends auf dem Dampfer STOOMWARD, Kapitän C. Bruns, nach Amsterdam ein (312 Seemeilen). Dies war die erste Fahrt, die ich in Europa auf einem holländischen Dampfer machte, und wie auf jenen, die ich auf meiner zweiten Reise um die Welt in Indien bestiegen hatte, war man auch hier so freundlich, mir nicht nur eine freie Fahrt zu geben, sondern auch für Kost und dergleichen keine Vergütung anzunehmen. Wie leicht würde mir das Reisen werden, fände ich bei den englischen Dampfschiffahrts-Gesellschaften ähnliche Großherzigkeit – leider ist dies aber bisher nie der Fall gewesen; die englischen Herren Direktoren, Agenten usw. zeigten viel mehr Sinn für meine Thaler als für meine Reisen und ließen mich stets ganz ruhig für die kleinste wie für die größte Fahrt bezahlen. Ich traf in Amsterdam am 16. Juni mittags ein.

Hier findet sie Aufnahme bei Freunden, die sie von ihren Reisen in Holländisch-Indien her kennt und die ihr einen großen Teil des Landes zeigen. In Amsterdam fallen ihr die hohen, schmalen Häuser mit den spitzen oder runden Giebeldächern auf, bei denen oft einzelne Stockwerke auf die Straße hinausragen, und sie ist entsetzt über die unglaublich steilen Treppen in den holländischen Häusern. Sie wundert sich, daß in einer so großen Stadt (200 000 Einwohner) auf den Plätzen und Straßen keine Mietdroschken stehen, sondern daß man erst in das Haus eines Lohnkutschers schicken oder gehen und warten muß, bis angespannt wird. Ausführlich beschreibt sie einen Besuch in der Diamanten-Schleiferei des Herrn Costa: Die Holländer sind bekanntlich in der Kunst, Diamanten zu schleifen, noch von keiner anderen Nation Europas übertroffen worden, und nur in Indien haben sie ihre Meister gefunden. *Auch vom »Harlemer Meer« ist sie sehr beeindruckt,* dessen Austrocknung gewiß eine der großartigsten Unternehmungen unseres Jahrhunderts ist. *Hier sieht sie auch zum ersten Mal,* wie weit die Vorliebe der Holländer für die Viehzucht geht – der Kuhstall war unstreitig der schönste Teil des Hauses. *Auch bei anderen Besuchen auf dem Land fallen ihr die Reinlichkeit der Dörfer und die schönen, zweckmäßigen Ställe auf.*

In Utrecht findet gerade das große Studentenfest statt, mit dem alle fünf Jahre die Gründung der Universität gefeiert wird. Die Herren Studenten haben sich in zwei Parteien gespalten, die aristokratische und die demokratische, und eine Partei versucht während des zwei Wochen dauernden Festes, die andere zu übertrumpfen. Ida Pfeiffer – wie könnte es anders sein – äußert sich kritisch zu so viel Pomp und Aufwand: Schön und glänzend war es, das ist nicht zu leugnen, aber viel zu großartig für Studierende.

In Den Haag besucht sie die Bilder-Galerie – hier Museum genannt; *Leyden findet sie langweilig, rühmt aber seine Bildersammlungen; von Rotterdam hingegen ist sie begeistert; sie steht stundenlang am Fenster und meint zu träumen, als sie draußen die* Wasser-Kolosse mit ihren hohen Masten sowie die rauchenden Dampfer mitten durch die Stadt ziehen *sieht.*

Ihren Hollandbesuch faßt sie schließlich mit folgenden Worten zusammen:

Mein Aufenthalt in Holland war somit nicht von langer Dauer gewesen – ungefähr 14 Tage, während welcher ich der interessanten Dinge genug sah – Naturschönheiten ausgenommen. An letzteren ist Holland arm. Wie bekannt, wurde ein großer Teil des Bodens dem Meere abgerungen, und es besteht demzufolge aus einer fortgesetzten Fläche, die kaum hie und da durch niedrige Dünen unterbrochen wird. Die Ansichten sind daher überall so ziemlich dieselben – frische Wiesen mit darauf weidendem Vieh, wenig Felder, hübsche Bosquets, große umfangreiche Bäume, nette Bauernhöfe und Dörfer. Ein freundliches Bild gewährt dies zwar; wenn man es aber fortwährend vor Augen hat, wird es bald einförmig, und man sehnt sich darnach, Berge oder wenigstens eine kleine Hügelkette zu sehen. Ein fruchtbares Land ist Holland jedenfalls, das leugne ich nicht – aber ein schönes Land kann ich es nicht nennen.

Am 2. Juli fährt sie mit einem Dampfschiff von Rotterdam nach London; es ist das erste Mal, daß sie auf einem englischen Schiff die Überfahrt nicht bezahlen muß. Ich hatte meinen Platz bereits genommen; sobald aber Herr Smith meinen Namen erfuhr, stellte er mir auf die freundlichste Art mein Passage-Geld zurück. *Auch die Engländer haben mittlerweile offensichtlich Respekt vor Ida Pfeiffers beißender Kritik.*

In London verbringt sie rund vier Wochen bei ihrem Freund, Herrn Waterhouse, einem der Direktoren des Britischen Museums.

Am 1. August ging ich nach Paris.

Der Hauptzweck meiner diesmaligen Reise war, die Insel Madagaskar zu besuchen, mit deren Regenten die französische Regierung allein einigermaßen in Verbindung steht. Ich mußte daher, wollte ich genauere Erkundigungen über dieses ziemlich unbekannte Land einziehen, nach Paris gehen, was mir ehrlich gestanden, nicht unangenehm war, denn so unglaublich es manchem meiner Leser erscheinen mag, ich habe, obwohl seit Jahren die Welt durchziehend, diese Stadt noch nie besucht.

Ich traf am 2. August morgens in Paris ein und begann noch an demselben Tag meine Gänge. Mein glücklicher Stern fügte es, daß der erste Besuch, welchen ich machte, dem Präsidenten der Geographischen Gesellschaft, Herrn Jaumard, galt und daß gerade am Abend dieses Tages die Gesellschaft ihre letzte Sommersitzung abhielt. Ich hatte an Herrn Jaumard einen sehr warmen Empfehlungsbrief von

Herrn Professor Carl Ritter in Berlin. Herr Jaumard nahm mich auf das freundlichste auf und lud mich ein, der Sitzung beizuwohnen, in welche mich der bekannte Geograph Herr Malte-Brun einführte. Man wies mir einen Platz etwas entfernt von der Tafel an. Gleich zu Anfang der Sitzung hielt der Präsident eine Rede, in welcher er mich der Gesellschaft vorstellte, mit wenigen Worten meine Reisen erwähnte und mit dem Vorschlag schloß, mich als Ehrenmitglied aufzunehmen. Die versammelten Mitglieder erhoben die Hände, und meine Aufnahme war einstimmig entschieden.

Ich beriet mich sogleich in der Sitzung mit den Herren Mitgliedern über mein Vorhaben, eine Reise nach Madagaskar zu unternehmen; alle aber waren der Meinung, daß unter den gegenwärtigen Verhältnissen nicht daran zu denken sei. Ich hatte schon während meines Aufenthaltes in Holland aus Zeitungsberichten ersehen, daß die französische Regierung eine Escadre nach Madagaskar senden wolle und daß man auf einen ernstlichen Krieg gefaßt war. Hier erfuhr ich die näheren Umstände:

Die Franzosen besitzen schon seit Jahrhunderten ein an der Küste Madagaskars gelegenes Inselchen St. Maria. Unter dem verstorbenen König Radama gelang es ihnen aber, auf Madagaskar selbst einen Distrikt in der Bai von Vanatobi zu erwerben. In diesem Distrikte befindet sich ein reiches Steinkohlen-Lager, in welchem ein französisches Handelshaus aus Mauritius 180 farbige Arbeiter (Indier, Neger u.s.w.) unter der Aufsicht von drei Weißen beschäftigte. Als nach dem Tode des Königs Radama die Königin Ranavola zur Regierung kam, ließ sie den Leuten befehlen, den Distrikt zu räumen. Diese weigerten sich, dem Befehle zu gehorchen, da sie den Platz als der französischen Regierung angehörend betrachteten. Die Königin sandte hierauf 2000 Soldaten, welche die Leute überfielen, zwei der Weißen und 100 Farbige töteten und die übrigen mit sich schleppten und als Sklaven verkauften. Die französische Regierung verlangte natürlich Genugtuung, auf deren Erlangung man jedoch ohne Anwendung der Waffengewalt wenig rechnete; daher war man, wie gesagt, auf einen ernstlichen Krieg gefaßt. Überall, wo ich Erkundigungen einzog, wurden mir diese Nachrichten bestätigt; ich sah mich deshalb gezwungen, meinen Reiseplan, wenn nicht aufzugeben, so doch zu verschieben.

Was ihre Madagaskarpläne angeht, kann ihr also die Geographische Gesellschaft nicht weiterhelfen. Über ihren Aufenthalt in Paris schreibt sie weiter:

Die wenigen Tage, die ich in dieser großen Stadt zubrachte, benützte ich fleißig, um wenigstens einen Überblick der unzähligen Sehenswürdigkeiten zu erhaschen. Eine genaue Beschreibung davon zu geben, kommt mir natürlich nicht in den Sinn. Bei der in diesem Jahrhunderte herrschenden Reisewut, bei der Leichtigkeit, wenigstens in Europa, Hunderte von Meilen in wenig Tagen zurückzulegen, wird es vielleicht wenige unter meinen Lesern geben, die nicht selbst in Paris waren, und jene, die diese Weltstadt nicht gesehen haben, kennen sie aus Büchern gewiß ebensogut wie ich. Ich will daher nur mit einigen Worten die Eindrücke schildern, die ich mit mir genommen.

Großes Vergnügen bereitet ihr der Besuch der Manufacture de Gobelins (Gemälde-Teppiche, wie ich sie nennen möchte), *wo sie den Arbeitern stundenlang bei der Arbeit zusieht, ohne daß es ihr gelingt,* dem Geheimnis dieser Kunst auf die Spur zu kommen.

Sie stattet auch der berühmten »Morgue«, dem Leichenschauhaus, einen Besuch ab: Zum Schluß besah ich die Morgue, in welcher die Totgefundenen zur Schau ausgestellt werden, damit die Verwandten oder Freunde sie erkennen können.

Manche meiner Leser werden vielleicht darüber erstaunt sein, wie ich, eine Frau, einen ähnlichen Ort besuchen konnte; sie mögen aber bedenken, daß ich selbst auf meinen Reisen nicht selten dem Tode sehr nahe war, daß daher sein Anblick für mich nicht so schrecklich ist, wie für den größeren Teil der Menschen, ja, daß ich im Gegenteil mit einem, ich möchte sagen wehmütigen Vergnügen nicht ungerne von Zeit zu Zeit sein Bild betrachte, um der Bestimmung nicht zu vergessen, welcher keiner von uns entgehen kann. [...]

Was Versailles betrifft, so erkläre ich meinen Lesern aufrichtig meine Unfähigkeit, es zu beschreiben. Ich kann sie nur versichern, daß man ähnliche Pracht an Gärten, Gebäuden, Sälen, Gemälden, Einrichtungen u.s.w. bloß in Frankreich sehen kann, wo ein Louis XIV. lebte, dessen Luxus mit jenem der Römer wetteiferte und der die edle, bescheidene Meinung von sich hatte, Er sei der Staat und das Volk sei nur seinetwegen vorhanden.

Als ich die Säle durcheilte und die zahllosen Gemälde sah, die nichts als Schlachten, Bestürmungen, brennende Dörfer und Städte mit fliehendem halbnacktem Volke vorstellen, konnte ich mich des Gedankens nicht erwehren, daß ich wissen möchte, in was wir den Wilden voraus sind. Unsere Zivilisation hat die Formen verfeinert, aber die Taten sind dieselben geblieben. Der Wilde erschlägt seine Feinde mit der Keule – wir töten sie mit Kanonen; der Wilde hängt Skalpe, Schädel und ähnliche Trophäen in seiner Hütte auf – wir malen sie auf Leinwand und zieren damit Paläste. Was ist da im Grund für ein Unterschied?

Am 12. August kehrt sie unverrichteter Dinge nach London zurück. Sie hat unterdessen beschlossen, Holländisch-Indien, wo sie bereits früher gute Aufnahme gefunden hatte, einen zweiten Besuch abzustatten, um dann vielleicht auf dem Rückweg einen Abstecher nach Madagaskar zu machen. In der Hoffnung, in Holland eine billigere Schiffspassage zu finden, fährt sie von London nach Rotterdam zurück.

Bevor ich London verließ, besuchte ich noch den Sekretär der Geographischen Gesellschaft, Herrn Shaw. Er hatte in den Zeitungen gelesen, welche Ehre man mir von Seite der geographischen Gesellschaft in Paris hatte zukommen lassen. Darüber schien er etwas verlegen und äußerte, er bedaure sehr, daß man hier nicht dasselbe tun könne; allein in den Statuten sei ausdrücklich verboten, eine Frau als

Mitglied aufzunehmen. Was möchten wohl die emanzipierten Amerikanerinnen der Vereinigten Staaten zu einem ähnlichen Gesetze sagen? Daß man mich nicht aufnahm, ist natürlich; denn ich kann nicht den geringsten Anspruch auf eine gründliche Bildung in irgend einem Zweige des Wissens geltend machen. Niemand wird aber leugnen, daß es heutzutage unter den Frauen gar manche gibt, die vollkommen wissenschaftlich ausgebildet sind; und diese nur deshalb auszuschließen, weil sie Frauen sind, würde ich höchstens im Orient begreiflich finden, wo das weibliche Geschlecht noch wenig geachtet ist, aber gewiß nicht in dem auf seine Zivilisation und seinen Zeitgeist so stolzen England.

Am 22. August betrat ich wieder die Küste Hollands. *Hier wird sie von einem Bekannten bei einem der größten Reeder Rotterdams eingeführt, der gerade ein Schiff vor Anker liegen hat, das Ende August nach Batavia ausfahren soll. Man rät ihr aber von diesem Schiff ab, da bis zum Kap alle Plätze besetzt seien.* Außer den Kajüten-Passagieren soll nämlich eine ganze Schiffsladung Kinder transportiert werden, Knaben und Mädchen von 10 bis 14 Jahren, an die hundert an der Zahl, die von auf dem Kap angesiedelten Holländern sozusagen verdingt worden waren, um zu Dienern und Mägden herangezogen zu werden.

Vermag sie das von ihrem Plan abzubringen? Gewiß nicht; sie bucht eine Koje im Schlafraum der Mädchen und ist wie immer voller Zuversicht. Das Schiff sticht in See. Ida Pfeiffer bricht zu ihrem letzten großen Abenteuer auf.

AN BORD DES »SALT-BOMMEL«, 700 TONNEN, KAPITÄN JUTA

Unser Schiff war das erste, das eine Kinderladung dem Mutterland entführte, und da der 31. August ein Sonntag – und dazu noch ein sehr schöner – war und die Holländer ebenso neugierig sind wie andere Nationen, so war es nicht verwunderlich, daß vom frühen Morgen Tausende von Menschen die Kais und die Ufer bevölkerten. Die guten Leute waren so glücklich, den ganzen Tag über unser Schiff bestaunen zu können, denn der Schlepp-Dampfer, der uns bis zu den *nieuwe Sluis* bugsieren würde, kam erst um 4 Uhr nachmittags.

An Bord war das Treiben nicht minder rege. Die Kinder trafen nach und nach ein, begleitet von den Ihren, bepackt mit Eßwaren und kleinen Andenken. Hier drückte eine Mutter ihr Kind zum letzten Male an die Brust, dort gab ein Vater seinem Sohn noch Ermahnungen und gute Lehren mit auf die Reise; nachdem sie zum wiederholten Male sich von ihrem Kinde getrennt hatten, kehrten gar manche Eltern auf halbem Wege wieder um, das geliebte Antlitz nochmals zu sehen. Und als das Schiff vom Ufer ablegte, riefen sie sich noch lange Lebewohl zu, obgleich man die Rufe schon fast nicht mehr hörte. Tücher und Hüte traten dann an die Stelle der Stimmen, es wehte und flatterte wie bei einem Volksfest, kräftige Hurras schallten dazwischen ... es war, als ob die ganze Stadt an diesem Ereignis teilnähme, als ob die Kinder dem ganzen Volk gehörten. Die allgemeine Teilnahme verdrängte bald jede Trauer. Kinder und Eltern schrien mit dem Volk um die Wette, und die vereinzelten Tränen, die manche arme Mutter ihrem Liebling nachweinen mochte, gingen im lauten Jubel unter.

Sooft wir an Ortschaften vorbeikamen, fing das Tücherschwenken und Hurraschreien von neuem an. Glückliche Jugend, die mit so leichtem Sinn der unbekannten Zukunft entgegenzieht.

An diesem ersten Tag ging unsere Reise nicht weiter als 8 Meilen. (Ich rechne von nun an stets nach englischen Meilen, davon gehen 4 auf eine deutsche Meile und 60 auf einen Grad.) Am Abend verabschiedete sich der Dampfer. Am folgenden Tag schleppten wir uns mühsam bis an die Reede von Hellevoestluis, wo wir aus Mangel an gutem Wind geduldig ein paar Tage vor Anker liegen bleiben mußten. Diese wenigen Tage genügten mir, um zu erkennen, daß ich in Anbetracht der mich umgebenden Passagiere wohl auf eine höchst unangenehme Reise gefaßt sein mußte.

Die Kinderladung war, wie gesagt, für die Kap-Kolonie bestimmt; ein Teil sollte in Kapstadt selbst, der andere in Port Elisabeth, einige hundert Meilen entfernt an der Nord-Ost-Küste, ausgeschifft werden. Am Kap ist es sozusagen unmöglich, ordentliche, arbeitssame Dienst- oder Handwerksleute zu bekommen; man ist gezwungen, Kaffer oder Hottentotten einzustellen, und diese vermieten sich nur für Tage, allerhöchstens für Wochen, und laufen häufig mitten in der Arbeit davon. Die Holländer lassen daher Kinder aus dem Mutterland kommen, in der Absicht, sie zu Dienstboten und Handwerkern heranzubilden. Die Kinder bekommen vom ersten Tag, an dem sie das Schiff betreten, Verpflegung und Kleidung. An ihrem Bestimmungsort angelangt, erhalten sie für die ersten zweieinhalb Jahre keinen Lohn (sie dienen in dieser Zeit die Reisekosten ab), für jedes der folgenden Jahre bekommen sie aber außer Kleidung und Verköstigung 60 holländische Gulden, davon wird ihnen jeden Monat ein Gulden auf die Hand gegeben. Die übrigen 48 Gulden werden auf dem Gericht hinterlegt, nach erlangtem einundzwanzigsten Jahr wird ihnen die ganze Summe ausgehändigt. Sie haben dann auch das Recht, ihren Dienstherrn zu verlassen.

In verschiedenen Städten sind Komitees gebildet worden, um die Kinder aufzunehmen. Aus den Waisenhäusern werden keine geliefert. Die Kinder werden vor dem Gericht befragt, ob sie einverstanden sind, nach Übersee zu gehen. Leider scheinen aber diese Komitees die Sache sehr leicht zu nehmen und sich nicht im geringsten an die gesetzlichen Bedingungen zu halten. Die Kinder auf dem Schiff waren keine Kinder mehr: anstatt 10 bis 14 Jahre, waren sie durchwegs zwischen 16 und 20 Jahre alt, und alle mußten von der Straße aufgelesen worden sein, denn solch ein Ausbund an Gesindel habe ich noch nie beisammen gesehen. Die erwachsenen Mädchen mochten sich schon jahrelang in den Matrosenkneipen herumgetrieben haben, die jüngeren ahmten die älteren nach, und alle fluchten wie Seeleute, sangen die ausgelassensten Lieder und bestahlen sich gegenseitig. Ihre Unsauberkeit war grenzenlos.

Doch will ich nicht den Stab über die armen Geschöpfe brechen, und wer sie unbedenklich verdammt möge bedenken, was für ein Fluch schon von Geburt an auf den Kindern der Armut lastet. Nicht die elende Kleidung ist es, nicht die mangelhafte Nahrung, um derentwillen ich sie bedaure – ihr größtes Unglück ist, niemanden zu haben, der sich der Ausbildung ihres Herzens und ihres Geistes annimmt. Die Eltern sind es meist nicht im Stande – und derselbe Fluch lastet ja auch schon auf ihrer Kindheit! Wenn sie den Tag über schwer arbeiten und ihrem Kind das unentbehrliche Brot geben, glauben sie, ihre Pflicht getan zu haben. Folgen mehrere Kinder nach, so reicht das Brot nicht aus, und sie sind gezwungen, die älteren sobald als möglich zur Arbeit anzuhalten. Wäre es wenigstens noch eine geregelte Arbeit, das würde dem Kind nur zum Vorteil gereichen. Aber was kann ein kleiner Junge, ein kleines Mädchen von 7 oder 8 Jahren leisten? In den Fabriken arbeiten, in eine Lehre gehen, das ist noch das beste; aber es finden nicht alle ein Unterkommen, und so bleibt ihnen nichts anderes übrig, als allerlei kleine Dienste in den Straßen zu verrichten, Zeitungen austragen, die Trottoirs reinigen und dergleichen. Sich selbst überlassen, ohne Anleitung, ohne Erkenntnis des Guten und Bösen und leider nur zu häufig das schlechte

Beispiel ihrer Eltern vor Augen. Ist es verwunderlich, wenn sie am Ende der Verführung erliegen, die sie unter allen Gestalten umgibt?

Ungleich verdammenswert finde ich jene Männer, die mit der Bildung des Volkes beauftragt sind und ihre Aufgabe, wie es leider oft geschieht, so unvollkommen erfüllen. Die können sich nicht wie die Kinder der Armen mit Unkenntnis und Unwissenheit entschuldigen – im Gegenteil: wenn sie ihrer Pflicht nicht nachkommen, tun sie es im vollen Bewußtsein ihrer Schuld.

Ich spreche hier von den Priestern und Schullehrern, die meiner Meinung nach die wichtigsten Männer im Volke sind, denn in ihren Händen liegt die eigentliche Volkserziehung. Sie sind in jedem Dorf die Hauptperson, sie können, wenn sie ernstlich wollen, unglaublich viel Gutes wirken, und auf sie sollte daher die Regierung das schärfste Augenmerk haben.

Ist dies der Fall? Leider nein.

Die Priester sind von ihren Konsistorien meist so wenig beaufsichtigt, daß oft das ganze Dorf laut vom sittenlosen Verhalten des Pfarrers spricht, während dessen Vorgesetzte nichts davon hören. Und wird die Sache am Ende gar zu arg – worin besteht die Bestrafung? In der Versetzung an einen anderen Ort.

Was die Schullehrer betrifft, so sind sie so schlecht bezahlt, daß gewöhnlich nur Leute sich diesem Fach widmen, die keinen anderen Ausweg finden.

Priester und Schullehrer (mit wenigen Ausnahmen) meinen ihre Pflicht zu tun, erstere, wenn sie sonntags eine trockene Predigt halten, letztere, wenn sie ihren

Zöglingen allenfalls Lesen und Schreiben beibringen. Sich um die moralische Erziehung der ihnen anvertrauten Kinder bemühen, ihnen die Erkenntnis des Guten beibringen, Geist und Gemüt zu erwecken suchen und vor allem ihnen mit einem guten Beispiel vorangehen – wie wenige tun dies?!

Auch an Bord hatten wir einen Schullehrer: Herrn Jongeneel mit seiner Frau; er sollte die Jungen, sie die Mädchen überwachen. Beide aßen und tranken ganz tüchtig, beteten auch viel und sangen Psalmen; aber um die ihnen Anvertrauten kümmerten sie sich wenig. Kaum war die letzte Psalm-Note im Munde der Mädchen erstorben, so eilten sie aufs Deck und verschwärmten die Abende und die halben Nächte mit den Steuerleuten und Matrosen. Selbst am Tag benahmen sie sich so schamlos, daß ich zusammen mit einer jungen Frau und deren Stieftochter die meiste Zeit in der Kajüte verbringen mußte.

Wie man mir sagte, soll Herr Jongeneel am Kap eine Anstellung als Missionar bekommen. Was ist von einem solchen Mann zu erwarten? Schon die Reise hatte er mit einer Lüge begonnen. Er hatte dem Komitee versichert, daß er keine Kinder habe, und er kam nicht nur mit einem Kind an Bord, sondern seine Frau erwartete jeden Augenblick ein zweites: ihre Entbindung fand denn auch richtig am 3. September statt.

Daß ich unter diesen Umständen nicht in der Kajüte der Mädchen schlafen konnte, versteht sich von selbst. Kapitän Juta, ein überaus gefälliger Mann, sah dies ein und ließ mir, da durchaus kein anderer Platz vorhanden war, auf einer Bank in der ersten Kajüte ein Lager bereiten. Es war nicht sehr bequem, denn die Bank hatte kaum einen Fuß Breite, und wenn das Schiff schlingerte, konnte ich nur mit Mühe das Gleichgewicht halten.

Abgesehen von der jungen Frau und ihrer Stieftochter, bestand die Reisegesellschaft aus acht oder neun Herren, die gar gerne jede Gelegenheit nutzten, sich mit den Mädchen zu unterhalten, und zwar ungefähr in derselben Art wie die Matrosen. Abends ging es oft so toll zu, daß wir Frauen durchaus kein Fleckchen auf Deck fanden, wo wir ungestört die reine Luft hätten genießen können. Die Herren und die Mädchen verfolgten einander, stachen sich gegenseitig mit Nadeln, schrien, lachten und lärmten wie in der gemeinsten Kneipe. Nur einer machte eine Ausnahme: Herr Schuhmann, ein junger Apotheker.

Erst am 4. September erhob sich etwas Wind, und mit seiner Hilfe und der eines kleinen Schleppdampfers verließen wir die Reede und gelangten in die Nordsee. Die Segel schwellten sich, und bereits am 5. gelangten wir zum Kanal, den wir in zweieinhalb Tagen durchfuhren – die schnellste Fahrt, die ich auf diesen gefährlichen Fluten in einem Segelschiff je gemacht habe.

Der 7. September war ein Sonntag. Der Schullehrer – oder angehende Missionar – hielt mit gesenkten Augen den Gottesdienst, mit einer Salbung und Wichtigkeit, als wäre er schon als Priester auf die Welt gekommen. Seine Rede oder Predigt war so hölzern und erbärmlich, genau richtig für Wilde, die weder eine gute noch eine schlechte verstehen. Was das Essen angeht, war er offensichtlich viel geschickter, und die vollen Teller verschwanden vor ihm wie durch Zauberei.

Nachmittags hatten wir beinahe Windstille. Der Kapitän, der gerne allen Freude und Vergnügen bereitete, hatte eine schöne Orgel an Bord. Er ließ sie aufs Deck bringen und spielte der Jugend zum Tanz auf. Es war ein richtiges Fest. Alles war lustig, munter und bescheiden, denn der Kapitän blieb stets gegenwärtig. Auch die Matrosen sangen und tanzten, teils unter sich, teils mit den Mädchen. Die Jungen kletterten auf dem Tauwerk umher, spielten miteinander oder machten allerlei gymnastische Übungen. Wir Reisende gruppierten uns dazwischen und ergötzten uns an der Jugend Munterkeit.

Nur eines der Mädchen nahm an diesem Fest nicht teil; die Arme schien als einzige zu fühlen, wie traurig es war, ohne Stab und Stütze in die weite Welt hinauszugehen. Schon in der ersten Nacht, die ich in der Kajüte der Mädchen zugebracht hatte, fiel mir ihre Traurigkeit auf; sie schlief unter Tränen ein, rief im Schlaf nach der Mutter, und als sie am Morgen erwachte und all die fremden Gesichter um sich sah, da ward ihr gar bang ums Herz. Sie kauerte sich in eine Ecke und weinte lange bitterlich.

Daß doch alle jene, die verwaiste Kinder in ihrem Haus aufnehmen, ihnen nur einigermaßen durch liebevolle Behandlung ersetzen möchten, was die Bedauernswerten verloren haben. Ich versuchte das Mädchen so gut als möglich zu trösten, auch der

Kapitän sprach der Armen freundlich zu und bot ihr an, sie wieder nach Europa zurückzubringen, wenn es ihr am Kap nicht gefiele. Doch wie es leider nur allzu häufig der Fall ist: die Traurigkeit nahm von Tag zu Tag ab, das Mädchen fand nach und nach Wohlgefallen am Benehmen seiner Gefährtinnen – und nach wenigen Wochen waren Eltern und Heimat vergessen. [...]

Am 19. September hatten wir eine sehr merkwürdige Erscheinung. Wir segelten ruhig vor dem Wind, als dieser plötzlich umsetzte und wir eine volle Ladung von vorn bekamen. Die Segel konnten nicht rasch genug eingerefft werden, dabei brach die Bramstange, eines der Segel ging in Stücke, und das Schiff drehte sich zweimal um sich selbst. Alles war in wenigen Minuten vorbei; die Passagiere, die in den Kabinen waren, hatten gar nichts davon bemerkt. Der Kapitän schrieb diese Erscheinung einer starken Windhose zu; wir sahen sie zwar nicht, waren aber wahrscheinlich in den Bereich des sie verursachenden Wirbelwindes geraten.

Am Ende der Reise, die sonst ohne weitere Zwischenfälle etwas langsam vor sich ging, hatten wir einen Todesfall an Bord. Das ältere Kind des Schullehrers starb an der häutigen Bräune. Was mich bei diesem Ereignis am unangenehmsten berührte, war das Benehmen der Mutter. Sie hatte das Kind noch auf dem Schoße, es war vor wenigen Augenblicken verschieden, da verlangte sie Brot, Butter und Käse nebst einem Glas Wasser. Als sie das Wasser trinken wollte und es ungezuckert fand, schalt sie das Mädchen aus und ließ Zucker holen. Nachdem sie Hunger und Durst gestillt hatte, wurde das Kindchen angezogen – und nun begann die Trauerszene. Sie nahm es in die Arme, weinte und schluchzte und tat, als könne sie sich gar nicht davon trennen. Ein paar Stunden später verschwand alle Trauer; es war, als hätten die Leute das Kind gar nie gehabt.

Am 16. November warfen wir endlich vor Kapstadt die Anker. Es war gerade Sonntag, daher ging ich nicht an Land. Wo Engländer die Mehrzahl der Bevölkerung bilden, ist es nicht Sitte, an diesem Tag Besuche zu machen; die Leute sind von morgens bis abends entweder in der Kirche, oder sie beten zu Hause – oder sie tun wenigstens so.

Kapstadt ist nicht so groß, daß es sich nicht schon nach wenigen Stunden herumgesprochen hatte, wer alles angekommen sei, und noch am gleichen Nachmittag bekam ich für die Zeit meines hiesigen Aufenthaltes zwei freundliche Einladungen: die eine von Madame Bloom, die andere von Herrn Apotheker Juritz.

Was die Beschreibung dieser Stadt anbelangt, so verweise ich meine Leser auf mein früheres Werk *MEINE ZWEITE WELTREISE:*

»Am 11. August [1851], morgens sechs Uhr, nach einer Fahrt von 75 Tagen, warfen wir endlich die Anker in der Reede von Kapstadt. Obwohl ich seit der Insel Ferro kein Land gesehen hatte, war doch der Eindruck, den diese Stadt auf mich machte, nicht sehr groß. Ich hatte London noch zu frisch im Gedächtnis, und daher erschien mir Kapstadt wie ein Dorf. Was die Lage betrifft, so erinnerte sie mich an die von Valparaíso: die Stadt ist von einer baumlosen, mit spärlichem Grün bedeckten Gebirgskette umgeben, in welcher der Tafel-, Löwen- und Teufelsberg die Hauptpunkte bilden. [...] Kapitän Brodie verließ gleich nach dem Frühstück das Schiff. Er war nicht so freundlich, mich wenigstens bis an Land zu nehmen; er versagte mir jede Hilfe beim ersten Eintritt in die Stadt, eine Gefälligkeit, die mir bisher noch kein Kapitän abgeschlagen hatte, nicht einmal der ungebildete chinesische Bootsführer, der mich von Hong-Kong nach Kanton gebracht hatte. [...] Von Kapstadt ist nicht viel zu sagen. Die Straßen ziehen sich alle nach dem Strand hin und sind sehr breit und luftig, aber nur spärlich mit Bäumen besetzt. Zur Zeit der holländischen Herrschaft soll jede Straße mit einer schönen Allee versehen gewesen sein. Die Häuser, sonst ganz im europäischen Stil gebaut, haben statt der Dächer Terrassen. Das Fort ist mit vielen Kanonen versehen, die Kaserne ziemlich groß, die Börse auf dem Paradeplatz ein längliches, unansehnliches Gebäude. Die Privathäuser sind alle einstöckig, haben gewöhnlich 4 bis 6 Fenster an der Frontseite. Der botanische Garten besitzt bei weitem nicht so vielartige Blumen, Pflanzen und Bäume, als man unter solch einem Himmelsstrich erwarten dürfte.

Die Zahl der Einwohner wird auf 32 000 geschätzt, davon ein Drittel Weiße, ein Drittel Farbige und ein Drittel Schwarze. Die Verzweigung und Durchkreuzung der Europäer mit den Eingeborenen ist so vielfach, daß man sozusagen alle Farben sieht. Echte, reine Hottentotten oder Kaffer sieht man selten. Schwarze aus Mozambique, die wir Neger nennen, gibt es dagegen viele. Unter den Farbigen gibt es mitunter hübsche Leute mit schönen Augen und geistreichen Zügen. Alle diese Völker sind europäisch gekleidet; nur haben die ungetauften Malaien farbige Tücher um den Kopf geschlungen, und einige Schwarze und Farbige tragen runde, hohe, spitz zulaufende Bambushüte. [...]

Das Leben in Kapstadt ist ziemlich teuer; so kostet z. B. ein Pfund Kalb-, Rind- oder Hammelfleisch fünf bis sechs Pence, ein Pfund Mehl vier Pence, ein Huhn einen Schilling, ein Pfund Butter zwei Schilling. Die Miete eines Hauses von sechs bis acht Zimmer macht 80 bis 90 Liv. Sterl. jährlich. Der einzige wohlfeile Lebensartikel sind die Fische. Die hat man noch dem Gouverneur Lord Somerset zu verdanken. Im Jahre 1825 reichten nämlich die Metzger eine Bittschrift ein, in welcher sie um die Besteuerung der Fische ersuchten, durch deren Wohlfeilheit sie sehr zu Schaden kämen. Der Gouverneur schrieb ganz kurz unter die Bittschrift: »Sobald man mir einen Fischer nachweisen kann, der gleich den Schlächtern in Equipagen fährt und Diener in Livree besoldet, wird die Bitte berücksichtigt werden.«

AM 17. NOVEMBER MORGENS ...

Am 17. November morgens war ich eben damit beschäftigt, meine wenigen Sachen zusammenzupacken, um mit dem Kapitän an Land zu gehen, als ein Herr an Bord kam, um mich aufzusuchen. Er stellte sich mir als ein Franzose namens Lambert vor, sagte mir, daß er bereits seit Jahren auf der Insel Mauritius lebe und vor wenigen Tagen auf der Rückreise von Frankreich in Kapstadt angekommen sei. Er habe bereits in Paris von meinem Vorhaben, nach Madagaskar zu gehen, gehört, und ebenso, daß mir von der Reise abgeraten worden sei. Er habe gestern von meiner Ankunft erfahren und beeile sich, mich einzuladen, die Reise nach Madagaskar – so ich nicht ganz darauf verzichtet habe – in seiner Gesellschaft zu machen. Er sei bereits vor zwei Jahren auf dieser Insel gewesen und kenne die Königin persönlich. Er habe bereits von Paris aus an sie geschrieben und um die Erlaubnis zu einer zweiten Reise ersucht (ohne die Erlaubnis der Königin kann nämlich niemand Madagaskar besuchen). Er hoffe, diese Erlaubnis in Mauritius vorzufinden und würde sofort nach unserer Ankunft daselbst auch um die meinige schreiben, er zweifle nicht im geringsten an der Zusage; nur müßte ich mich, falls ich ihn begleiten wollte, gleich dazu entschließen, da der Steamer nach Mauritius schon am nächsten Tag ausfahre. Die Reise von Mauritius nach Madagaskar könne der Regenzeit wegen zwar erst zu Anfang April unternommen werden, doch würde ich bis dahin in seinem Haus die herzlichste Aufnahme finden.

Man denke sich meine Freude, meine Überraschung! Ich hatte bereits alle Hoffnung aufgegeben, diese Reise je unternehmen zu können, und nun konnte ich sie machen und erst noch auf so bequeme und gefahrlose Weise.

Ich wußte gar nicht, wie Herrn Lambert antworten – ich hätte am liebsten laut aufgejubelt und jedem Menschen mein Glück verkünden mögen. Ja, Glück habe ich auf meinen Reisen – ein nie endendes Glück! In Rotterdam finde ich gerade ein Schiff, welches am Kap anlegt – etwas, was sich kaum zweimal im Jahr ereignet, da die Holländer beinahe keine Verbindungen zum Kap aufrechterhalten. Hier am Kap komme ich gerade zur rechten Zeit an, um Herrn Lambert noch zu treffen – 24 Stunden später, und er wäre bereits abgereist gewesen. Das sind von jenen glücklichen Ereignissen, welche man in Romanen so häufig, im wirklichen Leben aber so selten findet.

Ich ließ augenblicklich mein Gepäck zum Dampfer bringen und eilte an Land, meine Freunde zu begrüßen. Ein Adjutant des Gouverneurs Mr. Gray suchte mich auf, um mich in des letzteren Namen einzuladen, in dessen Landhaus abzusteigen. Ich konnte der schmeichelhaften Einladung nicht widerstehen und brachte den ganzen Abend bei Ihrer Exzellenz zu.

Mr. Gray machte mir den verführerischen Vorschlag, in seiner Begleitung einen großen Teil des Kap-Landes zu bereisen; allein – um nichts auf der Welt hätte ich auf Madagaskar verzichtet. Ich dankte ihm daher für sein freundliches Anerbieten, das ich unter anderen Umständen gewiß mit der größten Freude angenommen hätte. Dieser gute Herr nahm sehr viel Anteil an mir; es schien ihm wirklich leid zu tun, mir in nichts dienlich sein zu können. Ich mußte ihm versprechen, mich schriftlich an ihn zu wenden, wenn ich irgendwo auf meinen Reisen seiner Empfehlung oder sonst etwas bedürfe.

Am 18. November morgens ließ mich Mr. Gray in die Stadt zu Herrn Lambert bringen, und ein paar Stunden später ging es wieder unter Segel.

Vom Kap nach Mauritius fuhr ich auf dem schönen, ganz neuen Dampfer GOVERNOR HIGGINSON, Kapitän French, 150 Pferdestärken. Herr Lambert war zu einem großen Teil am Bau des Schiffes beteiligt. Daher ließ er mich nicht für meinen Platz bezahlen und würde es auch nicht zugelassen haben – selbst wenn er keine Aktien besessen hätte. Er behauptete, ich sei nun sein Gast, bis ich Mauritius für immer verließe.

Unsere Reise (bis Mauritius 2400 Seemeilen) verlief sehr glücklich. Wir gingen zwar bei stürmischer See unter Segel und hatten viel mit Gegenwinden zu kämpfen, dessenungeachtet soll noch kein anderer Dampfer diese Reise so rasch gemacht haben. Abgesehen von einigen unbedeutenden Wasserhosen, bekamen wir bis zur Insel Bourbon nichts zu sehen.

Ich erfuhr auf diesem Steamer den genauen Betrag der laufenden Ausgaben. Ohne die Kohle beläuft er sich auf über 500 Pfd. Sterling im Monat. Das Dienstpersonal bestand aus 47 Personen. Steinkohlen wurden ungefähr 25 Tonnen (50 000 Pfund) in 24 Stunden verbraucht. Letztere kommen an manchen Orten – wie z. B. am Kap – sehr teuer zu stehen: 2 1/2 Pfd. Sterl. per Tonne.

Am 1. Dezember morgens entdeckten wir Land, und nachmittags warfen wir Anker in der nicht eben sehr geschätzten Reede von St. Denis, der Hauptstadt der Insel Bourbon.

Diese niedliche Insel – auch *Isle de la Réunion* genannt – liegt zwischen Mauritius und Madagaskar, unter dem 20. und 21. Grad südlicher Breite und dem 52. und 53. Grad östlicher Länge. Sie ist 40 englische Meilen lang und 30 Meilen breit und zählt gegen 200 000 Einwohner. Sie wurde im Jahre 1545 von dem Portugiesen Mascarenhas entdeckt und im Jahre 1642 von den Franzosen besetzt; von 1810 bis 1814 stand sie unter englischer Herrschaft; seitdem ist sie französisch geblieben.

Die *Isle de Bourbon* hat hübsche Gebirgszüge und auch bedeutende Ebenen, die sich der See entlang erstrecken. Die Flächen sind mit Zuckerrohr bepflanzt, das hier herrlich gedeiht und der Insel ein üppig frisches Aussehen verleiht. Die Stadt St. Denis ist weit in die See hinausgeschoben und von immergrünen Gärten und Bäumen umgeben. In ihrem Rücken erhebt sich ein sanfter Hügel, auf welchem ein palastähnliches Gebäude steht, welches die ganze Gegend stolz überblickt. Ich hielt es für den Sitz des Gouverneurs; es hatte aber eine edlere Bestimmung, es war das Hospital. Auch die katholische Kirche steht auf dem Hügel, und an seinem Fuß lehnt sich ein langes, niedriges Gebäude mit schönen Säulengängen, das auf den ersten Blick einer römischen Wasserleitung gleicht; bei genauerer Besichtigung entdeckt man jedoch Fenster und Türen. Es ist die Kaserne. Das ganze Bild wird von einer schönen Bergkette umrahmt, die sich in zwei Teile spalte und eine reizende Fernsicht in eine großartige, dicht mit Pflanzen und Bäumen bewachsene Schlucht gestattet.

Das alles sah ich vom Deck aus, denn wir hielten nur ein paar Stunden an, und diese vergingen mit den üblichen Förmlichkeiten, mit den Besuchen des Arztes, des Post-Offiziers, der Douane usw. Kaum waren diese erledigt, so brauste der Dampfer auch schon wieder auf, die Räder setzten sich in Bewegung, und weiter ging es nach der hundert englische Meilen entfernten Insel Mauritius.

Am nächsten Morgen hatten wir Bourbon nicht nur schon lange aus den Augen verloren, sondern wir sahen bereits Mauritius vor uns liegen, und nachmittags ruhte unser Dampfer im sicheren Hafen von Port-Louis, der Hauptstadt der Insel. Aber es vergingen nicht weniger als drei Stunden, bis wir das Land betreten konnten, wo ich im Landhaus von Herr Lambert abstieg.

Die Insel Mauritius zeigt von der See aus ungefähr dasselbe Bild wie Bourbon, nur sind die Gebirge höher und in mehrfachen Ketten aufgetürmt. Die

Stadt nimmt sich nicht so gut aus wie St. Denis; es fehlen ihr vor allem die großen, stattlichen Gebäude, die letzterer so vielen Reiz verleihen.

Die Insel Mauritius – früher *Isle de France* genannt – liegt auf der südlichen Hemisphäre unter dem 19. bis 20. Breiten- und dem 54. bis 55. Längengrad. Sie ist 37 englische Meilen lang und 28 breit; die Zahl der Einwohner beträgt 180 000.

Mauritius gehört wie Bourbon zu Afrika und wurde im Jahre 1570 von den Holländern besetzt, soll aber schon früher von dem Portugiesen Mascarenhas entdeckt worden sein. Die Holländer gaben ihr den Namen Mauritius; sie verließen die Insel jedoch im Jahre 1712. Drei Jahre später nahmen sie die Franzosen in Besitz und nannten sie *Isle de France*. Im Jahre 1810 eroberten sie die Engländer, welchen sie seither gehört. Letztere haben ihr wieder den Namen Mauritius gegeben.

Als die Insel entdeckt wurde, war sie unbewohnt. Die Weißen führten Sklaven ein: Neger, Malebaren, Malegaschen ... aus deren Vermischung in der Folge alle denkbaren Abarten entstanden. Seit der Aufhebung der Sklaverei (im Jahre 1825) kommen beinahe alle Arbeitskräfte aus Indien. Das britisch-indische Gouvernement schließt mit den Leuten, die sich nach Mauritius verdingen wollen, Verträge auf fünf Jahre ab, nach deren Ablauf sie sich bei der Regierung auf Mauritius melden können und auf Kosten derselben in ihr Vaterland zurückgeschickt werden. Diejenigen, die sich nicht melden, verlieren das Recht auf freie Überfahrt.

Der Dienstgeber muß für jeden Arbeiter der Regierung im ersten Jahr 2 Pfd. Sterl., jedes folgende Jahr 1 Pfd. Sterl. bezahlen; dieses Geld deckt die Kosten der Her- und Rückfahrt. Dem Arbeiter selbst hat er monatlich 5 bis 6 Rupien und Kost und Wohnung zu geben. Dies gilt für die einfachen Arbeiter; für Köche, Handwerker usw. steigt der Lohn viel höher, je nach deren Fähigkeit.

Die Bewohner von Mauritius waren gerade in sehr großer Aufregung; vor kurzem war die Nachricht aus Kalkutta gekommen, daß die Ausfuhr von Arbeitskräften verboten worden war, weil man erfahren hatte, sie würden in der Quarantäne (der Cholera wegen) sehr schlecht behandelt. Es hieß aber, die Regierung gedenke den Mängeln der Quarantäne mit möglichster Sorgfalt abzuhelfen, und man hofft daher, daß das Verbot wieder aufgehoben wird. Sollte dies nicht der Fall sein, ginge die Insel in wenigen Jahren ihrem Ruin entgegen.

Gegenwärtig ist sie in den glänzendsten Umständen; die Einkünfte, die dieses Inselchen nicht nur den Pflanzern, sondern auch der Regierung sichert, sind so bedeutend, wie es im Verhältnis auf keinem anderen Punkt der Welt sein dürfte. Im Jahre 1855 z. B. wurden 2 1/2 Millionen Zentner Zucker produziert im Wert von 1,777 428 Pfd. Sterl.; das Einkommen der Regierung betrug im selben Jahr 348 452 Pfd. Sterl.; die Ausgaben waren bedeutend geringer, und da dies beinahe in jedem Jahr der Fall ist und der Überschuß nicht nach England geschickt wird, sondern im Land bleibt, ist die Staatskasse stets reichlich gefüllt. Im gegenwärtigen Augenblick soll sie 300 000 Pfd. Sterl. besitzen. Und mit jedem Jahr steigt der Reichtum der glücklichen Insel. Im Jahre 1857 nahmen die Einkünfte der Regierung um 100 000 Pfd. Sterl. zu – eine Summe, die allein von der neuen Steuer auf alkoholische Getränke eingebracht wurde. Daß auch den Einwohnern ein großer Überschuß zuteil wird, beweist die Differenz zwischen Aus- und Einfuhr. Im Jahre 1855 überstieg erstere die letztere um eine halbe Million Pfund Sterling. Könnten wir doch dasselbe von manchen großen europäischen Staaten sagen!

Die Beamten der Regierung sind sehr gut bezahlt, doch bei weitem nicht so gut wie in Britisch-Indien, obgleich das Leben auf Mauritius ungleich teurer ist. Die Ursache ist, daß das Klima in Indien für Europäer als sehr ungesund gilt, was in Mauritius nicht der Fall ist. Der Gouverneur bezieht nebst freier Wohnung jährlich 6000 Pfd. Sterl.

Herrn Lamberts Landhaus *Les Pailles*, in welchem ich abstieg, liegt sieben Meilen von der Stadt entfernt im Bezirk Mocca. Die ganze Insel ist in elf Bezirke eingeteilt.

Ich fand bei meinem freundlichen Wirt alles, was ich nur wünschen konnte – schöne Gemächer, feine Kost, zahlreiche Dienerschaft ... und war trotzdem vollkommen unabhängig; denn Herr Lambert fuhr jeden Morgen in die Stadt und kam erst abends zurück.

Nachdem ich ein paar Tage ausgeruht hatte, begann ich meine Wanderungen.

Vor allem besuchte ich die Stadt Port-Louis. Leider gab es da wenig zu sehen. Obwohl ziemlich groß (50 000 Einwohner), besitzt sie mit Ausnahme des Bazars und des Regierungs-Palastes, in welchem der Gouverneur wohnt, gar keine schönen öffentlichen Gebäude. Auch die Privathäuser sind durchwegs klein, höchstens einstöckig. Die Brücke, die über den großen Fluß führt, der häufig so wenig Wasser hat, daß man ihn zu Fuß überqueren kann, wäre nicht ohne Geschmack gebaut, hätte man nicht an ihrer Breite gespart: sie ist so schmal, daß nur ein Wagen darüber fahren kann, die entgegenkommenden müssen warten. Es scheint der Regierung so zu ergehen wie vielen Privatpersonen: so lange sie wenig Geld oder gar Schulden haben, sind sie großmütig und verschwenderisch; aber von dem Moment an, wo sie zu Vermögen kommen, werden sie sparsam und geizig. Die Regierung von Mauritius scheint nach diesem Prinzip zu handeln, und bei ihrer gefüllten Staatskasse ist sie viel knickeriger als unsere europäischen Staaten mit ihren drückenden Schulden. Oder ist es etwa nicht eine erbärmliche Knickerei, an der Stelle der Stadt, wo der belebteste Verkehr herrscht, eine so schmale Brücke zu bauen?

Zwei andere Brücken aus gehauenen Steinen stürzten während meines Aufenthaltes gänzlich ein, sie waren noch nicht einmal ganz fertig; glücklicherweise kam niemand zu Schaden. Jeder Gouverneur ist nur auf das Füllen der Staatskassen bedacht; sein größter Stolz besteht darin, sagen zu können, daß sich unter seiner Regierung der Staatsschatz um so viel tausend und tausend Pfund vermehrt habe. Dieser Ansicht folgend fand der gegenwärtige Gouverneur den Voranschlag, den man ihm für die Baukosten der beiden Brücken unterbreitete, viel zu hoch, befahl, sie billiger zu bauen, und nun kann er sie ein zweites Mal bauen.

Die Stadt besitzt auch eine Avenue – *Champ de Mars* genannt –, die aber wenig frequentiert ist, und ein Theater, in welchem eine französische Truppe auftritt.

Die reichen Leute leben meistens in ihren Landhäusern und kommen nur tagsüber in die Stadt.

Die Lebensweise der Europäer und Kreolen (unter letzteren versteht man die von weißen Eltern auf der Insel geborenen) ist ungefähr dieselbe wie in Britisch- oder Holländisch-Indien. Bei Sonnenaufgang erquickt man sich an einer Tasse Milchkaffee, die einem ins Schlafzimmer gebracht wird; zwischen 9 und 10 Uhr ruft die Glocke zum Frühstück, das aus Reis und Curry und einigen warmen Gerichten besteht; um 1 oder 2 Uhr mittags schließlich genießt man Früchte oder Brot und Käse. Die Hauptmahlzeit findet abends statt, und zwar gewöhnlich erst nach 7 Uhr.

Das Leben ist sehr teuer. Miete, feinere Lebensmittel, Dienerschaft usw. haben unglaublich hohe Preise. Der einfachste anständige Haushalt einer Familie mit drei bis vier Kindern kostet monatlich 150 bis 300 Thaler. Die Dienerschaft, zwar ungleich geringer als in Indien, ist bei weitem zahlreicher als in Europa. Familien, die wenig Aufwand betreiben, haben z. B. einen Diener, einen Koch, einen Mann, der das Wasser trägt und das Geschirr reinigt, einen anderen, der die

Wäsche wäscht, und ein paar Jungen von 12 bis 14 Jahren. Die Frau hat außerdem eine Dienerin für sich und eine oder mehrere für die Kinder, je nach deren Anzahl. Wer Pferde hält, braucht noch einen Kutscher für jedes Paar Pferde. Der monatliche Lohn der Diener ist ungefähr folgender: für einen gewöhnlichen Koch 10 bis 12 Thaler, für einen Diener oder eine Magd 8 bis 20 Thaler, für einen Kutscher 15 bis 30 Thaler, die Jungen bekommen 2 Thaler nebst Kleidung. Man gibt ihnen Wohnung, aber keine Kost. Die Kost kommt die Leute monatlich höchstens auf 1 1/2 Thaler zu stehen; sie leben von Reis mit rotem Pfeffer, etwas Gemüse oder Fisch, und all diese Dinge sind für beinahe nichts zu haben. Man ist hier schlechter bedient als in allen Ländern, die ich kenne, Amboina auf den Molukken vielleicht ausgenommen. Überall muß man seine Diener mitnehmen, denn geht man z.B. zu jemandem aufs Land, ohne Bedienung bei sich zu haben, so läuft man Gefahr, abends das Bett nicht gemacht, die Wasserkanne leer zu finden usw. Die armen Hausfrauen haben hier wirklich die größte Not, wenn sie ihr Haus nur einigermaßen in Ordnung halten wollen. In Indien sind sie ungleich besser gestellt; da führt der erste Diener unter dem hochtrabenden Namen Majordomus die oberste Leitung. Das ganze Haus- und Tischgerät, die Wäsche, das Silberzeug, alles wird ihm übergeben; er ist dafür verantwortlich, er überwacht die Dienerschaft, rechnet mit den Leuten ab, entläßt die einen, stellt die anderen ein. Ist man mit irgend etwas unzufrieden, so wendet man sich an den Majordomus. Hier aber muß die

Hausfrau dieses beschwerliche Amt selbst übernehmen, und da sich die Kreolinnen nicht gerade sehr durch Tätigkeit und Sorgfalt auszeichnen, ist es nicht verwunderlich, wenn es im Innern mancher Haushaltung nicht zum Besten aussieht. Ich würde keinem Besucher raten, vorwitzig zu sein und seinen Fuß in ein anderes als das Empfangszimmer zu setzen.

Geselligkeit herrscht wenig auf Mauritius, es gibt nicht einmal einen Club; die Hauptursache mag darin zu suchen sein, daß die Gesellschaft beinahe zu gleichen Teilen aus Franzosen und Engländern besteht – zwei Nationen von zu verschiedenem Charakter, von zu verschiedenartiger Denkweise!

Es gibt aber noch andere Gründe, z.B. die späte Eßstunde und die großen Entfernungen. Wie ich bereits bemerkt habe, wird in den meisten Häusern um 7 oder 8 Uhr zu Mittag gegessen, wodurch der ganze Abend verloren geht. In anderen heißen Ländern, wo die gleiche Sitte herrscht, in Landhäusern außerhalb der Stadt zu wohnen, kommen die Herren gewöhnlich um 5 Uhr von ihren Geschäften nach Hause, essen um 6 Uhr zu Mittag, und um 7 Uhr ist man bereit, Besuche oder Freunde zu empfangen. Hier aber macht man die Besuche vor Tische – nach dem Essen ist es natürlich zu spät –, und will jemand mehrere Personen für den Abend versammeln, so muß er sie feierlichst zu einem Diner einladen. Diese Diners werden mit der größten Etiquette abgehalten. Jedermann erscheint in vollem Staate, die Beamten gewöhnlich in Uniform, als handle es sich um eine

Einladung bei Hofe. An der Tafel sitzt man oft zwischen Leuten, deren Namen man nicht einmal kennt, und nachdem man sich stundenlang gelangweilt hat, geht man gewöhnlich erst nach 9 Uhr in die Empfangszimmer, um sich da auch noch einige Zeit zu langweilen. Musik wird höchst selten gemacht, Spielkarten liegen zwar überall auf den Tischen, aber spielen sah ich nie. Jeder Gast erwartet sehnsüchtig die Stunde, wo er sich schicklich verabschieden kann, dankt Gott, daß der Abend vorüber ist und ... nimmt dennoch die nächste Einladung mit größter Freude an.

Solche Diners finden aber nicht sehr häufig statt, denn so gerne die Leute bereit sind, der guten Gesellschaft und der wohlbesetzten Tafel zuliebe heldenmütig die Langeweile zu ertragen, so hat andererseits der großmütige Gastgeber zu bedenken, daß ihn jedes Gedeck – ohne Wein – wenigstens 6 bis 8 Thaler kostet. Nicht viel geringere Auslagen mag ihm der Durst seiner lieben Gäste verursachen, denn sowohl Franzosen wie Engländer wissen guten Rebensaft zu schätzen, und Mauritius müßte keine englische Besitzung sein, daß nicht die feinsten Weine Europas ihren Weg dahin gefunden hätten.

Dem glücklichen Gast – wenn er so unglücklich ist, keine Pferde, keinen Wagen zu besitzen – kommt ein solches Diner ebenfalls ziemlich teuer zu stehen, da er gewöhnlich 4 bis 6 oder noch mehr englische Meilen zu machen hat und die Miete einer Kutsche wenigstens 5 Thaler kostet.

Auf dem Land herrscht größere Gastfreundschaft als in der Stadt, aber auch nicht überall. Ich bekam sehr viele Einladungen, unter anderen eine von dem Gouverneur Mr. Higginson, der sieben englische Meilen von der Stadt entfernt ein Landhaus besitzt. Die meisten Einladungen, besonders jene, wo ich mehr Etiquette als herzliche Freundschaft vermutete, wies ich zurück. Ich bin nie eine Freundin zeremonieller Besuche und steifer Gesellschaften gewesen; in einem kleinen Kreis von guten, gebildeten Menschen weilte ich hingegen stets sehr gern. In dieser Hinsicht wurde ich denn auch in einigen Häusern herzlich aufgenommen, vor allem bei den englischen Familien Kerr und Robinson, welche beide gleichfalls im Bezirk Mocca wohnten.

Her Kerr hatte lange in Österreich gelebt und sich nebst der Sprache auch ganz die Gemütlichkeit meiner lieben Landsleute angeeignet; seine Frau besaß gleichfalls durchaus nichts von der bekannten englischen Steifheit. Mit allen meinen kleinen Anliegen, was immer ich benötigte, kam ich zu dieser freundlichen Familie. Ich war bei ihnen wirklich wie zu Hause.

In der Familie Robinson, die ebenfalls aus gar guten, liebenswürdigen Leuten bestand, hörte ich die beste Musik; die drei erwachsenen Töchter spielten ganz meisterhaft Klavier.

Der Bezirk Mocca zeichnet sich durch sein angenehmes Klima aus, besonders im Umkreis von 5 oder 6 Meilen von der Stadt entfernt, wo sich das Land bereits an die 1000 Fuß über der Meeresfläche erhebt.

Die Gegend ist sehr romantisch, die vulkanische Gebirgsart zeigt sich in den bizarrsten Formen; die Vegetation ist üppig. Eine der schönsten Aussichten, vielleicht die schönste auf der ganzen Insel, genießt man von *Bagatelle* aus, dem Landsitz der Robinsons. Auf der einen Seite ruht der Blick auf pittoresken Gebirgen, während er auf der anderen Seite über die üppig prangenden Felder gleitet, die sich in der Ebene ausbreiten und in die endlose See übergehen. Bei klarer Atmosphäre soll man die Insel Bourbon erblicken.

Von allen Landsitzen, die ich auf Mauritius gesehen habe, schienen mir die der Herren Robinson und Barday die schönsten. Die Wohnhäuser sind von geschmackvoll angelegten Gartenanlagen umgeben, in welchen tropische Blumen, Sträucher und Bäume (besonders schöne Palmen) sich mit der europäischen Pflanzenwelt verschwistern. Bei Herrn Robinson aß ich so gute Pfirsiche, wie in Deutschland oder Frankreich.

Auch die Häuser dieser zwei Herren zeichnen sich sehr vorteilhaft von den übrigen auf der Insel ab. Die Zimmer sind hoch und geräumig, die Einrichtungen sehr bequem, und überall herrscht Ordnung und Reinlichkeit. Dieses Lob trifft leider auf die Landhäuser der Kreolen nicht zu. Aufrichtig gesagt, ich hielt die meisten für Hütten armer Bauersleute. Sie sind zum größten Teil aus Holz, sehr klein und niedrig gebaut, halb versteckt im Gebüsch – man sollte wahrhaftig nicht glauben, daß in einer solchen Baracke mitunter sehr reiche Leute leben.

Die innere Einrichtung entspricht ganz dem äußeren Aussehen. Das Empfangszimmer und allenfalls das Speisezimmer gehen noch an; die Schlafstuben sind aber so klein, daß ein oder zwei Betten und einige Stühle sie vollkommen ausfüllen. Und dies in einem Land wie Mauritius, in welchem die Hitze drückend ist, man also mehr als irgendwo hoher, luftiger Gemächer bedarf. Um das Maß der Annehmlichkeit ganz voll zu machen, haben die Leute häufig noch den drolligen Einfall, die Häuser zum Teil mit Weißblech zu decken. Hat man das Pech, ein solches Dachzimmer zugewiesen zu bekommen, so kann man sich ungefähr einen Begriff von den Leiden machen, welche die unglücklichen Gefangenen in den sogenannten »Bleikammern« in Venedig ausgestanden haben. Wenn mich mein böses Schicksal in ein solches Haus führte, sah ich jedesmal mit wahrer Angst der Nacht entgegen, die ich meistens ohne Schlaf, in Schweiß gebadet und aus Mangel an Luft fast erstickend verbrachte. Auch in Ceylon deckt man zuweilen den Dachstuhl mit Blei oder Blech, aber die Häuser sind dort ungleich höher, und zudem ist das Blech nicht den brennenden Sonnenstrahlen ausgesetzt, sondern stets mit Holz oder Stroh überdeckt.

Viele der Häuser fand ich in so verfallenem Zustand, dem Einsturz so nahe, daß ich den Mut der Leute nicht genug bewundern konnte, die es wagten, sie zu bewohnen; ich für meinen Teil schäme mich nicht zu gestehen, daß ich bei jedem Windstoß fürchtete, das Haus würde zusammenstürzen, um so mehr, als auf Mauritius die Windstöße außerordentlich heftig sind und zeitweise auch Orkane wüten. Mit eben diesen Windstößen und Orkanen wollen die guten Kreolen die niedrige Bauart ihrer Baracken entschuldigen; sie behaupten, daß gerade hohe Gebäude dem Sturm nicht widerstehen können. Wenn sie so schlecht gebaut sind wie ihre Hütten, dann muß man sich nicht wundern; aber die Landhäuser der Herren Barday und Robinson haben – obwohl sie hoch und groß und schon vor Jahren gebaut worden sind – den Windstößen und Orkanen bestens widerstanden. Ich habe oben bemerkt, daß auf dem Lande größere Gastfreundschaft herrsche als in der Stadt; aber auch nicht überall. Ich kann aus eigener Erfahrung davon sprechen. So heimisch ich mich in gewissen Häusern fühlte – wie bei den Herren Kerr, Robinson, Lambert und anderen –, so geschah es ebensooft, daß ich, der anscheinenden Freundschaft der Kreolen trauend, Einladungen annahm, deren Folgen mich meine wiedererlangte Freiheit mit Herzensfreude begrüßen ließen.

Hochgestellte, einflußreiche Personen mögen natürlich überall zuvorkommend aufgenommen werden; für Fremde aber, oder für gewöhnliche Gäste, von welchen man nichts zu erhoffen hat, wird im allgemeinen ziemlich schlecht gesorgt. An Essen und Trinken fehlt es nicht, aber wohl an allem anderen. Die Wohnung weist man ihnen im Pavillon an – einer kleinen Hütte, die oft hundert und mehr Schritte vom Hauptgebäude entfernt liegt, so daß man das Vergnügen hat, zu jeder Mahlzeit einen Spaziergang im Regen oder im heißen Sonnenschein zu machen. Und ist schon das Hauptgebäude unbequem und verfallen, so kann man sich denken, wie es im Pavillon aussieht. Dieser besteht gewöhnlich aus zwei bis drei Zimmerchen, in welchen weder Türen noch Fenster schließen, wo der Regen durch die zerbrochenen Fensterscheiben dringt und das Schloß an der Eingangstür so verrostet ist, daß man sie verrammeln muß, damit nicht jeder Windstoß sie aufreißt. Jedes dieser kleinen Gemächer ist mit einem Bett, einem wackeligen Tisch und ein oder zwei Stühlen ausgestattet. Von einem Schrank fand ich nirgends eine Spur. Sogar die in einem heißen Land wie Mauritius so notwendige Erfrischung eines kalten Bades mußte ich mir meistens versagen – ausgenommen, wenn es regnete. Da hatte ich es unfreiwillig in meinem Zimmer; denn gewöhnlich war der Dachstuhl so schadhaft, daß das Wasser auf allen Seiten hineinsickerte.

Die größten Zuckerrohr-Pflanzungen befinden sich im Distrikt von Pamplemousse, in welchem auch der botanische Garten liegt. Ich besuchte die Pflanzung Monchoisy, die Herrn Lamberg gehört. Herr Gilat, der Direktor, war so freundlich, mich herumzuführen und mir alles zu erklären.

Das Zuckerrohr wird nicht durch Samen erzeugt, sondern man pflanzt Stücke des Rohres. Das erste Rohr braucht bis zur Reife 18 Monate. Da aber während dieser Zeit der Hauptstamm bereits Sprößlinge hervorbringt, kann nach 12 Monaten bereits wieder geerntet werden. In vier Jahren kann man so viermal ernten. Nach der vierten Ernte muß das Feld vollständig vom Rohr gereinigt werden. Ist das Land Urland, d. h. ist vorher nichts darauf angebaut worden, kann man gleich wieder frisches Rohr anlegen und so in neun Jahren acht Ernten erzielen. Wenn nicht, baut man nach dem Abräumen des Feldes Ambrezades an – eine Pflanze mit reichbeblättertem Gesträuch von 8 bis 9 Fuß Höhe, deren beständig abfallende Blätter verfaulen und den Dünger ersetzen. Nach zwei Jahren wird das Gebüsch ausgerottet, und man kann wieder Zuckerrohr anpflanzen.

Sehr erstaunt war ich, daß die schönen, ausgedehnten Ebenen von Pamplemousse mit großen Lava-Felsbrocken übersät waren. Man sollte glauben, daß da gar nichts gedeihen kann; aber gerade diese Eigentümlichkeit des Bodens ist für das Zuckerrohr günstig, das keine lange Trockenheit erträgt. Man pflanzt es zwischen die Felstrümmer, wo sich in den Ritzen, in den Löchern und Vertiefungen das Regenwasser sammelt und so der Boden lange feucht bleibt.

Herr Lamberts Zuckerpflanzung umfaßt 2000 Acres Land, davon ist aber immer nur ein Teil bepflanzt. Er hat 600 Arbeiter, die sieben Monate auf dem Feld, die übrigen fünf Monate mit der Ernte und dem Sieden beschäftigt sind. In einem guten Jahr, das heißt, wenn es viel regnet, wenn die Regenzeit früh einsetzt und lange andauert, gewinnt Herr Lambert aus seiner Pflanzung drei Millionen Pfund Zucker; aber er ist auch schon mit 2 1/2 Millionen sehr zufrieden. Hundert Pfund Zucker werden mit 3 bis 4 Thalern bezahlt.

Zucker und nichts als Zucker sieht man auf dieser Insel, auf Zucker bezieht sich jede Unternehmung, von Zucker handelt jedes Gespräch – man könnte Mauritius die Zucker-Insel nennen, und in ihrem Wappen sollte sie ein Bündel Zuckerrohr mit ein paar Zuckersäcken führen.

Während meines mehrwöchigen Aufenthaltes hatte ich Gelegenheit, die Lage und die Verhältnisse der Arbeiter zu beobachten. Die Arbeiter – hier Kulis genannt – kommen, wie ich bereits erwähnt habe, aus Bengalen, Hindostan und Malabar. Sie verdingen sich auf fünf Jahre, und der Dienstherr gibt außer der Summe, die er an die Regierung für die Überfahrt zu entrichten hat, jedem Arbeiter monatlich 2 1/2 bis 3 1/2 Thaler, 50 Pfund Reis, 4 Pfund getrockneten Fisch, 4 Pfund Bohnen, 4 Pfund Fett oder Öl, Salz nach Bedarf und eine kleine, leere Hütte als Unterkunft. Die Lage des Arbeiters ist bei weitem nicht so gut wie die des Dieners. Der Arbeiter hat auf dem Zuckerrohrfeld, in der Siederei schwer zu arbeiten und ist ungleich mehr der Willkür seines Herrn ausgesetzt, den er vor Ablauf des Vertrages nicht verlassen darf. Er kann freilich klagen, wenn er hart behandelt wird; Richter und Gesetze sind vorhanden; aber da die Richter leider häufig selbst Pflanzer sind, findet der arme Arbeiter natürlich nur selten sein Recht. Zudem muß er das Gericht oft 8 bis 10 englische Meilen entfernt aufsuchen. An Wochentagen hat er keine Zeit hinzugehen, und an Samstagen sind sie geschlossen. Gelangt er einmal mit viel Mühe bis zum Gericht, so sind vielleicht gerade viele Geschäfte auf der Tagesordnung, man kann ihn nicht anhören, also muß er die 8 oder 10 Meilen wieder zurückgehen und an einem anderen Tag kommen. Dazu wird er – um ihm die Sache noch schwieriger zu machen – ohne Zeugen gar nicht vor Gericht gelassen. Wo soll er diese aber hernehmen? Keiner seiner Unglücksgenossen wagt es, ihm diesen Dienst zu erweisen, aus Furcht, von seinem Dienstherrn dafür bestraft, vielleicht sogar mißhandelt zu werden.

Ich wollte die Gegend von Pamplemousse nicht verlassen, ohne auch den botanischen Garten zu besuchen, der unter der Leitung des sehr kenntnisreichen Botanikers und Direktors Herr Duncan steht.

Kaum hatte ich mich mit diesem liebenswürdigen Manne, einem Schotten von Geburt, eine Viertelstunde unterhalten, so lud er mich auf das freundlichste ein, einige Tage in seinem Haus zuzubringen, um die im Garten enthaltenen Schätze mit Muße besichtigen zu können. Obwohl ich hinsichtlich der Einladungen auf Mauritius etwas vorsichtig geworden war, konnte ich doch der gemütlichen Miene Herrn Duncans nicht widerstehen – ich blieb bei ihm und hatte es nicht zu bereuen. Herr Duncan machte wenige Worte; dagegen tat er, was er konnte, um mir den Aufenthalt in seinem Haus angenehm zu machen. Als er sah, daß ich Insekten suchte, half er mir persönlich und brachte mir jeden Augenblick etwas für meine Sammlung.

Mit ihm durchging ich zu verschiedenen Malen den botanischen Garten, der sehr reich an Pflanzen und Bäumen aller Weltgegenden ist. Hier sah ich zum ersten Mal Gewächse und Bäume, die aus Madagaskar stammen und dieser Insel ganz eigentümlich sind. Ich bewunderte darunter vor allem eine Wasserpflanze: *Hydrogiton fenestralis*, deren Blätter drei Zoll lang und über einen Zoll breit und ganz durchbrochen sind, als seien sie von Hand durchlöchert worden. Auffallend – aber nicht durch seine Schönheit, sondern durch seine Häßlichkeit – ist ein Baum: *Adansonia digitata* genannt. Sein Stamm ist bis zur Höhe von 8 bis 10 Fuß von gleichmäßiger, unförmlicher Dicke, dann wieder plötzlich dünn; die Rinde hat eine helle, häßliche Farbe, ist ganz glatt und beinahe glänzend.

Außerdem gab es viele Gewürzbäume und einige Exemplare der reizenden Wasserpalme, die ich schon auf meiner zweiten Reise um die Welt in Batavia gesehen und beschrieben habe.

Ich bin keine Botanikerin und kann daher keine ausführliche Beschreibung dieses Gartens machen; aber sachverständige Leute haben mir gesagt, daß er äußerst sinnvoll und verständig angelegt sei. Sieht man die mannigfaltigen, zahllosen Gewächse, die ausgedehnten, mitunter sehr mühsam zu bearbeitenden Pflanzungen, so sollte man gar nicht glauben, daß Herr Duncan nur über ganz geringe Arbeitskräfte verfügt. Die Regierung bewilligt ihm bloß 25 Arbeiter – Bengalen und Malebaren –, die gewiß nicht so viel leisten wie 8 oder 10 kräftige Männer in Europa.

Was das Tierreich anbelangt, so ist Mauritius so glücklich, weder reißende Tiere noch giftige Reptilien zu besitzen. Die Tausendfüßler, die Skorpione sind klein; ihr Stich ist wohl schmerzlich, aber nicht gefährlich. Auch Ameisen gibt es hier viel weniger als in Indien oder Südamerika. Am lästigsten sind die Moskitos. Diese bringen den Fremden manchmal wirklich zur Verzweiflung. Ist man mehrere Jahre im Land, so soll man, wie die Eingeborenen, viel weniger darunter leiden. Der widerwärtige Kakerlak treibt wohl auch mitunter sein Unwesen, aber bei weitem nicht so arg wie in anderen Ländern. Zwischen dem Kakerlak und der wunderschönen grünen Fliege *Sphex viridi-cyanca* sollen sehr interessante Gefechte stattfinden. Ich habe leider keines gesehen, sondern bloß in der Reisebeschreibung des Herrn Bory de St. Vincent davon gelesen. Die Fliege umschwärmt den Kakerlak so lange, bis er wie magnetisiert erstarrt, dann packt sie ihn und schleppt ihn in ein schon vorher dazu ausersehenes Loch, legt ihre Eier in seinen Körper, verstopft das Loch mit einer Art Zement, den sie bereitet, und überläßt ihr Opfer der ihm aufgezwungenen Nachkommenschaft, die ihn schnell einmal verzehrt.

Beinahe hätte ich vergessen, noch eine Merkwürdigkeit im Bezirk Pamplemousse zu erwähnen: Es ist dies ein Grabmal zur Erinnerung an die schöne Erzählung *Paul und Virginie,* deren Schauplatz der Dichter Bernardin de St. Pierre auf diese Insel verlegte.

Schon war der Monat April herangerückt, und außer meinem Ausflug nach Pamplemousse und einigen kleinen Spazierfahrten im Distrikt Mocca war ich nicht weiter in Mauritius umhergekommen. Ich wollte doch die Insel nicht verlassen, ohne wenigstens die interessantesten Punkte zu besuchen, nur wußte ich nicht, wie ich dies anfangen sollte. Da lud mich der freundliche Oberrichter, Herr Satis, zu einer Partie zum Famarin-Wasserfall ein. Auf dem Weg dahin kamen wir am Landhaus von Herrn Moon vorüber, der mit seiner Familie an unserer Partie teilnahm.

Bald gelangten wir an den Wasserfall, und hier, gerade dem Fall gegenüber, war durch Herrn Satis Vorsorge ein reiches Frühstück unter schattenreichen Bäumen bereitet. Einen schöneren Platz konnte man wahrhaftig nicht finden. Wir lagerten auf einer Hochebene, 1160 Fuß über der Meeresfläche; uns zur Seite öffnete sich eine Schlucht von 800 Fuß Tiefe, die hier oben mehr als 500 Fuß breit war und gegen das Meer hin immer enger wurde. In diese Schlucht stürzte der Fluß, sieben reizende Fälle bildend, von welchen zwei über 100 Fuß hoch sind. Er durchströmt in stürmischer Eile die mit der üppigsten Vegetation bekleidete Talsohle und beschließt in der nahen See seine kurze, aber höchst bewegte Laufbahn.

Herr und Frau Moon und ihr nicht minder gefälliger Verwandter, Herr Caldwell, waren gleich darauf bedacht, mir die Schönheiten ihrer Insel zu zeigen, und schon am folgenden Tag führten sie mich nach dem Hügel Orgueil, von wo aus man die reizendste Aussicht genießt. Ich lernte in Frau Moon nicht nur eine sehr liebenswürdige, sondern auch eine höchst gebildete Dame kennen; namentlich besitzt sie ein ausgezeichnetes Talent für Malerei. Auf Ersuchen der Direktion des britischen Museums hat sie für dasselbe alle 120 verschiedenen Mango-Gattungen sowie die auf Mauritius vorkommenden medizinischen Pflanzen gemalt. Mit großem Bedauern verließ ich die Moons. Ihrer Gefälligkeit hatte ich es zu verdanken, daß ich die interessantesten Punkte von Mauritius besuchen konnte; ich sah in den letzten wenigen Tagen meines Aufenthaltes mehr als in den langen vier Monaten, die ich bereits auf der Insel zugebracht hatte. In den meisten Häusern, besonders bei den Kreolen, machte man wohl viele Worte, versprach mir das Blaue vom Berge, aber mit den Versprechungen war es denn auch getan. Sie begreifen nicht, daß man sich, um einen Berg oder einen Wasserfall oder eine schöne Aussicht zu bewundern, der kleinsten Ermüdung aussetzen kann. Die Männer sind einzig und allein damit beschäftigt, in möglichst kurzer Zeit reich zu werden – ihr goldenes Kalb ist der Zucker, und was mit diesem nicht in Verbindung steht, hat für sie keinen Wert. Nicht viel besser steht es mit den Frauen; diese besitzen zu wenig Bildung und dabei zu viel von jener Teilnahmslosigkeit – die man so häufig in südlichen Ländern findet –, um an irgendeinem ernsteren Gegenstand Interesse zu nehmen. Das einzige, was sie beschäftigt (die Sorgfalt für ihre eigene, höchst werte Person natürlich ausgenommen), ist, über andere Leute Verleumdungen anzuhören oder zu erfinden, und leider gibt es auch viele Männer, die über diesem christlichen Vergnügen für kurze Zeit sogar ihren Zucker vergessen.

Ich entging dem allgemeinen Schicksal nicht. Die liebenswürdigen Bewohner und Bewohnerinnen von Port Louis gaben mich für nichts weniger als eine

Giftmischerin aus; sie behaupteten, ich sei von der englischen Regierung erkauft worden, um Herrn Lambert zu vergiften!

Herr Lambert hatte nämlich für die Königin von Madagaskar sehr wertvolle Geschenke aus Paris mitgebracht und dabei die unverzeihliche Rücksichtslosigkeit begangen, nicht allen Leuten anzuvertrauen, was er durch diese Geschenke bezwecken wollte. Natürlich mußten es geheime politische Aufträge von Seiten Frankreichs sein; das hatte die englische Regierung erfahren, und da hatte sie eben mich dazu auserwählt, diesen gefährlichen Mann aus der Welt zu schaffen.

So sinnlos diese Erdichtung war, so fand sie doch unter den Kreolen und selbst unter den Franzosen vielen Anklang, und ihretwegen wurde ich des Vergnügens beraubt, eine interessante kleine Reise zu machen.

Herr Lambert ging nämlich vor Antritt der Reise nach Madagaskar im Auftrag der französischen Regierung nach Sanzebar und Mozambique, um daselbst Neger zu kaufen und nach der Insel Bourbon zu bringen. Es ist dies eine neue Art gemilderten Sklavenhandels, welche Frankreich erfunden hat und die von England geduldet wird. Der Neger ist bloß während fünf Jahren Sklave und erhält von seinem Herrn außer Kost und Wohnung 2 Thaler monatlich. Nach fünf Jahren hat er die Freiheit – weiter zu arbeiten oder Hungers zu sterben, wenn er nicht arbeiten will.

Da Herr Lambert meine Reisebegierde kannte und wußte, wie gerne ich jede Gelegenheit ergriff, neue

Länder zu sehen, wollte er mich mitnehmen. Der französische Agent erfuhr dies und ging augenblicklich zu Herrn Lambert, um ihn zu ersuchen, mich ja nicht mitzunehmen, denn ich sei ganz gewiß von der englischen Regierung als Spionin angestellt.

Und woher kam dieser Haß der Kreolen und Franzosen gegen mich unbedeutendes Wesen?

Ich kann mir keinen anderen Grund denken als den, daß ich beinahe nur mit englischen Familien verkehrte. War es aber meine Schuld, daß die englischen Familien mich aufsuchten, mich, wenn ich ihren Einladungen folgte, auf die zuvorkommendste Weise behandelten? Warum taten dies die Franzosen nicht? Alle Artigkeiten und Gefälligkeiten wurden mir von den Engländern erwiesen; von den Franzosen nahmen sich bloß die Herren Lambert und Genève meiner mit aufrichtiger Wärme an.

Wie froh bin ich, nicht mit Mauritius begonnen zu haben, als vor ungefähr 14 Jahren in mir die Reiselust erwachte. Da wäre letztere mir rasch vergangen. Freilich würde ich in diesem Falle auch nicht nach Rußland gekommen sein und nicht erfahren haben, daß in diesem verrufenen Despoten-Reich freisinnigere Einrichtungen herrschen als in einer Kolonie des auf seine Fortschritte so stolzen England. Und doch ist es so, wenigstens was das Paßwesen betrifft.

Verläßt man Petersburg oder irgendeine der größeren Städte Rußlands, um eine Reise anzutreten, so muß man dies acht Tage zuvor anzeigen. Der Name des Reisenden kommt dreimal in die Zeitung, damit, wenn er Schulden hat, seine Gläubiger die nötigen

Maßregeln ergreifen können. Hier, auf dieser großen Insel, sind acht Tage viel zu wenig. Hier sind drei Wochen nötig, oder man muß, wie auch in Rußland, einen Bürgen stellen.

Ich war nicht darauf gefaßt, in einer englischen Kolonie eine so veraltete Einrichtung zu finden, daß ich mich um meinen Paß gar nicht kümmerte. Ein paar Tage vor meiner Abreise bat ich, mehr als Erinnerung als aus Notwendigkeit, wie ich meinte, den französischen Konsul um ein Visum.

Zufällig hörte ich am gleichen Tag bei Tisch, daß dies nicht genüge und daß man zur Abreise die Erlaubnis der Polizei haben müsse. Ich speiste bei Herrn O., Associé des Herrn Lambert, und da gerade mehrere Herren meiner Bekanntschaft zugegen waren, ersuchte ich sie, einer von ihnen möchte die Güte haben, diese meiner Ansicht nach ganz unbedeutende Förmlichkeit zu besorgen und die Bürgschaft für mich zu leisten. Zu meinem größten Erstaunen erschöpften sich die galanten, feingebildeten Franzosen in leeren Ausreden – keiner wollte mir diesen Dienst erweisen. Am nächsten Tag ging ich zu Herrn Kerr, einem Engländer, und einige Stunden später hatte ich meinen Paß.

Zu meinem Leidwesen muß ich gestehen, daß mir zum Schlusse auch von einem Engländer eine Unhöflichkeit erwiesen wurde, und zwar von dem Gouverneur.

Dieser Herr hatte mich, als ich in Mauritius ankam, sehr gut aufgenommen, sogar in sein Landhaus eingeladen und mir unaufgefordert einen Brief für die

Königin von Madagaskar angeboten. Als ich kurze Zeit vor meiner Abreise wegen des versprochenen Briefes zu ihm ging, fertigte er mich mit einer Entschuldigung ab, und zwar damit, daß ich zu Ihrer madagaskarischen Majestät in Gesellschaft des Herrn Lambert reise und daß mein Reisegefährte ein politisch gefährlicher Mann sei.

Schöne Ehre erwies man mir in Mauritius: Die Franzosen hielten mich für einen Spion der englischen, und der englische Gouverneur für einen Spion der französischen Regierung!

Nach all diesen angenehmen Erfahrungen wird es jedermann begreiflich finden, daß ich den Augenblick gar nicht erwarten konnte, diese kleine Insel mit ihren noch viel kleinlicher denkenden Bewohnern zu verlassen, und ich will mich bestreben, von ihr keine andere Erinnerung zu behalten, als die an ihre Naturschönheiten.

Hatte nicht Alexander von Humboldt ihr geschrieben:

»Nicht nur die Königin, sondern auch der König wünschen Sie, meine hochverehrte Frau, zu sehen und Ihnen die Achtung auszudrücken, die Ihrem Muthe und der edlen Einfachheit Ihrer Gesinnung, wie der strengen Wahrhaftigkeit Ihrer Darstellungen so allgemein gezollt wird. [...]

Möge Ihnen der Tag nicht unangenehm sein! Überreichen Sie der Königin ein Exemplar Ihrer letzten schönen Weltreise!

Ihr anhänglichster A. v. H.

Nachts, den 26. Februar 1856«

»MADAGASKAR, DER DIAMANT IN DER INSELKETTE UM AFRIKA«

GEOGRAPHISCH-HISTORISCHES ÜBER MADAGASKAR

Die Insel Madagaskar ist – einzelne Küstenstriche ausgenommen – sehr wenig bekannt; in das Landesinnere zu dringen, gelang nur einzelnen Reisenden, und selbst diesen war es nicht möglich, das Land mit Muße zu studieren. Was mich selbst betrifft, besitze ich leider zu wenig Kenntnisse, um ein Land wissenschaftlich beschreiben zu können; ich bin, wie ich bereits zu wiederholten Malen erwähnt habe, höchstens im Stande, einfache, der Wahrheit getreue Schilderungen dessen, was ich gesehen habe, zu versuchen.

Es dürfte daher für meine Leser nicht uninteressant sein, wenn ich, bevor ich die Erzählung meiner Erlebnisse auf Madagaskar beginne, aus verschiedenen Werken, die über diese Insel erschienen sind, einen geographisch-geschichtlichen Überblick gebe.

Madagaskar soll bereits den Alten bekannt gewesen sein. Im 13. Jhdt. erwähnte Marco Polo diese Insel. Die Portugiesen besuchten sie im Jahre 1506, und das erste europäische Volk, das Niederlassungen darauf zu gründen versuchte, war das französische im Jahre 1642.

Madagaskar liegt südöstlich von Afrika, von welchem Weltteil es bloß durch den 75 Meilen breiten Kanal von Mozambique getrennt ist, erstreckt sich von dem 12. bis zu dem 25. Grad südlicher Breite und von dem 40. bis zu dem 48. Grad östlicher Länge und ist nach Borneo die größte Insel der Welt. *[siehe Glossar im Anhang]* Ihr Flächeninhalt beträgt ungefähr 10 000 geographische Quadratmeilen. Die Bevölkerung wird sehr verschieden angegeben, von einigen auf 1 1/2 bis 2 Millionen, von anderen bis auf 6 Millionen.

Die Insel besitzt unübersehbare Waldungen, ausgedehnte Ebenen, Täler und Schluchten, viele Flüsse und Seen und große Gebirgszüge, deren Spitzen sich 10 bis 12 000 Fuß und noch höher erheben.

Die Vegetation ist überaus üppig, das Klima sehr heiß und an den Küsten, wo es viele Moraste gibt, für Europäer höchst ungesund. Die hauptsächlichsten Produkte sind: seltene Balsame und Harze, Zucker, Tabak, Seide, Reis, Indigo und Gewürze. Die Wälder liefern herrliche Hölzer für Bauten und Einrichtungen, die Fruchtbäume beinahe alle Früchte der tropischen Zone. Unter den vielen Palmen-Gattungen ist die schöne Wasserpalme sehr häufig. Was das Tierreich angeht, so besitzt Madagaskar ebenfalls einige eigentümliche Gattungen, so die Familie der Makis – oder Halbaffen –, den schwarzen Papagei, außerdem zahlreiches Hornvieh, Ziegen, Schafe und viele schöne Vögel. In den Wäldern und in den Savannen hausen wilde Ochsen und Schweine, wilde Hunde und Katzen, aber sonst keine gefährlichen Tiere. Die

Schlangen sind unschädlich; andere Reptilien gibt es sehr wenig, und giftige Tiere sind bloß der Tausendfuß und eine kleine, schwarze Spinne, die unter der Erde lebt und deren Stich tödlich sein soll; sie kommt jedoch nur selten vor. Auch an Metallen, besonders an Eisen, und an Steinkohlen soll die Insel sehr reich sein; natürlich sind ihre mineralischen Schätze noch wenig erforscht.

Die Bevölkerung besteht aus vier verschiedenen Rassen. Auf der Südseite leben die Kaffer, auf der Westseite die Neger, während auf der Nordseite die arabische Rasse und auf der Ostseite und im Innern die malaische vorherrschend ist. Die Hauptrassen zerfallen in viele Stämme, von welchen gegenwärtig jener der Hovas, zur malaischen Rasse gehörend, der zahlreichste und zivilisierteste der ganzen Insel ist. Die Hovas bevölkern den größten Teil des Innern und bildeten schon zur Zeit der Entdeckung Madagaskars ein mächtiges Reich, dessen Hauptstadt Tananariva, in der Mitte der großen Hochebene im Bezirk Emir gelegen, aus vielen zusammengeschlossenen Dörfern besteht. Am wenigsten bekannt – oder besser gesagt, gänzlich unbekannt – ist die Südwestküste, deren Bewohner für die ungastlichsten und für die erklärtesten Feinde der Europäer gelten. Alle diese verschiedenen Rassen und Stämme sind wie die meisten primitiven Völker sehr träge, neugierig, abergläubisch und charakterlos.

Die Franzosen haben, wie eingangs erwähnt, seit dem Jahre 1642 versucht, sich auf Madagaskar festzusetzen; sie eroberten einige Landstriche, errichteten da und dort Handelsniederlassungen und kleine Forts, konnten sich aber nie behaupten. Alle ihre Unternehmungen verunglückten einerseits durch das ungesunde Klima und infolge der Strenge und Grausamkeiten, mit welchen sie die Eingeborenen behandelten, andererseits weil sie von der Heimat nie zur rechten Zeit mit Geld und Truppen unterstützt wurden.

Sowohl die französische Regierung als auch die *Société de l'Orient* kamen hinsichtlich dieser Insel nie zu einem festen Entschluß. Einmal wollten sie dieselbe erobern, ein andermal ganz fallenlassen. Sie sandten wiederholt Schiffe und Truppen, überließen letztere dann ihrem Schicksal, und auf diese Weise gingen viele Menschenleben und große Summen Geldes verloren, ohne daß irgend etwas erreicht wurde. Die letzte französische Unternehmung fand im Jahre 1773 statt unter dem Oberbefehl des polnischen Grafen Benjowsky, der schon im voraus den Titel *Gouverneur von Madagaskar* erhielt.

Graf Benjowsky soll ein sehr fähiger und unternehmender Mann gewesen sein, und da er über eine größere Macht zu verfügen hatte als dies bei den früheren Expeditionen der Fall gewesen war, wäre es ihm vielleicht geglückt, Madagaskar für immer an Frankreich zu bringen – oder doch wenigstens eine bleibende und wichtige Kolonie darauf zu gründen. Leider erging es ihm aber wie seinen Vorgängern, ja, noch schlechter, denn es blieb nicht nur die versprochene Unterstützung aus, sondern er fand auch gerade im Gouverneur von Bourbon, der ihn hätte unterstützen sollen, den gefährlichsten Feind. Letzterer, anstatt ihm Truppen und Geld zu schicken, bot im Gegenteil aus Eifersucht alles auf, um seine Macht zu schwächen, und so kam es, daß trotz der ersten Erfolge Graf Benjowsky bald kaum mehr im Stande war, einige unbedeutende Forts und Comptoirs zu halten. Nach seinem Tode gingen auch diese verloren, und im Jahre 1786 verließen die Franzosen Madagaskar gänzlich; von allen ihren früheren Eroberungen behielten sie bloß das kleine Inselchen St. Maria.

Zu Anfang des 19. Jahrhunderts versuchten auch die Engländer, Niederlassungen auf Madagaskar zu gründen, aber ebenfalls ohne Erfolg; sie bemächtigten sich der Häfen von Tamatavé und Foulpoint, behaupteten sich jedoch nur kurze Zeit.

Unterdessen hatte sich im Innern des Landes das Reich der Hovas sehr ausgebreitet. Dianampoiene, der Chef von Tananariva, führte erfolgreiche Kriege gegen die kleineren Stammesfürsten und einverleibte deren Staaten seinem Reich. Er soll ein sehr tüchtiger und verständiger Mann gewesen sein und seinem Volk gute Gesetze gegeben haben. Unter seiner Regierung war der Genuß des Liqueurs und des Tabaks verboten. Dianampoiene starb im Jahre 1810 und hinterließ das bereits mächtige Reich seinem Sohne Radama. Dieser zählte nicht mehr als 18 Jahre, als er zur Regierung kam; er war wie sein Vater intelligent, rechtschaffen und sehr ehrgeizig. Er mochte die Europäer und suchte im Umgang mit ihnen seine Kenntnisse zu erweitern.

Die Engländer nutzten dies sehr geschickt aus und verstanden es, sich bei ihm in Gunst zu setzen; er war bald von ihnen so sehr eingenommen, daß er sie auf jede erdenkliche Art auszeichnete und sogar ab und zu eine englische Uniform trug. Er schloß zudem mit England einen Vertrag ab, mit welchem er sich verpflichtete, auf den Sklavenhandel mit dem Ausland zu verzichten. Als Entschädigung erhielt er Geld und Geschenke, deren Wert ungefähr 2000 Pfd. Sterl. betrug, und die englische Regierung versprach überdies, zehn junge Leute aus Madagaskar in England und zehn andere in Mauritius in den verschiedenen Handwerken und Künsten unterrichten zu lassen.

Radama hielt den Vertrag streng ein, nicht so aber der englische General Hall, welcher Mr. Farqhar auf Mauritius als Gouverneur gefolgt war. General Hall mochte wohl meinen, daß die Wilden gar keine Menschen seien; er schämte sich nicht, öffentlich zu erklären, daß ein Vertrag, mit einem Stammeshäuptling von Wilden abgeschlossen, nicht die geringste Gültigkeit habe, und brach ihn, wo er nur konnte. Eine logische Folge dieser Handlungsweise war, daß Radama den Sklavenhandel wieder freigab und auf Kosten der Engländer die Franzosen zu begünstigen anfing, die bei dieser Gelegenheit einen kleinen Landstrich an der Bai von Benatobé erwarben.

Die Engländer versuchten lange Zeit vergebens, ihre einflußreiche Stellung wieder zu erlangen. Sie hatten sich nicht bloß bei Radama, sondern auch bei seinem Volk so verhaßt gemacht, daß man alles, was für falsch oder lügenhaft gehalten wurde, *englisch* nannte. Trotzdem gelang es ihnen schließlich doch, den Vertrag zu erneuern und sogar noch mehr Begünstigungen einzuhandeln. Es wurde ihnen erlaubt, Missionare ins Land zu bringen, Schulen zu errichten und die Bibel zu verbreiten. Ihre Schiffe durften gegen eine Abgabe von 1 Prozent in allen Häfen einlaufen, und im Jahre 1825 räumte Radama den Engländern auch das Recht ein, sich auf der Insel niederzulassen, Häuser zu bauen, Handel zu treiben, die Erde zu kultivieren und industrielle Unternehmungen zu gründen.

Radama starb am 27. Juli 1828 im 36. Lebensjahr. Die ehrgeizigen Pläne seines Vaters fortsetzend, war es ihm gelungen, seine Herrschaft über den größten Teil der Insel auszudehnen und sich zum König von Madagaskar zu erheben. Seinem Szepter gehorchten außer dem Land der Hova an der Nordwest-Küste das Land der Seklaven mit der Hauptstadt Vombetol, an der West-Küste Mozangaye und an der Nord-Küste die Länder der Antawaren und der Betimsaras; nur die Südwest-Küste und das an der Südost-Küste gelegene Land der Anossy hatten ihre Unabhängigkeit behauptet.

Radama besaß ein großes Redner-Talent und war sehr stolz darauf. Er war überhaupt sehr eitel und im höchsten Grade für Huldigungen empfänglich. Sein Volk mußte ihm Ehren erweisen wie einem Gott; daß die englischen Missionare unter seiner Regierung zu Einfluß gelangten, verdankten sie wohl größtenteils den Lobhudeleien, mit welchen sie ihn überschütteten. Sie verglichen ihn mit Napoleon I., von dessen Großtaten die Franzosen ihm erzählt hatten und den er sich wohl zum Vorbild genommen hatte. So falsch ist übrigens dieser Vergleich nicht, und den Titel »Radama der Große« mag man ihm gerne zugestehen, wenn man bedenkt, was er in der kurzen Zeit seiner Regierung geleistet hat. Die Eroberung eines großen Teils der Insel, die Abschaffung der Todesstrafe für viele Verbrechen, das Verbot des Sklavenhandels mit dem Ausland, die Schaffung eines ziemlich gut geschulten Heeres, die Einführung vieler europäischen Handwerke – dies alles war sein Werk. Er hat als erster auf Madagaskar der Zivilisation die Tür geöffnet, unter seiner Regierung wurden die ersten öffentlichen Schulen errichtet und die lateinischen Buchstaben für die Landessprache übernommen. Zwar in allen Belangen auf die materielle und geistige Verbesserung seines Reiches bedacht, wollte er jedoch von einem nichts wissen – vom Bau guter Straßen in seinem Reich. Er war wie die meisten Fürsten halbwilder Völker der Ansicht, die schlechten Wege seien die beste Festung gegen die Europäer. Während der letzten Jahre seines Lebens gab er sich leider großen Ausschweifungen hin, die wohl seinen frühen Tod verursacht haben; viele behaupten, er sei vergiftet worden.

Mit Radamas Tod hörte nicht nur der englische, sondern jeder europäische Einfluß auf. Seine erste Frau Ranavola folgte ihm auf dem Thron und fügte ihrem Namen den königlichen Titel Manjaka hinzu.

Dieses grausame, blutdürstige Weib begann die Regierung mit der Hinrichtung von sieben der nächsten Verwandten des verstorbenen Königs, ja, nach den Berichten des Missionars Herrn Wilhelm Ellis wurde nicht nur alles getötet, was zu Radamas Familie gehörte, sondern auch jene Adlige, die dem Thron nahestanden und die Anspruch auf den Thron hätten erheben können.

Den Vertrag, den Radama mit den Engländern geschlossen hatte, hob sie sogleich auf. Ihr Haß gegen dieses Volk war so groß, daß er sich auf alles erstreckte, was aus England kam, selbst auf die von dort eingeführten Tiere. Alle, die rein englischer Abstammung waren, mußten getötet oder zumindest aus ihrem Reich entfernt werden. Aber auch die Franzosen fanden vor ihren Augen keine Gnade – sie wollte überhaupt nichts von Zivilisation wissen und bemühte sich nach Kräften, alle diesbezüglichen Bemühungen im Keime zu ersticken. Sie vertrieb die Missionare, verbot das Christentum und erschwerte jeden Kontakt zu den Europäern. Ihre Untertanen, besonders jene, die nicht dem Stamme der Hovas angehörten, dem sie entsprossen war, behandelt sie mit größter Strenge und Grausamkeit. Für die geringsten Vergehen unterwirft sie diese den härtesten Strafen und täglich liest und läßt sie Todesurteile vollstrecken.

Einem einzigen Blutsverwandten von König Radama, dem Prinzen Ramanetak, war es geglückt, durch zeitige Flucht sein Leben zu retten. Dieser Prinz konnte berechtigten Anspruch auf den Thron erheben, und da sich die Königin Ranavola durch ihre harte und blutdürstige Regierung beim Volk sehr bald verhaßt gemacht hatte, wäre es ihm mit Hilfe der Franzosen gewiß gelungen, eine Revolution auszulösen und sich des Throns zu bemächtigen. Das wäre zudem für die Franzosen bestimmt von großem Nutzen gewesen, denn Prinz Ramanetak war ganz von dieser Nation eingenommen. Die Regierung Frankreichs blieb aber der seit zwei Jahrhunderten gegen Madagaskar gefolgten Politik treu, und die großmütige Hilfe, die sie dem Prinzen anbot, bestand aus ... 60 Flinten und 20 Fäßchen Pulver.

Wie ich zu Anfang meiner Reise erzählt habe, wurden die Franzosen in der Folge von Königin Ranavola auch aus jenen Landstrichen vertrieben, die ihnen Radama an der Bai von Banatobé eingeräumt hatte. Ob Frankreich Genugtuung verlangen und den übermütigen Beherrschern Madagaskars einmal ernstlich die Macht eines europäischen Volkes zeigen, oder ob es diese Gelegenheit ebenso unbenützt vorübergehen lassen wird, wie die früheren, wage ich nicht zu bestimmen. Die nächste Zukunft wird es zeigen.

AM 25. APRIL 1857 VERLIESS ICH MAURITIUS

Durch Herrn Gonnets Vermittlung gaben mir die Eigentümer der Brigg TRITON eine freie Überfahrt nach Tamatavé auf Madagaskar (480 Seemeilen).

Das Schiff, eine alte ausgediente Kanonen-Schaluppe, die ihre Jugendkraft in der Schlacht von Trafalgar entfaltet hatte (im Jahre 1805), war tief gesunken von ihrer früheren Herrlichkeit. Es wurde in seinen alten Tagen während der günstigen Jahreszeit für den Verlad von Ochsen von Madagaskar nach Mauritius eingesetzt. Bequemlichkeiten bot es durchaus nicht, da alle Räume für die Unterbringung der Ochsen eingerichtet waren, und was seine Sicherheit anbelangt, so gab mir der Kapitän die tröstliche Nachricht, daß es auch nicht dem kleinsten Sturme widerstehen könnte.

Meine Sehnsucht, Mauritius zu verlassen, war jedoch so groß, daß mich dies alles nicht abschreckte. Ich überließ mich meinem guten Stern, schiffte mich frohen Mutes ein und hatte es nicht zu bereuen. So schlecht das Schiff war, so gut war der Kapitän, Herr Benier. Obwohl durchaus nicht von hoher Abkunft (der Farbe nach gehörte er zu den Halb-Kreolen), benahm er sich mit einer Höflichkeit und Aufmerksamkeit, die dem besterzogenen Manne Ehre gemacht hätte. Er räumte mir sogleich seine Kabine ein, den einzigen Platz auf dem Schiff, der nicht den vierbeinigen Passagieren vorbehalten war, und bot alles auf, mir die Reise so bequem wie möglich zu machen.

Während der ersten drei Tage ging unsere Fahrt zügig voran, der Wind war uns günstig; er blies aus Osten, wie dies in diesen Meeren vom Monat April bis Ende Oktober beständig der Fall ist, so das ein schnell segelndes Schiff in den drei Tagen die Reise vollbracht hätte. Nicht so unser alter Invalide, der gar mühselig seine Bahn verfolgte. Wir waren noch weit von unserem Ziel entfernt, als zu unserem Schrecken sich in der Nacht vom dritten auf den vierten Tag ein starker Gegenwind erhob. Der tröstlichen Versicherung gedenkend, die mir der Kapitän von der Sicherheit des Schiffes gegeben hatte, war ich jeden Augenblick auf eine Katastrophe gefaßt; aber glücklich verging die Nacht und auch der folgende Tag, nur daß der fortwährende widrige Wind uns zwang, gegen Abend vor der Insel Prunes vor Anker zu gehen. Am fünften Tag gelangten wir wohl bis Tamatavé, konnten aber nicht einlaufen. Erst am sechsten Tag warfen wir im Hafen die Anker.

Heftige Regengüsse hatten mir mit der Zeit die Reise verleidet; Bücher führte ich nicht mit, und des guten Kapitäns Bibliothek bestand ... aus einem Kochbuch nebst einem englisch-französischen Wörterbuch. Doch derlei Unannehmlichkeiten vergessen sich rasch, um so mehr, wenn man so glücklich ist, sein gestecktes Ziel zu erreichen. Und dies war ja mit mir der Fall – das Land, das ich seit Jahren mit so großer Sehnsucht zu sehen wünschte, lag vor meinen Augen.

Ich wollte sogleich das Schiff verlassen; die Königin Ranavola hat aber trotz ihrer Verachtung der Zivilisation und der europäischen Bräuche gerade jene eingeführt, die für uns Europäer die lästigsten sind: Polizei und Douane. Ebenso wie in Frankreich oder irgendeinem anderen europäischen Land mußte ich warten, bis die Inspektions-Offiziere an Bord kamen und die Gelegenheit nutzten, sowohl das Schiff als auch mich sehr sorgfältig in Augenschein zu nehmen. Da ich die allerhöchste Erlaubnis der Königin besaß, ihr Reich zu betreten, wurden keine weiteren Schwierigkeiten gemacht, und ich konnte an Land gehen. Hier nahmen mich sogleich ein paar madagaskarische Zollbeamte in Empfang und führten mich zu der Douane, wo mein sämtliches Reisegepäck aufgerissen und durchwühlt wurde. Nicht der geringste Gegenstand entging ihren Augen, nicht das kleinste in Papier gehüllte Päckchen wurde übersehen – die Leute entwickelten eine echte Spürhund-Natur und hätten es verdient, den geschicktesten deutschen oder französischen Douaniers an die Seite gestellt zu werden.

Gestohlen wurde mir glücklicherweise nichts, ich ergötzte mich daher an dieser Szene, die mich an mein teures Heimatland erinnerte.

In Tamatavé sollte ich Herrn Lambert treffen, der von der Reise an der afrikanischen Küste, die er im Auftrag der französischen Regierung unternommen hatte, nicht erst nach Mauritius, sondern direkt hierher zu kommen gedachte. Herr Lambert war noch nicht angelangt; er hatte mir aber schon in Mauritius gesagt, daß ich bei Mademoiselle Julie absteigen soll, die er von meiner Ankunft unterrichten lassen würde.

Meine Leserinnen werden sich wahrscheinlich unter Mademoiselle Julie eine durch weiß Gott was für romantische Schicksale auf diese Insel verschlagene Europäerin vorstellen. Leider muß ich sie enttäuschen: Mademoiselle Julie ist eine echte Malegaschin und dazu noch Witwe und Mutter von mehreren Kindern. In Madagaskar herrscht nämlich die sonderbare Sitte, jedes weibliche Wesen Mademoiselle zu nennen, selbst wenn es ein Dutzend Sprößlinge aufzuweisen hat oder ein halbdutzendmal verheiratet gewesen ist.

Mademoiselle Julie ist aber jedenfalls eine ganz außergewöhnliche Erscheinung und ohne Zweifel eine der interessantesten Personen nicht bloß Tamatavés, sondern ganz Madagaskars. Sie wurde ungefähr vor acht Monaten Witwe, führt aber die Geschäfte ihres Mannes fort und zwar, wie man mir sagte, mit besserem Erfolg als der Verstorbene. Sie besitzt Zuckerpflanzungen, eine Rumbrennerei, treibt Handel und der Dinge mehr. Ihre Umsicht und Rührigkeit würde überall Anerkennung finden – im übrigen erstaunliche Eigenschaften in einem Land wie Madagaskar, wo das weibliche Geschlecht so unwissend, träge und von gar keiner Bedeutung ist.

Mademoiselle Julie genoß einen Teil ihrer Erziehung in Bourbon; sie spricht und schreibt perfekt Französisch. Schade, daß sie einige der Sitten – oder vielmehr Unsitten – ihres Geburtslandes beibehalten hat. Ihr größtes Vergnügen besteht z. B. darin, stundenlang ausgestreckt auf dem Fußboden zu liegen, den Kopf auf dem Schoß einer Freundin oder Sklavin gestützt, und sich von gewissen kleinen Tierchen befreien zu lassen. Es ist dies übrigens eine Lieblingsbeschäftigung der madagaskarischen Frauen, und sie besuchen sich oft nur zu dem Zwecke, sich ihr so recht *con amore* hinzugeben. Auch zog Mademoiselle Julie es vor, sich zum Essen ihrer Finger anstatt des Eßbesteckes zu bedienen; dies tat sie aber nur, wenn sie sich unbemerkt glaubte.

Mademoiselle Julie nahm mich nicht eben auf das zuvorkommendste auf; sie besah mich von oben bis unten, erhob sich gemächlich und führte mich zu einem ganz nahe gelegenen Häuschen, das noch schlechter eingerichtet war als die Pavillons auf Mauritius. Das einzige Zimmer enthielt nichts weiter als eine leere Bettstelle. Die edle Dame fragte mich barsch nach meinem Bettzeug. Ich sagte ihr, ich hätte keines mitgebracht, da mir Herr Lambert versichert hätte, daß ich bei ihr alles finden würde. »Ich kann Ihnen keines geben«, entgegnete sie schroff, und obwohl sie, wie ich später sah, an Bettzeug genügend Vorrat besaß, um nicht nur mir, sondern einem halben Dutzend Reisenden auszuhelfen, so hätte sie mich alte Frau auf der nackten Bettstelle schlafen lassen. Glücklicherweise war gerade eine Frau,

Madame Jacquin, zugegen. Diese bot mir sogleich Bettzeug an und warf Mademoiselle Julie mit ziemlich starken Ausdrücken ihr Benehmen vor. Ich bin Frau Jacquin für ihr freundliches Anerbieten sehr dankbar; ich hätte mir sonst wahrscheinlich bis zur Ankunft von Herrn Lambert mit meinem Mantel und einem Kopfkissen, das ich immer mitführe, aushelfen müssen.

Von anderen Bequemlichkeiten war natürlich gar nicht die Rede, und alles, was ich benötigte, mußte ich mir selbst verschaffen.

Mein Aufenthalt in Tamatavé währte einige Wochen, da Herr Lambert viel später eintraf, als er beabsichtigt hatte.

Der Hafen von Tamatavé ist der beste auf der ganzen Insel, und hierher kommen in der guten Jahreszeit (April bis Ende Oktober) sehr viele Schiffe von Mauritius und Bourbon, um Ochsen zu laden, von welchen jährlich zwischen 10 und 11 000 Stück ausgeführt werden. Ungefähr zwei Drittel davon gehen nach Mauritius und nur ein Drittel nach Bourbon, obwohl zwischen diesen beiden Inseln nicht viel Unterschied herrscht, was die Größe der Bevölkerung anbelangt. Man muß aber bedenken, daß auf Mauritius viele Engländer leben und daß die Engländer größere Liebhaber des Roastbeefs sind als die Franzosen. Sonderbar ist, daß die Königin Ranavola die Ausfuhr der Kühe nicht gestattet. In ihrer tiefen Weisheit meint sie, wenn sie den Leuten erlauben würde, Kühe auszuführen, so könnten auch anderswo Ochsen gezüchtet und dadurch die Ausfuhr aus Madagaskar geschmälert werden. Sie weiß natürlich nicht, daß die zwei Inseln aus ihren Zuckerpflanzungen viel größeren Nutzen ziehen, als wenn sie ihre Felder in Wiesen umwandeln und Viehzucht betreiben würden. Ein schöner Ochse, der auf Madagaskar 15 Thaler kostet, würde, auf Mauritius oder Bourbon gezogen, gewiß auf das vier- oder fünffache zu stehen kommen.

Außer den Ochsen werden Reis, Rabanetas und Geflügel ausgeführt. Die Rabanetas sind eine Art Matten, auf denen der Zucker zum Trocknen ausgebreitet wird, wenn er aus der letzten Pfanne kommt. Man verwendet sie auch dazu, die Zimmerwände und Fußböden zu bedecken, und der ärmeren Klasse dienen sie häufig als Kleidung.

Während der günstigen Jahreszeit geht es im Haus von Mademoiselle Julie sehr lebhaft zu. Mitunter liegen sechs bis acht Schiffe gleichzeitig im Hafen. Die Kapitäne sind alle Freunde meiner Wirtin, die sie zu Tische lädt und sozusagen offene Tafel hält. Während meiner Anwesenheit, die freilich in den Anfang der günstigen Stagione fiel, war der Verkehr nicht sehr bedeutend; ich sah nie mehr als zwei Schiffe vor Anker liegen.

Was für ein wichtiger Platz kann Tamatavé einst werden, wenn diese schöne, fruchtbare Insel den Europäern offen stehen und der Handel allen Nationen erlaubt sein wird!

Jetzt gleicht Tamatavé einem ärmlichen, aber sehr großen Dorf. Man schätzt seine Bevölkerung – die nähere Umgebung miteingerechnet – auf 4 bis 5000

Seelen, darunter 800 Soldaten und ungefähr ein Dutzend Europäer und Kreolen aus Bourbon. Außer den wenigen Häusern der letzteren und jenen einiger wohlhabender Hovas und Malegaschen sieht man nichts als kleine Hütten, die teils in beliebiger Unordnung umher liegen, teils mehrere enge Straßen bilden. Sie ruhen auf 6 bis 10 Fuß hohen Pfählen, sind aus Holz oder Bambus gebaut, mit langem Gras oder mit Palmblättern gedeckt und enthalten ein einziges Gemach, das zu einem guten Teil von der Feuerstelle eingenommen wird, so daß die Familie kaum Raum zum Schlafen findet. Fenster sind nicht vorhanden, dafür aber zwei Türen, die auf zwei Seiten hinausgehen. Von diesen zwei Türen bleibt die auf der Wetterseite stets geschlossen.

Die Häuser der Wohlhabenden sind aus denselben Materialien gebaut wie die der Ärmeren, nur höher und größer. Sie enthalten allenfalls nur ein Gemach, das jedoch durch niedrige Wände in drei bis vier kleinere Räume aufgeteilt ist, und außer den Türen gibt es auch Fenster, aber ohne Glasscheiben.

Der Bazar liegt mitten im Dorf auf einem unebenen, abscheulichen Platz und zeichnet sich außer durch seine Armut auch noch durch seine Unsauberkeit aus. Etwas Ochsenfleisch, etwas Zuckerrohr, Reis, Rabanetas und einige Früchte sind gewöhnlich alles, was man da findet, und der ganze Kram eines auf dem Boden kauernden Verkäufers ist oft nicht mehr als 1/4 Piaster wert. Die Ochsen werden auf dem Bazar selbst geschlachtet, die Haut wird nicht abgezogen, sondern mit dem Stück Fleisch verkauft;

sie gilt nämlich als sehr schmackhaft. Die Leute kaufen das Fleisch nicht nach dem Gewicht, sondern nach der Größe, dem Aussehen nach.

Wenn man in diesem Land etwas kaufen oder verkaufen will, muß man stets eine kleine Geldwaage mithaben, denn auf Madagaskar gibt es keine andere Münze als den spanischen Thaler, und erst seit zwei Jahren, als Herr Lambert das erste Mal hierher kam und Fünffranken-Stücke mitbrachte, werden auch diese angenommen. In Ermangelung von Scheide-Münzen werden Thaler und Fünffranken-Stücke in größere und kleinere Teile geschnitten, manchmal in mehr als fünfhundert.

Ich vernahm zu meinem größten Erstaunen, daß die Eingeborenen trotz ihrer Wildheit und Unwissenheit die Thaler so gut nachzumachen verstünden, daß man sehr geübt sein und sie sehr genau besehen müsse, um sie von den echten zu unterscheiden.

Die Eingeborenen von Tamatavé sind zum größten Teil Malegaschen. Sie kamen mir noch wunderlicher vor als die Neger oder die Malaien, deren häßlichste Züge sich in ihren Gesichtern vereint finden. Sie haben einen großen Mund mit dicken Lippen, eine breitgedrückte Nase, ein weit hervorstehendes Kinn und derbe Backenknochen; ihre Hautfarbe ist schmutzigbraun in allen Abstufungen. Als einzige Schönheit besitzen viele von ihnen regelmäßig geformte, blendend weiße Zähne und zuweilen auch hübsche Augen. Dagegen zeichnet sich ihr Haar durch ganz besondere Häßlichkeit aus. Es ist zwar kohlschwarz, aber ganz wollig gekraust wie bei den

Negern, aber ungleich stärker und länger; mitunter erreicht es eine Länge von mehr als zwei Fuß. Wenn das Haar offen getragen wird, ist dies ein über alle Maßen entstellender Anblick. Das Gesicht verliert sich ganz im Urwald der hohen, gekrausten und weit abstehenden Haare. Zum Glück tragen sie nur wenige auf diese Art.

Die Männer lassen sie häufig am Hinterkopf ganz kurz schneiden und vorn höchstens 6 bis 8 Zoll lang wachsen, was zwar auch höchst komisch aussieht, da die Haare gerade abstehen und ein fein gekräuseltes Toupet bilden, aber doch nicht so abschreckend häßlich aussieht wie der Urwald.

Die Weiber, und mitunter auch die Männer, die auf ihre kostbare Wolle stolz sind und sich nicht entschließen können, dieselbe abzuschneiden, flechten sie in viele dünne Zöpfe, die bei den einen rings um den Kopf herabhängen, während andere daraus Schleifen oder Wülste bilden und den ganzen Kopf damit bedecken. Diese Art Kopfputz erfordert sehr viel Zeit und Arbeit, besonders bei den vornehmen Malegaschinnen, die ihr Haar in unzählige, ganz dünne Zöpfe flechten lassen. An einer dieser bewunderungswürdigen Schönheiten zählte ich deren über sechzig. Die Sklavinnen der guten Dame waren gewiß einen ganzen Tag vollauf damit beschäftigt gewesen. Ein solcher Kopfputz braucht hingegen nicht ständig erneuert zu werden; er erhält sich acht und mehr Tage in voller Pracht. Das Haar offen in seiner natürlichen Schönheit zu tragen, ist ein Zeichen der Trauer.

Was die Statur der Malegaschen anbelangt, so ist sie im Durchschnitt mehr als mittelgroß, und besonders unter den Männern sah ich viele hohe, kräftige Gestalten.

Ihre Kleidung ist ungefähr dieselbe wie bei allen halbwilden Völkern, die nicht ganz unbekleidet gehen. Die zwei Hauptkleidungsstücke, deren sich die Malegaschen bedienen, heißen *Sadik* und *Simbu.* Ersterer ist beinahe so einfach wie Adams Feigenblatt; er besteht aus einem Stückchen Zeug, eine halbe Elle breit, eine Elle lang, welches um die Lenden geschlagen und zwischen die Beine gezogen wird. Viele der Eingeborenen finden dies genügend und beschränken ihre ganze Garderobe darauf. Der *Simbu* ist ein Stück Weißzeug von ungefähr vier Ellen Länge und drei Ellen Breite. Sie hüllen oder drapieren sich in den *Simbu* wie die Römer in ihre Toga und oft wirklich mit viel Grazie. Zuweilen rollen sie ihn etwas zusammen, um mehr Bewegungsfreiheit zu haben, und schlingen ihn um den Oberkörper.

Die Weiber kleiden sich wie die Männer, nur verhüllen sie sich mehr und fügen häufig dem *Sadik* oder dem *Simbu* ein drittes Kleidungsstück hinzu, ein kurzes, sehr knapp anliegendes Jäckchen mit langen Ärmeln, das sie *Kanezu* nennen. Männer und Weiber sind ständig mit dem *Simbu* beschäftigt, er hängt immer lose und muß jeden Augenblick neu umgeschlagen werden; man kann sagen, daß die Leute hier nur eine Hand zum Arbeiten haben; die andere gehört ausschließlich dem *Simbu*.

Ebenso einfach wie die Kleidung der Malegaschen ist auch ihre Nahrung. Die Hauptbestandteile einer Mahlzeit bestehen aus Reis und Anana. Anana ist eine Art Gemüse, das unserem Spinat ähnelt und ganz gut schmeckte, würde es nicht mit ranzigem Fett zubereitet werden. Die Leute, die an den Flüssen oder an der Küste leben, essen zuweilen auch Fisch, aber eher selten. Sie sind viel zu träge, um den Fischfang ordentlich zu betreiben. Fleisch oder Geflügel – obwohl in großem Überfluß und zu billigsten Preisen vorhanden – werden nur bei besonderen Gelegenheiten genossen. Man nimmt gewöhnlich zwei Mahlzeiten zu sich, eine morgens, die andere abends. Dazu trinkt man üblicherweise Ranagung (Reiswasser), das folgendermaßen zubereitet wird: Man kocht in einem Gefäß Reis und läßt ihn vorsätzlich anbrennen, so daß sich auf dem Boden des Topfes eine Kruste bildet; dann gießt man Wasser hinzu und läßt es aufkochen. Dieses Wasser erhält die Farbe eines sehr blassen Kaffees und schmeckt für einen europäischen Gaumen wie alles Angebrannte – ganz abscheulich; die Eingeborenen finden es aber köstlich und essen mit dem größten Wohlbehagen die angebrannte Kruste dazu.

Die Malegaschen halten viele Sklaven, die freilich hier von sehr geringem Wert sind. Ein Sklave kostet 12 bis 15 Thaler, und zwar ohne Unterschied des Alters. Dessenungeachtet werden Kinder von 8 bis 10 Jahren viel lieber gekauft als Erwachsene, da man von der im allgemeinen ganz richtigen Ansicht ausgeht, daß man die Kinder nach Willen erziehen kann, während an einem Erwachsenen, der bereits schlechte Gewohnheiten angenommen hat, kaum mehr etwas zu ändern ist. Erwachsene Männer sind nicht feil, ausgenommen solche, die frei waren, jedoch zur Strafe für irgendein Verbrechen öffentlich versteigert werden, und von den Sklaven sind nur jene zu kaufen, die bei ihrem Herrn nicht gut tun. Die Sklavinnen stehen im Durchschnitt höher im Preis als die Sklaven, besonders großen Wert legt man auf die Seidenweberinnen; für eine geschickte wird oft bis 200 Thaler bezahlt.

Die Lage der Sklaven ist hier wie bei allen wilden oder halbwilden Völkern ungleich besser als bei den Europäern und Kreolen. Sie müssen wenig arbeiten, bekommen ungefähr die gleiche Nahrung wie ihre Herren und werden nur selten gezüchtigt, obgleich die Landesgesetze dies durchaus nicht verbieten; im Gegenteil, der Herr kann seinen Sklaven mit dem Tode bestrafen, nur darf der Stock, dessen er sich zur Züchtigung bedient, nicht mit Eisen beschlagen sein, sonst wird der Herr zu einer Geld- oder einer anderen Strafe verurteilt.

Der Sinn für Diebstahl ist in Tamatavé sehr entwickelt, und zwar nicht allein bei den Sklaven, sondern so ziemlich bei der ganzen inländischen Bevölkerung – Offiziere und Beamte nicht ausgenommen. Ich machte die Erfahrung auf meine eigenen Kosten. Im Häuschen, das mir Mademoiselle Julie als Wohnung zugewiesen hatte, war an der Tür kein Schloß vorhanden. Da es aber ganz in der Nähe der übrigen Gebäude lag und mich Mademoiselle Julie nicht über die Liebe ihrer Landsleute zu fremden Gegenständen unterrichtet hatte, kam es mir nicht in den Sinn, mißtrauisch zu sein. Eines Tages, als ich zu Tisch gerufen wurde, ließ ich zufällig meine Uhr – ein teures Andenken an eine Freundin aus New York – auf dem Tisch liegen. Als ich abends nach Hause kam, war sie verschwunden. Ich kehrte sogleich zu Mademoiselle Julie zurück, um sie davon in Kenntnis zu setzen und zu fragen, wie ich wieder in den Besitz meiner Uhr gelangen könne; ich wäre gerne bereit, demjenigen, der sie mir wieder beschaffe, einige Thaler zu geben. Mademoiselle Julie erwiderte mir mit der größten Gleichgültigkeit, daß nichts zu machen sei – die Uhr habe wahrscheinlich einer der Haussklaven gestohlen, im übrigen stehle hier jedermann und ich möchte, wenn ich mein Häuschen verließe, den Fensterbalken und die Tür verschließen. Sie gab sich nicht einmal die Mühe, den einen oder anderen Sklaven zu befragen, und das einzige, was der Verlust meiner Uhr bewirkte, war, daß ich mit viel Mühe am dritten Tag ein Schloß an meiner Tür erhielt.

Die nahe Umgebung von Tamatavé besteht aus nichts als Sand; erst eine bis zwei Meilen landeinwärts fängt die Vegetation an. So weite Spaziergänge konnte ich aber nicht unternehmen, da es täglich regnete und der Europäer sich in diesem Land weder dem Regen aussetzen, noch unmittelbar nach einem Regen in das Freie gehen darf; die geringste Feuchtigkeit zieht ihm sofort das Fieber zu. Zufällig erfuhr ich von Mademoiselle Julie, daß sie Eigentümerin zweier Besitzungen sei, die sieben Meilen von der Stadt entfernt, ganz nahe an den Waldungen lägen und von ihren Söhnen bewohnt würden. Ich hoffte, dort schöne Spaziergänge machen zu können und große Schätze für meine Insekten-Sammlung zu finden; ich ersuchte daher Mademoiselle Julie, mich dahin bringen zu lassen.

Hierzulande bedient man sich zum Reisen eines leichten Tragstuhles, *Takon* genannt, der zwischen zwei Stangen befestigt und von vier Männern getragen wird. Selbst wenn man einen Weg von kaum ein paar hundert Schritten zu machen hat, benützt man den Tragstuhl. Zu Fuß gehen bloß die Sklaven und ganz arme Leute. Auf Reisen hat man statt vier Träger, deren acht oder zwölf mit, die sich beständig ablösen.

Ich verließ Tamatavé früh morgens; der Weg nach Antandroroho war ganz gut, besonders als wir aus dem Sandgebiet in das der Vegetation kamen, wo es keine Hügel gab. Die Träger liefen mir weg, als sei ich gar keine Last für sie, und wir legten die sieben Meilen in 1 1/4 Stunden zurück. Auf Antandroroho lebte der jüngere Sohn von Mademoiselle Julie, ein junger Mann von 22 Jahren, der seine Erziehung teilweise in Bourbon genossen hatte. Ich hätte dies wahrhaftig nie vermutet, denn außer der europäischen Kleidung und der französischen Sprache hatte er seinen Landsleuten nichts voraus – er war durch und durch wieder Malegasche geworden.

Man wies mir in seinem Haus eine kleine, reinliche Kammer an, mit Matten ausgelegt, aber ohne Möbel;

ich setzte mich auf meinen Reisesack und erwartete das Frühstück. Mademoiselle Julie hatte mich nämlich mit leerem Magen abreisen lassen, und so war es natürlich, daß ich mich sehr nach irgendeiner Stärkung sehnte; aber Stunde um Stunde verging und niemand rief mich zu Tisch. Ich schrieb dieses lange Ausbleiben des Frühstücks meiner Ankunft zu und schmeichelte mir, daß meinethalben irgendein besonderes Gericht zubereitet würde, vielleicht gar ein Huhn geopfert und dadurch die Mahlzeit so verzögert würde. Nach langem Warten kam endlich ein Sklave und sagte mir ein paar malegassische Worte, die ich zwar nicht verstand; desto besser verstand ich aber seine Winke, die mich einluden, ihm zu folgen.

Ich gelangte in eine andere Kammer, auch diese ohne Möbel, in deren Mitte eine Matte auf dem Boden ausgebreitet war. Auf der Matte lag ein großes Stück Blatt und rings herum mehrere kleinere: ersteres stellte die Schüssel, letztere die Teller vor. Für mich hatte man die Aufmerksamkeit gehabt, einen wirklichen Teller mit einem wirklichen Eßbesteck herbeizubringen und ebenso einen Stuhl – meine Wirte kauerten sich auf den Boden. Ein Sklave erschien mit einem Kessel voll Reis und schüttete dessen Inhalt auf die improvisierte Schüssel, dann brachte er noch gekochte Bohnen und in einem großen Topf einen getrockneten, in Wasser wieder aufgekochten Fisch, der so übel roch, daß ich Mühe hatte, an der Tafel zu bleiben. Das erhoffte Huhn blieb aus. Ich gedachte unwillkürlich der als so wild und grausam verschrieenen Dayaker auf Borneo. Die aßen auch nur ihren Reis, aber mir gaben sie jedesmal ein Huhn dazu, und hier, bei einem halbzivilisierten Gastgeber und in einem Land, wo das Geflügel so häufig und so billig ist, mußte ich mich mit dem Reis und den Bohnen begnügen. Die Eingeborenen essen auf eine Art und Weise, die nichts weniger als einladend ist. Sie bedienen sich statt des Löffels eines Blattes, das sie sehr geschickt zusammenfalten und mit dem sie nicht bloß den Reis und die Bohnen zu Munde führen, sondern selbst Flüssigkeiten aus Töpfen zu schöpfen verstehen. Dieser Blattlöffel ist sehr groß, sie sperren den Mund so weit wie möglich auf und schütten die Speise hinein. So weit wäre noch alles gut, das Unappetitliche besteht aber darin, daß auf dem Löffel, nachdem sie ihn zum Mund geführt haben, gewöhnlich ein kleiner Rest bleibt und daß sie damit immer von neuem aus der gemeinschaftlichen Blattschüssel fassen.

Neben dem Fischtopf sitzt gewöhnlich ein Sklave, dessen Amt darin besteht, die Brühe aus dem Topf zu schöpfen und über den Reis zu gießen, den die Leute auf ihre Löffel gefaßt haben. Der Fisch selbst wird stückweise in die Hand genommen und wie Brot gegessen.

Es wundert mich nicht, daß der Malegasche, der nie sein Land verlassen, der nie etwas besseres gesehen hat, auf diese Weise lebt; aber wie der junge Mann, der seine Erziehung unter Europäern genossen, so ganz die Gewohnheiten seiner Landsleute wieder annehmen konnte, das begriff ich wahrlich nicht. Und nicht bloß in der Art zu essen und zu trinken war dies der Fall, sondern auch in allem übrigen. Stundenlang konnte er auf seinem Ruhestuhl sitzen, ohne sich mit einem Buche oder sonst etwas zu beschäftigen; ja, der ganze Tag verging mit nichts als Ruhen, Tabakrauchen und der Unterhaltung mit seinen geistreichen Sklavinnen, die ihn fortwährend umgaben.

Mit wahrer Betrübnis hatte ich bereits in Tamatavé bemerkt, daß die wenigen Christen, die dort leben (einige Europäer und Kreolen aus Bourbon), anstatt durch anständiges Benehmen, durch reinen Sittenwandel den Eingeborenen ein gutes Beispiel zu geben, sie zu verbessern und zu sich zu erheben, im Gegenteil zum Volk herabgesunken sind und dessen unsittliche Gewohnheiten angenommen haben. So schließen sie zB. keine Ehen, sondern gleich den Eingeborenen wechseln sie die Frauen nach Laune, halten wohl auch mehrere zur gleichen Zeit; auch lassen sie sich ausschließlich von Sklavinnen bedienen.

Die Frau ist wie ein Blatt an einem aufrechten Halm; doch wie lange dauert es, bis es welkt?
Der Mann ist wie ein zerbrechliches Algenbüschel, das sich unter der glatten Wasserfläche nach Luft sehnt.
Sag, wie viele Liebste hast du, junger Mann?
Liebste habe ich keine, liebe Tante, sind sie doch nur sieben, meine Liebsten:

die erste Geliebte ist die, die mir die
Nägel behutsam schneidet;
die zweite Geliebte ist die, die im Wald
jene ersetzt, die im Haus auf mich wartet;
die dritte Geliebte ist die, die an ihre
Stelle tritt, wenn es drängt;
die vierte Geliebte ist die, die mir lange
mit den Blicken folgt, wenn ich weggehe;
die fünfte Geliebte ist die, die mir
entgegeneilt, wenn ich nach Hause
zurückkehre;
die sechste Geliebte ist die, die mich
sättigt wie der Reis;
die siebte Geliebte ist die, die sich nicht
unter den Unrat der Menge mischt und
dennoch nie dazu gehört, sollte sie sich
darin verirren.
(Altes Volkslied aus Imerina)

Manche von diesen Leuten schicken zwar ihre Kinder nach Bourbon, ja sogar nach Frankreich, aber zu welchem Zweck? Hat der junge Mann wirklich etwas gelernt, hat er sich bessere Sitten angeeignet – sobald er nach Hause kommt, wird durch des Vaters schlechtes Beispiel nur zu rasch alles wieder verdorben.

Was ich aber ganz unbegreiflich finde, ist, daß ein Europäer, nachdem er sich hinlänglich Reichtum erworben hat, um in seinem Vaterland bequem leben zu können, freiwillig in diesem Land bleibt. Und doch lernte ich ein solches Wunder in einem Herrn X.

kennen. Dieser Mann hat im Handel ein bedeutendes Vermögen erlangt und war vor einigen Jahren in seine Heimat Frankreich gereist, mit dem Vorsatz, dort zu bleiben. Der Umgang mit geistreichen Männern, mit gebildeten Frauen schien ihm aber keine Entschädigung zu bieten für das träge, rein tierische Leben auf Madagaskar – er kehrte bald wieder nach Tamatavé zu seinen Sklavinnen zurück und wird wohl da seine Tage beschließen. Der Europäer ist doch wirklich ein sonderbares Wesen: in Europa findet er nicht leicht ein Mädchen nach seinem Geschmack, da muß seine Auserwählte alle denkbaren guten Eigenschaften besitzen, und hier ist er bezaubert von schwarzen oder schmutzigbraunen, plumpen Schönheiten, die ich wahrlich eher dem Affen- als dem Menschengeschlecht zuzählen möchte. Ich bedaure die Männer, die so tief sinken können, allen Geschmack am Schönen und Edlen, alle Erkenntnis der menschlichen Würde zu verlieren. Möchten sie doch bedenken, welch üblen Einfluß ihr böses Vorbild auf die Eingeborenen hat, wie sehr ihre Zivilisation dadurch gehemmt wird!

Doch zurück zu meinem liebenswürdigen Wirt. Das prächtige Frühstück war vorüber, meine Hoffnung getäuscht. Doch gab ich mich nicht der Verzweiflung hin, ich baute neue Luftschlösser auf die Hauptmahlzeit, die immer abends abgehalten wird. Mit größter Ungeduld erwartete ich die Stunde – neue Enttäuschung! Es wurden die gleichen Gerichte aufgetragen wie zum Frühstück, nicht eines weniger, nicht eines mehr. Das fand ich doch gar zu arg. Zum

Glück war der ältere Bruder meines Gastgebers von der zweiten Besitzung herübergekommen, ebenfalls ein junger Mann, der nicht nur auf der Insel Bourbon, sondern sogar neun Jahre in Paris gewesen war. Obgleich er wie sein Bruder das Abendessen auf echt malegassische Weise mit dem Blattlöffel verzehrte, faßte ich doch mehr Zutrauen zu ihm und lud mich ohne Umstände für den nächsten Morgen zum Frühstück bei ihm ein – schlechter konnte es mir ja keinesfalls ergehen.

Abends machte man mir in meiner Kammer ein recht gutes Bett auf dem Fußboden zurecht, vergaß aber leider das Moskitonetz. Infolgedessen konnte ich die ganze Nacht kein Auge schließen.

Bevor ich mich zur Ruhe begab, ersuchte ich meinen Wirt, mir morgens eine Tasse Milchkaffee in mein Zimmer zu schicken. Was brachte man mir aber? Ein Waschbecken voll Milch und etwas Zucker, allein weder Kaffee noch Tasse noch Löffel. Das Waschbecken nahm mir natürlich alle Lust an der sonst ganz gut aussehenden Milch. Ich fragte nach dem Kaffee – da sah ich, daß man erst darnach suchte, daß er erst geröstet werden sollte. Ich dankte für Milch und Kaffee, nahm Abschied von meinem gastfreundlichen Wirt und begab mich abermals ohne Frühstück auf den Weg.

Wir fuhren in einem Kahn auf dem hübschen Flusse Joondro, der sich eine halbe Meile von hier in die See ergießt, nach der Behausung des Pariser Malegaschen. Er bewohnte ein hübsches Haus, kam mir schon von weitem entgegen und führte mich sogleich in den Speisesaal, wo ich zu meiner großen Freude den Tisch auf europäische Weise gedeckt und mit einem reichlichen, guten Mahl besetzt fand.

Dieser junge Mann zeichnete sich überhaupt sehr vorteilhaft von seinen Landsleuten aus, die wie er in Bourbon oder in Europa gewesen waren. Ich glaube, er ist der einzige, der nicht bestrebt ist, alles, was er in Europa gelernt hat, so rasch wie möglich zu vergessen. Ich fragte ihn, ob er Paris nicht vermisse, ob er kein Verlangen darnach habe, dort zu leben. Er erwiderte mir, daß er freilich gerne in einem zivilisierten Land leben möchte, daß aber anderseits Madagaskar sein Vaterland sei und daß er seine ganze Familie hier habe und er sich nicht dazu entschließen könne, sich von ihr zu trennen.

Man sah es ihm an, daß dies keine leeren Worte waren, daß er auch fühlte, was er sprach. Dies überraschte mich sehr, denn im allgemeinen ist nichts lächerlicher, als wenn ein Malegasche von seiner Familie, von Familienbanden spricht. Ich kenne kein sittenloseres Volk als das von Madagaskar, und wo ähnliche Sittenverderbnis herrscht, können Familienbande nur höchst lose sein.

Meine Feder erlaubt mir nicht, eine Beschreibung von den vielen unsittlichen Bräuchen zu geben, die nicht bloß unter dem Volk, sondern in den höchsten Familien des Landes üblich sind und die den Leuten ganz natürlich erscheinen; ich kann nur sagen, daß die Keuschheit einer Frau hier nicht den geringsten Wert hat und daß, was Ehen und Nachkommenschaft anbelangt, so sonderbare Gesetze herrschen wie gewiß nirgends auf der Welt. So kann sich z.B. der Mann von seinem Weibe scheiden lassen und ein anderes nehmen, so oft er will. Die Frau kann zwar auch mit einem anderen Manne leben, darf sich jedoch nicht wiederverheiraten; alle Kinder aber, die sie gebiert, nachdem sie von ihrem ersten Manne geschieden ist, werden dessenungeachtet als diesem angehörig betrachtet. Der eigentliche Vater hat nicht das geringste Recht auf sie, und die Mutter muß sie ihrem ersten Gatten auf dessen Verlangen augenblicklich ausliefern. Auch wenn der Mann stirbt, werden alle Kinder, die seine Witwe in der Folge gebiert, dem Verstorbenen zuerkannt. Diesem Gesetz zufolge kommt es, daß der Prinz Rakoto, Sohn der Königin Ranavola, obwohl erst lange Zeit nach König Radamas Tod geboren, dennoch als dessen Sohn gilt.

Sehr häufig geschieht es auch, daß Männer, die von ihren Frauen keine Kinder haben, sich mit Mädchen in gesegneten Umständen verheiraten, um ein Kind zu bekommen und es das ihrige nennen zu können. Diese Sucht nach Nachkommenschaft wird durch ein Gesetz gefördert, das dem Staat das Vermögen jedes Mannes zuerkennt, der kinderlos stirbt.

Unter solchen Verhältnissen von Familienbanden zu sprechen, klingt natürlich sehr komisch, und hätte ich nicht bei verschiedenen Gelegenheiten an meinem Gastgeber eine wirklich seltene Gemütlichkeit beobachtet, würde ich seinen Äußerungen wenig Glauben geschenkt haben. Ich unterhielt mich viel mit ihm und fragte ihn auch, ob er denn gar kein Bedürfnis nach einem geistreichen Umgang habe, nach den angenehmen gesellschaftlichen Verhältnissen, wie sie in Europa bestehen; ob es ihm nicht schwer fiele, beständig unter diesen rohen, unkultivierten Menschen zu leben? Er gestand mir, daß der gänzliche Mangel an Bildung bei seinen Landsleuten ihm deren Gesellschaft nicht sehr angenehm mache, daß er aber seine Zerstreuung in Büchern suche, die er lese und studiere. Er nannte mir einige sehr gute Werke, die er aus Frankreich mitgebracht hatte.

Mir tat es um diesen jungen Mann wirklich leid. Ich will nicht gerade behaupten, daß er sich durch besonderen Geist und Scharfsinn auszeichnet; aber er besitzt hinreichendes Talent und verbindet damit so viel Herz und Gemüt, daß er sich in jedem Land der Welt Freunde schaffen würde. Schade um ihn – hier, bei gänzlicher Entbehrung jedes besseren Umganges, wird er wohl nach und nach wieder ganz zum Malegaschen werden.

Ich blieb einen Tag bei Herrn Ferdinand Fiche – so ist sein Name; das Wetter war die ganze Zeit über so schlecht, daß ich weder Spaziergänge machen, noch mich mit dem Insektenfang beschäftigen konnte. Am folgenden Tag kehrte ich nach Tamatavé zurück.

AM 13. MAI KAM ENDLICH HERR LAMBERT AN

Am 15. Mai sah ich die Vorfeier des großen Festes »Bad der Königin«. Es ist dies das einzige Nationalfest auf Madagaskar, und es wird in allen dem Szepter der Königin unterworfenen Ländern auf das großartigste gefeiert.

Ich habe das Fest selbst nicht gesehen, kann daher meinen Lesern nur die Beschreibung wiederholen, die mehrere Augenzeugen davon gemacht haben. Es findet am ersten Tag des Jahres statt und ist daher eigentlich das madagaskarische Neujahrsfest; jedoch folgen die Madagaskaren nicht unserer Zeitrechnung. Sie teilen das Jahr zwar auch in zwölf Monate ein; jeder Monat hat aber nur die Dauer des Mondes, und wenn sich dieser zwölfmal erneuert hat, ist das Jahr zu Ende.

Am Vorabend des Festes erscheinen bei Hofe alle hohen Offiziere, Adelige und Stammeshäuptlinge, welche die Königin einladen läßt; sie versammeln sich in einem großen Saal, eine Schüssel voll Reis, mit Honig vermischt, wird umhergereicht, und jeder der Gäste nimmt mit den Fingern eine Prise davon und ißt sie. Darauf beschränkt sich für diesen Abend die ganze Feier. Am folgenden Morgen erscheint dieselbe Gesellschaft in demselben Saal. Sobald alle anwesend sind, tritt die Königin hinter einen Vorhang in einer Ecke des Saales, entkleidet sich und läßt sich mit Wasser übergießen. Nachdem man sie wieder angekleidet hat, tritt sie hervor, in der Hand ein Ochsenhorn haltend, das einiges von dem über sie gegossenen Wasser enthält, schüttet einen Teil davon über die hohen Gäste, begibt sich hierauf in eine Galerie, die auf den Hof des Palastes hinausgeht, und gießt den Rest über das dort aufgestellte Militär.

An diesem glücklichen Tag gibt es im ganzen Land nichts als Festessen, Tanz, Gesang und Jubel bis tief in die Nacht hinein.

Das Fest dauert acht Tage, die von dem Tag des Bades an gezählt werden. Es ist Sitte, am ersten Tag so viele Ochsen zu schlachten, wie man in den folgenden sieben zu verzehren gedenkt; wer auch immer einige Ochsen besitzt, schlachtet zu diesem Fest mindestens einen. Die Armen tauschen ein Stück Fleisch gegen Reis, süße Kartoffeln, Tabak usw. Das Fleisch ist noch am achten Tag ziemlich frisch; es wird in lange, dünne Streifen geschnitten, die eingesalzen und aufeinander geschichtet werden.

Die Vorfeier des Festes findet acht Tage früher statt und besteht aus militärischen Umzügen. Die Vergnügungssüchtigen beginnen schon mit diesem Tag das Fest und belustigen sich also vierzehn Tage lang – eine Woche vor und eine Woche nach dem Fest.

Das Militär, das ich beim Umzug in Tamatavé gesehen habe, gefiel mir ganz gut: die Soldaten machten ihre Schwenkungen und Übungen ziemlich regelrecht, und die Musik fand ich wider Erwarten nicht nur anhörbar, sondern wirklich harmonisch. Schon vor mehreren Jahren hat die Königin einen europäischen Musiklehrer nebst allen Instrumenten kommen und ihren ergebenen Untertanen die musikalischen Kenntnisse wahrscheinlich einbläuen lassen. Es ist gelungen, und viele der Schüler sind schon zu Lehrern geworden und unterrichten ihre Landsleute.

Die Soldaten waren einfach, nett und alle gleich gekleidet. Sie trugen ein eng anliegendes Oberkleid aus weißem Zeug, das bis an die Brust und über einen Teil der Schenkel reichte. Die Brust selbst war unbedeckt, und das glänzendweiße Riemzeug der Patronentasche stach grell von der schwarzen Hautfarbe ab, was einen ganz hübschen Effekt machte. Der Kopf war ebenfalls unbedeckt. Ihre Waffen bestanden aus einem Gewehr und aus der landesüblichen Lanze, *Sagaya* genannt.

Die Offiziere dagegen sahen höchst komisch aus; sie gingen in abgetragenen europäischen Zivilkleidern, die mich an die zur Zeit meiner Kindheit herrschende Mode erinnerten. Zu diesen Kleidern denke man sich die häßlichen Gesichter, das wollig gekrauste Haar ... es konnte wahrlich nichts Lächerlicheres geben, und ich bedauerte, kein Maler zu sein, denn ich hätte hier Stoff zu den drolligsten Karikaturen gefunden. Abgesehen von den Paraden und Übungen gehen Offiziere wie Soldaten in der Tracht, die ihnen behagt. Die Soldaten wohnen in einer Art Kaserne, in deren Hof die Übungen und Strafen abgehalten werden; der Eintritt in die Kaserne ist den Europäern auf das strengste untersagt.

Es ist für die Königin von Madagaskar ein leichtes, über eine zahlreiche Armee zu verfügen. Es bedarf dazu bloß ihres mächtigen Wortes, denn die Soldaten erhalten keinen Sold und müssen sich außerdem selbst ernähren und kleiden. Sie verschaffen sich ihren Lebensunterhalt dadurch, daß sie mit Erlaubnis ihrer Vorgesetzten arbeiten oder in ihr Dorf gehen, um ihr Feld zu bebauen. Um aber die Erlaubnis des Offiziers für wiederholte Entfernungen zu erlangen, muß der Soldat diesem einen Teil seines Einkommens, wenigstens einen Thaler pro Jahr abgeben. Die Offiziere sind nämlich meistens nicht viel reicher als die Soldaten; sie erhalten zwar wie die Zivilbeamten für ihre Dienstleistungen eine Entschädigung aus den Zolleinkünften; diese Entschädigung ist aber so gering, daß sie davon nicht leben können und gezwungen sind, zu anderen Mitteln zu greifen, leider nicht immer zu den ehrlichsten.

Von den Zolleinnahmen sollte dem Gesetze nach ein ganz kleiner Teil auch auf den gemeinen Soldaten abfallen; wie man mir aber sagte, finden die Offiziere den Betrag, der durch ihre Hände geht, wahrscheinlich zu unbedeutend, um sich die Mühe zu nehmen, ihren Untergebenen davon Rechenschaft abzulegen, und sie behalten ihn lieber für sich selbst, so daß der arme Soldat, der keine Arbeit findet oder zu weit von seiner Heimat entfernt ist, um von Zeit zu Zeit dahin gehen zu können, im buchstäblichen Sinne des Wortes Gefahr läuft, Hungers zu sterben. Er muß sich mit Kräutern und Wurzeln, mit allen denkbaren, oft sehr ekelhaften Dingen zu ernähren suchen, und sich glücklich schätzen, wenn er hin und wieder eine Handvoll Reis bekommt. Er wirft diesen in ein großes, mit Wasser gefülltes Gefäß, trinkt den Tag über das magere Reiswasser und erlaubt sich nur abends eine Handvoll Körner. Dagegen entschädigt er sich im Krieg, sobald er auf feindlichem Boden ist, für die erlittenen Entbehrungen. Da wird alles geraubt und geplündert, die Dörfer werden in Asche verwandelt und die Bewohner getötet oder gefangen und verschleppt und als Sklaven verkauft.

Nach der Parade zogen die Offiziere in Begleitung der Musik vor unserem (oder besser gesagt, vor Mademoiselle Julies) Haus auf, um Herrn Lambert zu begrüßen und ihn im Namen der Königin zu einem Festessen einzuladen. Dies ist die einzige Ausgabe, welche die Königin für Personen macht, die sie auszeichnen will.

Herr Lambert bewirtete die Offiziere mit guten Weinen, worauf sie unter Abspielung der Volkshymne, die wirklich ganz musikalisch klang, wieder abzogen.

Am 17. Mai fand das feierliche Mittagessen im Hause des ersten Richters statt. Die Stunde war für 3 Uhr angegeben, aber man kam uns erst um 5 Uhr abholen. Wir begaben uns zu dem Haus, das in der Mitte eines umzäunten, großen Platzes oder Hofes lag. Vom Eingang zum Hof bis zur Tür des Hauses bildeten die Soldaten Spalier, und während unseres Vorbeizuges spielte das Musikkorps die Volkshymne. Man führte uns unmittelbar zum Speisesaal, vor der Tür standen zwei Schildwachen mit gekreuzten Gewehren, was jedoch keineswegs verhinderte, daß jeder, der Lust dazu hatte, ganz ruhig aus und ein ging. Die Gesellschaft, es waren ungefähr dreißig Personen, war bereits versammelt, um den Ehrengast, Herrn Lambert, gebührend zu empfangen. Der erste Gouverneur und zugleich Kommandant von Tamatavé trug schwarze europäische Kleidung und über der Brust ein breites, rotes Atlasband, einem Ordensband ähnlich (merkwürdigerweise gibt es auf Madagaskar noch keine Orden); der zweite Gouverneur hatte eine alte, reich mit Gold bestickte Uniform aus verschossenem, himmelblauem Seidensamt an. Die übrigen Herren waren ebenfalls auf europäische Art gekleidet.

Die Tafel prangte mit Fleischgerichten aller Art, mit zahmem und wildem Geflügel, mit Fischen und anderen Seeprodukten; ich glaube nicht zu übertreiben, wenn ich behaupte, daß es über vierzig große und kleine Schüsseln gab. Das Prunkstück war der Kopf eines ziemlich großgewachsenen Kalbes, den man aber vom Fleisch so entblößt hatte, daß er vollkommen einem Totenschädel glich, was nicht gerade einen appetitlichen Anblick gewährte. Auch Getränke gab es in Menge: französische und portugiesische Weine, englische Biere usw. Nach den Fleischgerichten wurde schlecht zubereitetes kleines Backwerk aller Art serviert und zum Schluß Früchte und Champagner-Wein, letzterer in solchem Überfluß, daß man ihn gleich aus den Wassergläsern trank.

Soviel ich feststellen konnte, waren sämtliche Gäste mit ausgezeichnetem Appetit gesegnet, vergaßen aber über dem Essen keineswegs das Trinken, was die unzähligen Toaste bewiesen.

Wenn die Gesundheit des Kommandanten, des zweiten Gouverneurs oder eines abwesenden Prinzen ausgebracht wurde, ging jedesmal einer der Offiziere vor die Tür und schrie den im Hof aufgestellten Soldaten aus voller Kehle zu, wessen Gesundheit es galt. Die Musik begann dann zu spielen, und sämtliche Herren erhoben sich und tranken.

Das Diner währte vier volle Stunden. Erst um 9 Uhr abends verließen wir die Tafel und begaben uns in ein anstoßendes Zimmer, wo abermals englisches Bier gereicht wurde. Hierauf führten zwei der höchsten Offiziere zu meinem größten Erstaunen eine Art Contre-Tanz auf, andere folgten ihrem Beispiel und tanzten eine Polka. Ich dachte zuerst, diese Tanzlust sei eine Folge des genossenen Champagners, Herr Lambert belehrte mich jedoch eines Besseren und sagte mir, daß diese Tänze zur Etiquette gehörten. So sonderbar mir dieser Brauch vorkam, so sehr belustigten mich die grotesken Figuren der Tänzer, und ich bedauerte, daß sie dieses Vergnügen nicht länger fortsetzten.

Zum Abschluß der erhabenen Feierlichkeit wurde unter Abspielung der Volkshymne mit Anis-Liqueur ein Toast auf das Wohl der Königin ausgebracht. Nach dem königlichen Toast darf nichts weiter unternommen werden, da dies eine Entheiligung Ihrer Majestät wäre, die sich gleich ihrem verstorbenen Gemahl vom Volk beinahe göttlich verehren läßt.

Wir brachen nun auf; als ich aber meinen Sonnenschirm nehmen wollte, den ich in eine Ecke des Saales gestellt hatte, war er verschwunden – das Schicksal meiner Uhr hatte ihn ereilt. Obwohl Diebstähle sehr streng, ja häufig mit dem Tode bestraft werden und obgleich man jeden Dieb, den man auf frischer Tat ertappt, erschlagen kann, ohne sich vor Gericht rechtfertigen zu müssen, wird in Tamatavé dennoch mehr gestohlen als irgendwo.

Wie ich bereits erwähnt habe, gehört es nicht zu den seltenen Fällen, daß Offiziere und Beamte sich an nächtlichen Einbrüchen beteiligen. Vor einigen Jahren wurde in Tamatavé ein ziemlich bedeutender Raub ausgeführt, die meisten der gestohlenen Gegenstände wurden bei einem Offizier gefunden. Der Beraubte erhielt bei weitem nicht sein ganzes Gut zurück, sondern nur einen Teil davon, und diesen mit dem bedeutungsvollen Hinweis, über den Raub zu schweigen, wenn er sich nicht den größten Unannehmlichkeiten aussetzen wolle. Damit war die Sache abgetan.

Es geht im übrigen selten jemand zum Gericht, um einen Diebstahl anzuzeigen. Für Kleinigkeiten lohnt sich die Mühe nicht, um so mehr, als das Gericht den Dieb nur selten findet, und bei bedeutenderen Diebstählen sind gewöhnlich hochgestellte Personen im Spiel, gegen die es gefährlich wäre, eine Klage zu führen.

Daß die Soldaten zu den größten Dieben gehören, ist bei ihrer armseligen Lage leicht zu begreifen. Der Offizier, der Beamte – sie erhalten freilich nur einen sehr geringen Sold, aber sie erhalten wenigstens etwas. Daneben sind sie Kaufleute oder Landbesitzer, halten Sklaven, die für sie arbeiten, und ziehen selbst aus den ihnen untergebenen Soldaten Profit. Der arme gemeine Soldat dagegen erhält gewöhnlich gar nichts, und Hungers zu sterben kann man denn doch billigerweise nicht von ihm verlangen.

Am 19. Mai traten wir endlich die Reise nach Tananariva, der Hauptstadt des Landes an. Die Reisegesellschaft bestand aus Herrn Lambert, Herrn Marius und mir. Herr Marius, ein gebürtiger Franzose, lebt schon seit zwanzig Jahren auf Madagaskar; er machte die Reise aus Freundschaft zu Herrn Lambert mit und übernahm das Amt des Dolmetschers sowie die Leitung der ganzen Reise – eine Gefälligkeit, die für uns von unschätzbarem Wert war.

Schon den ganzen Tag zuvor und die Hälfte des heutigen Tages war man vollauf beschäftigt gewesen, alle Kisten und Koffer, welche die Geschenke für die Königin, für den Prinzen Rakoto und unser eigenes Gepäck enthielten, in große, trockene Blätter einzuhüllen, um sie gegen den Regen zu schützen.

Herr Lambert hatte die Geschenke für die Königin und ihren Hof auf eigene Rechnung gekauft – und nicht mit französischem Geld, wie man in Mauritius behauptet hatte. Sie bestanden aus vollständigen und überaus kostbaren Toiletten für die Königin und für einige der ihr verwandten Prinzessinnen, aus sehr reichen, mit Gold bestickten Uniformen für den Prinzen Rakoto und aus wertvollen Kunstgegenständen aller Art, darunter viele Spieluhren, mehrere Drehorgeln usw. Diese Geschenke hatten Herrn Lambert mehr als 200 000 Franken gekostet. Man benötigte zu ihrem Transport in die Hauptstadt über 400 Menschen, die für diese Arbeit dieselbe Bezahlung erhielten wie die Soldaten, das heißt: gar keine – es war Frondienst. In allen Dörfern, den ganzen Weg entlang, hatte man den Transport bereits angekündigt, und die armen Träger mußten sich zur bestimmten Zeit an den bestimmten Stationen einfinden.

Die Leute, die uns und unser Gepäck trugen – an die zweihundert an der Zahl – wurden von Herrn Lambert bezahlt. Die Taxe für einen Träger von Tamatavé nach Tananariva (220 Meilen) beträgt nur einen Thaler, und die Leute haben sich dafür selbst zu verköstigen. Herr Lambert versprach ihnen außer dem Thaler auch noch gute Nahrung, wofür sie ihre Dankbarkeit durch großen Jubel und durch Freudengeschrei zu erkennen gaben.

Wir machten am ersten Tag nur sieben Meilen und übernachteten in Antandroroho, der Besitzung des jüngeren Sohnes von Mademoiselle Julie. Hier sah es ganz anders aus als an dem Tag, als ich allein gekommen war. Ich bin gewiß weit davon entfernt, so albern und eingebildet zu sein und zu erwarten, daß man mich auf dieselbe Art aufnehme wie Herrn Lambert, den mächtigen Freund der Königin; aber ich fand den Unterschied denn doch etwas zu groß. Heute ging es ganz auf europäische Weise zu, und der Tisch war beinahe zu klein, alle Gerichte zu fassen.

So geht es bei allen Völkern der Welt – reiche Leute finden überall die freundlichsten Gesichter, die größte Zuvorkommenheit und Bereitwilligkeit; vor dem Unbemittelten jedoch wird die Maske abgenommen, und wer so reist wie ich, der lernt die Menschen in ihrer wahren Natur kennen, die leider nur selten zu ihrem Lobe spricht. Wie verschieden von der meinen würde die Beschreibung einer Reise aus der Feder des Herrn Lambert klingen? Welche Lobsprüche würde er der Gastfreundschaft derselben Bewohner widmen, von denen mir oft nur ein kalter, unfreundlicher Empfang zuteil geworden? Der Achtung, mit welcher mich Herr Lambert behandelte, hatte ich es wahrscheinlich zu verdanken, daß ich diese Nacht ein Moskitonetz über meinem Bett erhielt.

20. Mai. Heute fuhren wir den ganzen Tag auf Seen und Flüssen. Von den ersteren war der größte der Nosive-See; er mag ungefähr elf Meilen lang und fünf Meilen breit sein. Von nicht viel geringerem Umfang sind der Nossamasay und der Rassaby. Als wir uns einem Inselchen in letzterem näherten, fingen unsere Bootsleute plötzlich aus Leibeskräften an zu schreien und zu schimpfen. Ich dachte, es sei irgendein Unglück geschehen, indes war die Ursache des Lärms folgende: Vor vielen Jahren soll in der Nähe dieses Sees ein Wunder weiblicher Schönheit gelebt haben, aber auf nichts weniger als tugendhafte Art. Diese madagaskarische Messalina gelangte zu großer Berühmtheit, die sie sehr schmeichelte. Sie starb jung, und um ihr An-denken der Nachwelt zu bewahren, bat sie auf dem Totenbett ihre zahlreichen Verehrer, sie auf diesem Inselchen zu begraben und jedesmal, wenn sie vorüberführen, ihr zur Erinnerung so laut zu schreien und zu schimpfen, wie sie konnten. Ihre Verehrer taten es, und nach und nach wurde daraus eine allgemeine Sitte.

Die anderen Seen, die wir noch überqueren mußten, waren sehr klein, ebenso die Flüsse. Viel Zeitverlust rührte daher, daß von diesen verschiedenen Wasserstraßen nur wenige in unmittelbarer Verbindung miteinander stehen. Sozusagen zwischen jedem See und Fluß lag eine kurze Strecke festen Landes von 100 bis 1000 Schritten, so daß unsere Boote jedesmal ausgeladen und getragen werden mußten. Es war dies ein hartes Tagewerk für unsere Leute. Doch wurden sie wenigstens auf dieser Reise mit guter Nahrung entschädigt. Herr Lambert sorgte wirklich väterlich für sie – es gab immer frisches Fleisch und Reis im Überfluß.

Unser Weg führte unweit der Meeresküste vorbei, so daß wir beinahe ständig die Brandung hörten. Das Land war flach und einförmig, aber nichts destoweniger anziehend durch die reiche Vegetation; wir sahen sehr schöne Waldungen und eine Menge Wasserpalmen.

Das Nachtquartier wurde im Dorf Bovong, in einem der Regierung gehörenden Haus aufgeschlagen. Auf dem Weg von Tamatavé nach der Hauptstadt gibt es in vielen Dörfern ähnliche Häuser, die jedem Reisenden offen stehen. Das Innere ist mit reinlichen Matten belegt, welche die Dorfbewohner zu liefern haben; ebenso müssen sie für den Unterhalt und die Ausbesserung der Häuser sorgen.

21. Mai. Auch heute fuhren wir zu Wasser, erst eine kurze Strecke auf dem Flusse Monsa, dann trugen unsere Leute das Boot gewiß eine halbe Meile weit, worauf wir uns wieder einschifften, und zwar auf einem ganz schmalen, von kleinen Bäumchen, von Gesträuchen und Wasserpflanzen so eng eingefaßten Flüßchen, daß wir mit dem Boot oft kaum hindurchkamen. Mich erinnerte diese Fahrt an ähnliche, die ich in Singapore und Borneo gemacht hatte, nur mit dem Unterschied, daß es dort durch großartige Urwälder ging. Nach wenigen Meilen gelangten wir in einen breiteren Fluß, dessen Wasser sich durch ganz besondere Durchsichtigkeit auszeichnete; die Gegenstände spiegelten sich so klar und vollkommen darin, wie ich es noch nie gesehen habe.

Sagt; dichte Grasbüschel;
Sagt; schattige Farnkuppeln;
Ist die Schönste-von-allen hier
vorübergekommen?
Gestern ist sie vorübergekommen;
Vorgestern ist sie vorübergekommen;
Und was hat sie gesagt?
(Altes Volkslied aus Imerina)

In diesen Niederungen und mit wenigen Ausnahmen ist das Klima an der ganzen Küste Madagaskars wegen der Fieber höchst ungesund und höchst gefährlich. Der Hauptgrund mag darin zu suchen sein, daß das Land tief liegt und die Flüsse an den Mündungen versanden. In der Regenzeit ergießt sich das Wasser ungehindert über die weiten Ebenen und bildet Sümpfe und Moraste, durch deren Ausdünstungen in der heißen Jahreszeit – von November bis April – der böse Fieberstoff entsteht. Selbst die

Eingeborenen, die im Innern der Insel in den gesunden Landstrichen leben, sind dem Fieber ebenso unterworfen wie die Europäer, wenn sie in der heißen Jahreszeit in die Niederungen kommen. Ich lernte in Tamatavé einige Europäer kennen, die, obwohl sie schon seit drei oder vier Jahren dort leben, während des Sommers immer noch vom Fieber befallen werden.

Unsere heutige Tagesreise betrug höchstens acht bis neun Meilen. Wir hielten früh nachmittags im Dorf Andororanto an, um auf unser Gepäck zu warten, das auf einem anderen Weg über Land befördert worden war.

22. Mai. Diesen Morgen reisten wir nochmals drei Stunden zu Wasser auf dem Fluß Jark, der unweit des Dorfes, wo wir übernachtet hatten, in die See mündet. Dieser Fluß ist sehr breit, hat aber eine geringe Tiefe, seine Ufer sind abwechslungsreicher als die der übrigen Flüsse, die wir bisher befahren haben. Die eintönigen Ebenen sind da und dort von kleinen Hügelpartien unterbrochen, und im fernen Hintergrund zeichnet sich eine niedrige Gebirgskette ab.

An einer großen Biegung verließen wir den Fluß, die Boote blieben zurück, und die eigentliche Landreise begann. Wir legten an diesem Tag noch acht Meilen landeinwärts gegen Osten zurück. Der Weg war ziemlich gut, ausgenommen in der Nähe von ein paar armseligen Dörfern, an denen wir vorüberkamen. Soviel ich bisher von dem Land gesehen habe, ist es – von ein paar kleinen Sandstrecken abgesehen – überaus fruchtbar. Überall schießt das schönste Futtergras in Fülle auf. Die etwas höher gelegenen Ebenen sollen auch ganz vorzüglich für Zuckerrohrpflanzungen, die an den Flüssen gelegenen zum Reisanbau geeignet sein. Und doch lag alles brach. Die Bevölkerung ist so dünn gesät, daß wir kaum alle drei bis vier Meilen ein unbedeutendes, kleines Dorf zu Gesicht bekamen.

Freilich kann dies nicht anders sein bei einer Regierung, deren einzige Bemühung dahin gerichtet scheint, das Land zu veröden und zu entvölkern. Auf Madagaskar besitzt außer der Königin und dem hohen Adel beinahe niemand Grund und Boden. Der Bauer kann zwar die Erde bearbeiten und besäen, wo er unbebautes Land findet, ohne um Erlaubnis nachsuchen zu müssen; er gewinnt aber dadurch kein Eigentumsrecht, und der Besitzer kann ihm das Land, nachdem es bebaut ist, wieder wegnehmen. Unter diesen Umständen und in Anbetracht der allen wilden Völkern angeborenen Trägheit ist es nicht verwunderlich, wenn der Bauer nur gerade soviel Land anbaut, als er zu seinem Unterhalt bedarf. Die Abgaben sind nicht drückend, der Bauer hat im Jahr ungefähr einen Zentner Reis an die Regierung abzuliefern. Um so drückender sind hingegen die Frondienste und anderweitigen Einrichtungen, die den Bauer daran hindern, seinen Arbeiten in genügendem Maße nachzugehen.

Die Hauptkultur auf Madagaskar ist der Anbau von Reis, der zweimal im Jahr stattfindet; dafür schreibt die Regierung jeweils einen Monat Zeit aus. Für ein tätiges Volk wäre dies allerdings genug, um mit der Ernte und der neuen Saat fertig zu werden; leider sind aber die Eingeborenen Madagaskars weit davon entfernt, tätig zu sein, es kommt daher häufig vor, daß der Monat verstreicht und die Arbeit nicht vollendet ist.

Nach Ablauf der vorgeschriebenen Zeit nimmt die Regierung die Männer in Anspruch, und zwar für alle denkbaren Dienste von mehr oder minder großer Wichtigkeit, wie dies der Königin oder den von ihr eingesetzten Beamten gerade beliebt. Am schlechtesten sind jene daran, die an den Straßen wohnen, die von den Seehäfen in die Hauptstadt führen. Diese armen Leute haben so viele Frondienste als Träger zu leisten, daß ihnen für den Landanbau beinahe keine Zeit übrig bleibt. Viele verließen ihre Hütten und Felder, flohen landeinwärts, um dem lästigen Dienst zu entgehen, und die Dörfer starben mit der Zeit aus. Um dies zu verhindern, verhängte die Königin über jeden Flüchtling die Todesstrafe, enthob dagegen die Bewohner der Dörfer längs der Straßen des Militärdienstes – ein Dienst, der dem Volk der verhaßteste ist. Einige kleine Dörfer wurden zudem mit königlichen Sklaven bevölkert, die keine andere Verpflichtung haben, als Lasten zu tragen.

Hätten diese Leute bloß die königlichen Güter und Waren zu transportieren, so würde ihr Dienst keineswegs allzu schwer sein. Aber jeder Adelige, jeder Offizier verschafft sich Anweisungen auf ähnliche Dienstleistungen oder zwingt auch ohne entsprechende Anweisung die Leute dazu. Klagen können sie nicht, denn wo würde ein Bauer in diesem Land gegen einen Offizier oder einen Adeligen Recht bekommen? Sie verbringen daher den größten Teil des Jahres auf der Straße. In den Gegenden, wo keine Waren und Güter zu tragen sind, werden sie zu anderen Arbeiten verpflichtet, und gibt es gerade keine, so beruft man sie (und in diesem Falle nicht bloß die Männer, sondern auch Weiber und Kinder) nach diesem oder jenem Ort, um einem *Kabar* beizuwohnen. So nennt man die öffentlichen Gerichtsverhandlungen, Beratungen, Verhöre, Aburteilungen, Versammlungen des Volkes, um neue königliche Befehle und Gesetze zu vernehmen und dergleichen mehr.

Die *Kabars* werden manchmal an entfernten Orten abgehalten, so daß die armen Leute einige Tagesreisen dahin machen müssen. Auch werden die Gesetze nicht immer gleich verkündet, sondern man verschiebt dies oft von Tag zu Tag und hält die Einberufenen mitunter wochenlang auf. Gar manche sterben bei dieser Gelegenheit vor Hunger und Not. Sie haben sich nicht für so lange Zeit mit Reis versehen, Geld besitzen sie nicht; sie müssen also mit Wurzeln und Kräutern ihr Leben zu fristen suchen. Aber eben, daß sie zugrunde gehen, das ist es, was die Königin offensichtlich bezwecken will, denn sie haßt sämtliche Völker, die nicht ihres Stammes sind, und ihr größter Wunsch wäre wohl, sie alle mit einem Streich vernichten zu können.

Was die Kultur des Landes betrifft, so gäbe es auf Mauritius und Bourbon Leute genug, die bereit wären, große Pflanzungen anzulegen. Einige haben es auch versucht und weite Strecken des Landes urbar gemacht und mit Zuckerrohr bepflanzt; sie stießen dabei aber auf die größten Schwierigkeiten. Da – wie ich bereits bemerkt habe – beinahe aller Grund und Boden der Königin oder dem Adel gehört, mußten sie sich zuerst mit diesen ins Einverständnis setzen, das heißt durch Geldgeschenke Protektion und die Erlaubnis erkaufen, auf fremdem Grund eine Pflanzung anzulegen. Außerdem forderte ihnen die Regierung zehn Prozent von den Erträgen ab, und trotz dieser drückenden Lasten fanden sie keine Sicherheit und waren nicht viel besser dran, als die Eingeborenen, denn bei der Gerechtigkeit, die auf Madagaskar herrscht, konnte der Eigentümer den mit dem Pflanzer abgeschlossenen Vertrag jeden Augenblick brechen und ihn fortjagen.

Manche haben auf andere Weise einen Vertrag mit der Königin selbst abgeschlossen. Sie lieferte den Boden, die Arbeitskräfte, Holz, Eisen – mit einem Wort alles, was für eine Pflanzung nötig ist. Der Pflanzer seinerseits verpflichtete sich, die Unternehmung in Gang zu bringen und die Arbeiter zu ernähren; der Ertrag sollte zu gleichen Teilen geteilt werden. Die Königin ist mehrere ähnliche Kontrakte eingegangen, hat sie aber nie eingehalten.

Zu König Radamas Zeiten war das Land, wie man mir sagte, ungleich stärker bevölkert. Unter der Regierung der jetzigen Königin sind nicht nur unzählige große Ortschaften bis auf einige wenige Hütten heruntergekommen, sondern viele sind ganz eingegangen – man zeigte uns häufig Plätze, wo einst schöne Dörfer existiert haben sollen.

Wir blieben über Nacht in Manambotre. Nicht weit von diesem Dorf kamen wir an einer Stelle vorbei, wo da und dort große Felsbrocken lagen – eine Erscheinung, die uns in dieser Gegend sehr befremdete, den der Boden bestand weit und breit bloß aus Erde, in welcher auch nicht der kleinste Stein zu finden war.

Herr Lambert ließ an diesem Abend für unser Gefolge zwei Ochsen schlachten. Man zog sie an Stricken, die man ihnen um die Hörner geschlungen hatte, vor unsere Hütte; mehrere Männer schlichen sich mit Messern bewaffnet von hinten an sie heran und schnitten ihnen die Sehnen der Hinterfüße durch. Die armen Tiere sanken kraftlos zusammen und konnten gefahrlos getötet werden. Wie ich schon bemerkt habe, zieht man ihnen die Haut nicht ab; sie wird mit dem Fleisch gebraten, ja, die Eingeborenen ziehen sie sogar dem Fleisch vor, weil das meiste Fett daran sitzt. Die Ochsen sind groß und schön und sehr zahm, sie gehören zu der Rasse der Buckelochsen.

23. Mai. Heute begannen die schlechten Wege. Mich erschreckten sie nicht, denn auf meinen vielen Reisen, z. B. auf Island bei der Besteigung des Hekla, in Kurdistan, in Sumatra und in anderen Ländern, habe ich noch ungleich schlechtere angetroffen; aber meinen Reisegefährten schienen sie Entsetzen einzuflößen. Das Land ist hier nämlich wellenförmig, so daß es aus lauter hohen, ziemlich steilen Hügeln besteht, welche eng aneinandergeschoben sind, und dazwischen liegen kaum einige hundert Fuß ebenes Land. Die Wege führen nicht längs der Abhänge entlang, sondern steigen senkrecht auf und ab, und der Boden ist weiche Lehmerde, die, wenn es regnet, schlüpfrig und glatt ist wie Eis. Dabei fehlt es nicht an tiefen Löchern, die von Tausenden aus dem Landesinnern kommenden Ochsen zurückgelassen werden.

Ich konnte unsere Träger nicht genug bewundern. Es braucht wirklich ungewöhnliche Kraft und Geschicklichkeit, um auf solchen Wegen schwere Lasten zu tragen. Jene, die meine kleine, magere Person fortzuschaffen hatten, waren noch die glücklichsten. Ich wurde ihnen beinahe böse – sie spazierten mit mir bergauf, bergab, als wäre ich eine Person ohne alles Gewicht, und das ist denn doch nicht so ganz der Fall. Und erst, wenn es in der Ebene weiterging: da rannten sie förmlich, und ich suchte vergebens, sie durch alle denkbaren Zeichen zu bewegen, ihr Feuer ein wenig zu mäßigen, denn ihre langen, raschen Doppelschritte waren so unangenehm wie der Trab eines stark stoßenden Gauls.

Die Hügel standen voll schönen Grases, einige waren mit Gehölz bedeckt. Darunter gab es viel Bambusrohr, dessen zarte Blätterbüschel von saftig-lichtgrauer Farbe in einer Frische prangten, wie ich es noch nirgends gesehen. Gleich Licht und Schatten auf einem Bild stand neben dem hellen Bambusrohr eine Rafia-Palme mit ihren federartigen, 15 Fuß langen, dunklen Blättern. Diese Palme ist für die Eingeborenen von großem Wert, denn sie flechten aus den Fasern ihrer Blätter die Rabanetas, die großen Matten, die ich in Tamatavé erwähnt habe.

Von der Wasserpalme sah ich einige prachtvolle Exemplare. Sie gedeiht hier im Innern des Landes viel besser als an der Küste. Ich erinnere mich, in einigen Beschreibungen gelesen zu haben, daß diese Palmen nur an Orten vorkämen, wo es an Wasser fehle, und daß man sie Wasserpalme oder auch Palme der Reisenden nenne, weil zwischen jedem Blatt und dem Stamm sich etwas Wasser ansammle, das dem vom Durst gequälten Reisenden zu großer Erquickung diene. Die Eingeborenen behaupten im Gegenteil, daß diese Palme nur auf feuchtem Grund wachse und daß immer Wasser in ihrer Nähe zu finden sei. Ich hatte leider nicht Gelegenheit, näher zu untersuchen, welche von beiden Behauptungen die richtige ist, doch wird hoffentlich einmal eine Zeit kommen, in der die Botaniker nach Herzenslust die große Insel durchforschen, und nicht bloß diese, sondern auch viele andere naturhistorische Fragen entschieden werden.

Eine Palme, die auf Madagaskar ebenfalls vorzüglich gedeiht, ist die Sago-Palme. Sonderbarerweise verachten die Eingeborenen ihr Mark, obgleich sie sonst in der Wahl der Lebensmittel durchaus nicht schwierig sind, denn sie verzehren nicht bloß Kräuter und Wurzeln, sondern auch Insekten und Würmer.

Die Zeit verging mir heute sehr rasch; auf jedem Hügel, jedem Berg genoß man neue, schöne Aussichten. Die Bevölkerung aber wurde immer dünner; wir kamen im Laufe des Tages nur an sehr wenigen und ganz unbedeutenden Ortschaften vorüber.

Die Nacht brachten wir im Dorf Ambatoarana zu. Überall war man von der Ankunft Herrn Lamberts bereits unterrichtet, und da man wußte, daß er bei der Königin in sehr hohem Ansehen stand, empfingen ihn die Bewohner jedes Dorfes mit den größten Ehrbezeigungen und wetteiferten um die Gunst des einflußreichen Mannes. Auch hier machte uns der Vorsteher sogleich seine Aufwartung und beschenkte Herrn Lambert im Namen seiner Gemeinde mit zwei Ochsen nebst einer großen Menge Reis und Geflügel. Herr Lambert nahm diese Gaben an, machte aber Gegengeschenke, die den Wert jener weit übertrafen.

24. Mai. Seit 24 Stunden hatte es nicht geregnet, und infolgedessen fanden wir die Wege etwas besser als gestern, auch waren die Hügel weniger hoch und steil.

Wir teilten unsere Tagesreise gewöhnlich in zwei Etappen ein: mit Tagesanbruch machten wir uns auf den Weg, nach drei- bis vierstündigem Marsch hielten wir an, um das Frühstück einzunehmen, das aus Reis und Hühnern bestand, gewöhnlich aber durch wildes Geflügel bereichert wurde, darunter sehr häufig schwarze Papageien und andere wunderschöne Vögel, die Herr Lambert unterwegs schoß. Nach ungefähr zweistündiger Rast ging es an die zweite Etappe, die meistens so lang wie die erste war.

Heute aber blieb es bei einer Etappe, und zwar dem großen National-Fest zu Ehren, das mit diesem Tag begann. Die Königin hatte ohne Zweifel am selben Morgen das glückbringende Neujahrsbad genommen. Herr Lambert wollte unsere Leute nicht des Vergnügens berauben, sich an diesem Fest zu beteiligen; wir hielten daher schon um 10 Uhr morgens im Dorfe Ampatsiba an.

Das erste, was zu tun war: die Ochsen zu schlachten. Es wurden zwar nicht, wie es die Regeln des Festes eigentlich verlangen, so viele geschlachtet, als es für den Fleischbedarf dieses und der folgenden sieben Tage nötig gewesen wäre. Die Leute hätten einen so großen Vorrat nicht mitschleppen können; fünf der schönsten Tiere wurden aber dennoch dem Fest geopfert, denn Herr Lambert bewirtete nicht nur unsere Leute, sondern das ganze Dorf. Abends versammelten sich gewiß 4 bis 500 Menschen – Männer, Weiber und Kinder – vor unseren Hütten, und um die Freuden des Festes vollständig zu machen, ließ ihnen Herr Lambert ihr Lieblingsgetränk *Besa-Besa* kredenzen.

Dieses für meinen Gaumen nichts weniger als schmackhafte Getränk besteht aus dem Saft des Zuckerrohrs, aus Wasser und aus der bitteren Rinde Afatraina. Man schüttet erst das Wasser in den Zuckerrohrsaft, läßt dieses Gemisch gären, gibt dann die Rinde hinzu und wartet eine abermalige Gärung ab. Der festliche Tag und wohl mehr noch der Genuß des *Besa-Besa* erregte in dem Völkchen eine so fröhliche Stimmung, daß es uns aus eigenem Antrieb seine Gesänge und Tänze zum besten gab. Leider waren die einen so abgeschmackt wie die anderen.

Einige der Mädchen schlugen mit kleinen Stäbchen aus voller Kraft auf ein großes Bambusrohr, andere sangen – oder besser gesagt, heulten dazu so laut sie konnten; es war ein wahrhaft höllischer Lärm. Zwei dieser schwarzen Schönheiten tanzten, das heißt sie bewegten sich auf kleinstem Raum hin und her, hoben die Arme halb in die Höhe und drehten die Hände bald nach außen, bald nach innen. Von den Männern ließ sich nur einer herbei, uns sein Talent als Tänzer zu zeigen. Wahrscheinlich war er der *Lion* des Dorfes. Er trippelte ungefähr auf dieselbe Art umher wie seine reizenden Vorgängerinnen, nur etwas lebhafter. So oft er sich einem der Weiber oder Mädchen näherte, erlaubte er sich trotz unserer Gegenwart höchst ausdrucksvolle Gebärden, welche – wie dies freilich auch bei öffentlichen Bällen in Paris der Fall ist – von der versammelten Gesellschaft mit dem größten Beifall aufgenommen und mit schallendem Gelächter belohnt wurden. Ich sah bei dieser Gelegenheit, daß sich die Eingeborenen nicht des Rauch-, sondern des Schnupftabaks bedienen. Sie führen aber die Prise nicht zu der Nase, sondern zum Mund. Männer und Weiber genießen den Tabak auf diese Weise.

Wenn ich behauptet habe, das Bad der Königin sei das einzige Fest auf Madagaskar, so habe ich insofern recht, als es das einzige ist, das allgemein gefeiert wird; die Eingeborenen halten aber auch noch bei einer anderen Gelegenheit große Festlichkeiten ab, und zwar bei der Beschneidung ihrer Kinder. Die Beschneidung findet in größeren Ortschaften statt, die von der Regierung bestimmt werden und wohin die Eltern zu einem festgelegten Zeitpunkt im Jahr ihre Kinder zu bringen haben. Die glücklichen Väter laden ihre Verwandten und Freunde zu diesem Fest ein und belustigen sich an Musik und Tanz, Essen und Trinken, so lange es die mitgebrachten Vorräte an Ochsenfleisch, Reis und *Besa-Besa* gestatten.

25. Mai. Nach dem fröhlichen Tag von gestern hatten unsere Träger heute einen desto härteren; die Hügel waren sehr steil und bedeutend höher als bisher (5 bis 600 Fuß). Glücklicherweise hatte es nicht geregnet, und auf den trockenen Wegen ging das Klettern noch so ziemlich.

Sämtliche Hügel und Berge waren mit Urwald bedeckt. Doch ich suchte vergebens nach den hohen, kräftigen Bäumen, wie ich sie in den Urwäldern Sumatras oder Borneos und selbst Amerikas gesehen hatte. Die dicksten Stämme mochten kaum 54 Fuß Durchmesser, die höchsten Bäume nicht mehr als 100 Fuß Höhe haben. Auch an Blumen, besonders an Orchideen und Schlingpflanzen herrschte nur geringer Reichtum; das einzige, was diese Wälder auszeichnet, waren die kräftigen und mannigfaltigen Farrenkräuter, die Madagaskar mit Mauritius gemein hat. Man sagte mir, daß in der Nähe der Straße alle hohen Bäume bereits umgehauen worden seien, daß es aber tiefer im Innern der Wälder überaus schöne Exemplare gebe und es auch nicht an Schlingpflanzen, Orchideen usw. fehle.

Von einigen der höheren Berge, die wir bestiegen, genossen wir herrliche Ansichten ganz eigener Art; noch habe ich keinen so großen Landstrich gesehen, der wie dieser aus lauter Hügeln, Bergen und schmalen Schluchten besteht und keine einzige Ebene aufzuweisen hat. Zweimal erblickten wir in weiter Ferne die See. Diese Gegend müßte sich trefflich zum Kaffeeanbau eignen, denn der Kaffeebaum gedeiht am besten auf steil abfallenden Hügeln. Auch für die

Viehzucht, besonders für die Schafzucht, soll sie sehr geeignet sein. In künftigen Zeiten mögen hier vielleicht die schönsten Pflanzungen entstehen und Leben und Abwechslung in diese prachtvolle Landschaft bringen – heutzutage ist leider alles öde und menschenleer, kaum daß wir hie und da eine elende, halb im Gebüsch verborgene Hütte entdeckten. Wir schliefen im Dorf Beforona.

26. Mai. Die heutige Reise ist eine Wiederholung der gestrigen, nur mit dem Unterschied, daß wir in einem steil aufsteigenden Hohlweg einer Herde Ochsen begegneten. Es war grausig anzusehen, wie die Tiere herunterkletterten; sie glitten ständig aus, und jeden Augenblick meinte ich, sie müßten auf uns herabstürzen. Mit Mühe fanden wir ein Plätzchen, wo wir uns so eng an die Seite drücken konnten, um sie vorüberzulassen.

Ziemlich spät nachmittags erreichten wir unsere Nachtstation, ein ganz kleines Dörfchen mit einem desto größeren Namen; es hieß Alamajaotra.

27. Mai. Die Hügel waren weniger hoch und steil, die Schluchten und Täler etwas breiter und die Wege besser. Einige Meilen vor der Nachtstation, auf dem einzigen höheren Berg, über den unser heutiger Weg führte, hörte die waldige Region plötzlich auf und eine wunderschöne Landschaft entfaltete sich vor unseren Blicken. Im Vordergrund erhob sich in wellenförmigen Linien von Norden nach Süden eine Hügelkette, die wir von unserem hohen Standpunkt aus ganz übersehen konnten, und dahinter die Hochebene Ankay, deren Breite mindestens 15 Meilen beträgt und deren Länge von Norden nach Süden noch viel bedeutender ist. Im Hintergrund, gegen Osten, schlossen zwei niedrige Gebirgsketten den Horizont. Unsere Nachtstation hieß Maramaya.

28. Mai. Wir erklommen die Hochebene Ankay, wo wir ziemlich gute Wege fanden, so daß unsere Reise sehr rasch vonstatten ging; dagegen verloren wir viel Zeit mit dem Übersetzen des Flusses Mangor. Es waren nur ein paar ausgehöhlte Baumstämme für die Überfahrt vorhanden, deren jeder kaum drei oder vier Personen faßte; es dauerte daher einige Stunden, bis unser zahlreiches Gefolge und sämtliches Gepäck überschifft war. Die Flüsse, die ich bisher auf Madagaskar gesehen habe, den Mangor miteingeschlossen, sind mitunter sehr breit, haben aber keine Tiefe – die größten könnte ein Schiff von 50 Tonnen nicht befahren. Die Gewässer sind sehr bevölkert, aber leider weniger mit Fischen, dafür um so mehr mit Kaimanen.

Wir überquerten die niedrige Gebirgskette Efody, dann schlängelte sich der Weg durch niedliche kleine Täler bis zum Dorf Ambodinangano, wo wir die Nacht verbrachten.

Ich hatte bereits an verschiedenen Orten aufrechtstehende, große Steine bemerkt, die stets einige Meilen von den Ortschaften entfernt errichtet waren. Die einen dienen, wie man mir sagte, als Grabes-Monumente, die anderen, um die Stellen zu bezeichnen, wo die wöchentlichen Märkte abgehalten werden. Es scheint wirklich, als wären die Bewohner Madagaskars besonders darauf bedacht, alles anders zu machen als die übrigen Menschen. So halten sie die Märkte, anstatt in ihren Dörfern, auf einsamen öden Plätzen ab, die meilenweit von jeder menschlichen Wohnung entfernt liegen.

29. Mai. Heute hatten meine Reisegefährten vollkommen recht mit ihren Klagen über die Wege; letztere waren so schlecht, daß ich trotz meiner in dieser Beziehung gemachten Erfahrungen zugeben mußte, kaum ähnliche gesehen zu haben. Es handelte sich um die Übersteigung der zweiten kleinen Gebirgskette von Efody, deren Auf- und Abstieg über alle Maßen steil war. Selbst meine Träger schienen es heute zu fühlen, daß mein Körper etwas irdischer Natur ist und nicht nur aus Luft besteht. Sie schleppten mich gar mühsam über die schroffen Höhen, und von Zeit zu Zeit erlaubten sie sich sogar einen kurzen Halt, um Atem zu schöpfen und neue Kräfte zu sammeln.

Nach der Überquerung dieser Gebirgskette betraten wir das Gebiet von Emir, das Stammland der Hovas, in dessen Mitte die Hauptstadt der ganzen Insel liegt. Das Gebiet von Emir besteht aus einer großen, herrlichen Hochebene, die sich an die 4000 Fuß über der Meeresfläche erhebt. Viele vereinzelte Hügel steigen aus ihr empor. Die Waldungen hören nun auf; dagegen begegnet man, je mehr man sich der Hauptstadt nähert, einigen Kulturen, das heißt Reisanbau. Wo es keine Reisfelder gibt, ist der Boden mit dem kurzen, bitterschmeckenden Gras bedeckt, von dem ich auf Sumatra viel gefunden habe und das leider nicht vom geringsten Nutzen ist, weil das Vieh es nicht mag.

Sehr bevölkert scheint das Gebiet von Emir auch nicht zu sein, und ich suchte selbst in der Nähe der Reisfelder oft vergebens nach Ortschaften; sie mochten wohl hinter den Hügeln verborgen liegen.

In den wenigen Dörfern, durch die wir kamen, stellte ich fest, daß die Hütten oder Häuser nicht wie in Tamatavé und wie in den waldigen Gegenden, die wir bisher durchzogen hatten, aus Bambusrohr oder Holz gebaut waren, sondern aus Erde und Lehm; auch sind sie größer und geräumiger und mit sehr hohen Dächern versehen, die mit einem schilfartigen Gras, das hier an allen Flüssen reichlich wächst, sehr ordentlich gedeckt werden. Im Innern sind sie aber gleich. Gewöhnlich enthält jede Hütte nur ein einziges Gemach; in sehr wenigen wird eine kleine Ecke durch eine Strohmatte abgeteilt. An Einrichtung fehlt es ganz und gar – der größte Teil der Bewohner Madagaskars besitzt nichts außer ein paar Strohmatten, um den kahlen Boden zu bedecken, und einige Töpfe aus Eisen oder Ton, um den Reis zu kochen; nirgends sah ich Betten, ja nicht einmal hölzerne Kisten zur Aufbewahrung der Kleider oder anderer Gegenstände. Freilich haben sie weder das eine noch das andere nötig, denn ihr Lager ist der Fußboden und ihr ganzer Reichtum an Kleidern beschränkt sich meistens auf einen einzigen *Simbu*, den sie nachts über den Kopf ziehen. Jene, die den Luxus auf das höchste treiben, decken sich noch mit einer Strohmatte zu. Einen so gänzlichen Mangel an jeglicher Bequemlichkeit des Lebens habe ich nur bei den Wilden in Nordamerika, im Gebiet des Oregon gefunden.

Manche der kleinen Dörfer sowie auch einzelne Häuser waren mit Erdwällen umgeben, ein Brauch, der noch aus der Zeit herrührt, in der die Bevölkerung in zahllose kleine Stämme aufgeteilt war, die sich stets bekriegten. Wie ich bereits in dem geographisch-historischen Überblick von Madagaskar erwähnt habe, machten die beiden großen Stammesfürsten Dianampoiene und Radama diesen Fehden dadurch ein Ende, daß sie die meisten Stämme ihrer Herrschaft unterwarfen.

Einige Meilen vom Dorf Amtotomango, unserer heutigen Nachtstation, kam uns ein großer Zug Menschen mit militärischer Musikbegleitung entgegen; es war eine Art Deputation, die Prinz Rakoto, der Sohn der Königin Ranavola und künftige Thronerbe, uns zum Empfang von Herrn Lambert entgegensandte, um diesem Liebe und Achtung zu beweisen. Die Deputation bestand aus zwölf dem Prinzen Ergebenen, aus vielen Offizieren, Soldaten und einem ganzen weiblichen Sängerchor.

Die Ergebenen Rakotos, vierzig an der Zahl, sind junge Adelige, die den Prinzen so lieben und verehren, daß sie sich durch einen Schwur gelobt haben, ihn bei jeder Gefahr bis auf den letzten Mann zu verteidigen. Sie wohnen alle in seiner Nähe, und auf seinen Ausflügen ist er stets von mindestens einem halben Dutzend dieser Getreuen umgeben, obwohl er durchaus nicht einer solchen Leibwache bedarf, da er bei der ganzen Bevölkerung, beim Adel und beim Volk, sehr beliebt sein soll. Herr Lambert wurde von dieser Deputation mit Ehrenbezeigungen empfangen, wie ein Prinz der königlichen Familie – eine Auszeichnung, die bisher auf Madagaskar keinem der hohen Adeligen des Reiches, um so viel weniger einem Weißen zuteil geworden ist.

So oft unser Zug an einem Dorf vorüberkam, eilte die ganze Bevölkerung herbei, uns Fremdlinge zu sehen, ja, viele schlossen sich dem Zug an, so daß er gleich einer Schneelawine immer mehr anschwoll. Die guten Leute mochten ganz erstaunt sein, Weiße mit solchen Ehrenbezeigungen behandelt zu sehen. Keiner von ihnen wußte diese Auszeichnung zu deuten, denn niemand hatte ähnliches erlebt.

Im Dorf Ambatomango wurde Herr Lambert durch einen neuen Liebesbeweis von Seiten des Prinzen Rakoto überrascht – wir fanden hier dessen einziges, fünfjähriges Söhnchen vor. Durch eine Unpäßlichkeit der Königin daran verhindert, Herrn Lambert persönlich bis Ambatomango entgegenzukommen, sandte der Prinz ihm sein Kind, das Herr Lambert während seines ersten Aufenthaltes in Tananariva adoptiert hatte.

Es herrscht auf Madagaskar die Sitte, Kinder zu adoptieren. In den meisten Fällen geschieht dies, um wirklich ein Kind zu besitzen; in gewissen anderen aber ist es ein großer Freundschaftsbeweis, den der Vater des Kindes dem Manne geben will, der das Kind adoptiert. Die Adoptierung wird bei der Regierung angemeldet, die dem neuen Vater durch eine schriftliche Bestätigung volle Rechte über das angenommene Kind erteilt, das den Namen des Adoptiv-Vaters erhält, gänzlich in dessen Familie übergeht und die gleichen Rechte wie seine wirklichen Kinder besitzt. Prinz Rakoto hatte Herrn Lambert bei der ersten Bekanntschaft so lieb gewonnen, daß er ihm den größten Beweis seiner Achtung und Freundschaft geben wollte und ihm sein teuerstes Gut, sein einziges Kind antrug. Herr Lambert adoptiertes es, übte aber nicht alle Rechte eines Adoptiv-Vaters aus; er gab dem Kind seinen Namen, ließ es aber bei seinem wirklichen Vater.

Dieses Kind ist von Geburt kein Prinz, da seine Mutter eine Sklavin war. Sie heißt Maria, ist aber ungeachtet dieses Namens keine Christin. Sie soll sehr verständig, sehr gutmütig und dabei doch von festem Charakter sein. Der Prinz liebt sie über alle Maßen, und um sie stets um sich sehen zu können, hat er sie scheinbarer Weise einem seiner Getreuen zum Weib gegeben.

Bis spät in die Nacht ging es bei uns sehr munter her; es wurde ein großes Mahl bereitet, das wir nach Landessitte auf der Erde sitzend einnahmen. Getrunken wurde dagegen auf echt europäische Weise und auf das Wohl aller erdenklichen Personen; heitere Musik und lautes Jubelgeschrei begleiteten jede ausgebrachte Gesundheit.

Der Chor der Sängerinnen, den der Prinz Rakoto zur Verherrlichung unseres Empfanges entgegengesandt hatte, bestand aus zwanzig Mädchen, die in einer Ecke des Saales kauerten und unser Trommelfell mit ihren kreischenden Stimmen erschütterten. Sie schrien und heulten gerade so wie die Weiber und Mädchen in dem Dorf, wo wir das Fest des Bades der Königin feierten. Sie hatten einen Mann zum Vorsänger und Lehrer, der aber Frauenkleider trug und dazu noch europäische. Da die Gesichtszüge beider Geschlechter sich kaum unterscheiden und ihre Schönheit oder Häßlichkeit ungefähr dieselbe ist, würde ich unter dieser Karikatur gewiß nicht einen Mann vermutet haben, hätte mich nicht Herr Lambert besonders darauf aufmerksam gemacht.

30. Mai. Diesen Morgen kam eine Gesandtschaft der Dorfbewohner, um Herrn Lambert zu einem Stiergefecht einzuladen, das man ihm zu Ehren geben wollte. Wir machten erst das wichtige Geschäft des Frühstücks ab, dann gingen wir zum Schauplatz, stellten jedoch fest, daß die Vorbereitungen zu dieser Festlichkeit wenig fortgeschritten waren und es wohl noch geraumer Zeit zu ihrer Beendigung bedurfte. Wir dankten den Leuten für ihre Aufmerksamkeit, zogen es aber vor, mit ihrem guten Willen vorlieb zu nehmen; denn es war uns darum zu tun, so schnell wie möglich in die nurmehr eine halbe Tagesreise entfernte Hauptstadt zu gelangen, und dies um so mehr, als wir die Nachricht erhalten hatten, daß das *Sikidy* (der Orakelspruch) den heutigen Tag als einen glücklichen für unseren Einzug in Tananariva bezeichnet habe und daß die Königin wünsche, Herr Lambert möchte diesen günstigen Moment nicht versäumen.

Auf ganz Madagaskar, vorzugsweise aber bei Hofe, ist es gebräuchlich, für alle Unternehmungen, für die wichtigsten wie für die geringfügigsten, das Orakel *Sikidy* zu befragen. Es geschieht dies auf folgende, höchst einfache Art: Eine gewisse Anzahl Bohnen und kleiner Steine wird durcheinandergemengt, und aus den Figuren, die dabei entstehen, lesen die mit diesem Talent begabten Personen den günstigen oder ungünstigen Moment. Bei Hofe allein sind mehr als zwölf solcher Orakel-Sprecher oder Deuter angestellt, und die Königin zieht sie für die unbedeutendste Kleinigkeit zu Rat. Sie unterwirft sich den Orakeln der *Sikidy* dermaßen, daß sie in vielen Dingen ihrem eigenen Willen gänzlich entsagt und sich in dieser Beziehung zur größten Sklavin in demselben Land macht, das sie andererseits so despotisch regiert. Will sie z. B. irgendwohin einen Ausflug unternehmen, so muß erst das Orakel befragt werden, an welchem Tag, zu welcher Stunde dies geschehen soll. Ohne den Rat des *Sikidy* zieht sie kein Kleidungsstück an, kostet von keiner Speise – ja selbst hinsichtlich des Trinkwassers muß das *Sikidy* entscheiden, von welcher Quelle es zu holen sei.

Noch vor wenigen Jahren herrschte allgemein die Sitte, bei der Geburt eines Kindes sogleich das *Sikidy* zu befragen, ob die Geburtsstunde eine glückliche gewesen sei. Im Fall einer verneinenden Antwort legte man das arme Kind in die Mitte eines Weges, über den die großen Ochsenzüge getrieben wurden. Gingen die Tiere an dem Kind vorsichtig vorüber, ohne es zu verletzen, so war dadurch der böse Zauber des Orakels gebrochen und das Kind wurde im Triumphe wieder in das väterliche Haus gebracht. Natürlich hatten nur wenige das Glück, diese gefährliche Probe zu bestehen; die meisten verloren dabei ihr Leben. Eltern, die ihre Kinder der Probe nicht unterwerfen wollten, setzten sie aus, besonders wenn es Mädchen waren, und kümmerten sich nicht weiter um sie. Die Königin hat sowohl die Probe als auch die Aussetzung verboten; es ist dies vielleicht das einzige menschenfreundliche Gesetz, das sie in ihrem ganzen Leben eingeführt hat.

Alle Reisenden, die in die Hauptstadt kommen wollen, müssen bei der Königin um die Erlaubnis nachsuchen und in einer Entfernung von mindestens einer Tagesreise den Ausspruch des *Sikidy* abwarten, der bestimmt, an welchem Tag und zu welcher Stunde sie ihren Einzug halten können. Tag und Stunde sind auf das strengste einzuhalten, und sollte der Reisende in der Zwischenzeit plötzlich erkranken und sich in die Unmöglichkeit versetzt sehen, zur vorgeschriebenen Zeit an die Tore der Stadt zu gelangen, so muß er eine neue Botschaft an die Königin senden und ein zweites Mal den Ausspruch des *Sikidy* abwarten, worüber nicht bloß mehrere Tage, sondern oft einige Wochen verloren gehen. Wir waren in dieser Hinsicht sehr glücklich – das *Sikidy* hatte die Liebenswürdigkeit, uns auch nicht einen einzigen Tag warten zu lassen und gerade den Tag als einen glücklichen zu bezeichnen, an dem wir dem Plan unserer Reise zufolge die Hauptstadt erreichen konnten. Ich vermute sehr, daß diesmal die Neugierde der Königin einigermaßen auf den Ausspruch des Orakels einwirkte. Die gute Dame mochte es wohl kaum erwarten, in den Besitz all der Schätze zu kommen, die, wie sie wußte, Herr Lambert für sie mitbrachte.

Unsere heutige Tagesreise glich einem fortgesetzten Triumphzug. Voran ging das militärische Musikkorps, diesem folgten viele Offiziere, darunter einige sehr hohen Ranges, dann kamen wir, umgeben von den Getreuen des Prinzen, und den Schluß bildeten der weibliche Sängerchor, Soldaten und Volk. So wie gestern eilten in jedem Dorf, durch das wir kamen, Alt und Jung herbei; alle wollten die langerwarteten Fremdlinge sehen, und viele schlossen sich dem Zuge an und begleiteten uns meilenweit.

Der Weg führte durch die schöne Hochebene von Emir. Welches Aussehen würde dieses herrliche Stück Land gewinnen, wenn es ordentlich kultiviert und bevölkert wäre! Man sieht zwar ungleich mehr Felder und Dörfer als in den übrigen Gegenden, durch die der Weg uns bisher geführt, aber doch sehr wenig im Verhältnis zur Fruchtbarkeit des Bodens und der glücklichen Lage. Einen besonderen Reiz verleihen dieser Hochebene die vielen Hügel, die sich auf allen Seiten erheben. An Wasser fehlt es ebenfalls nicht, und wenn man auch keinen mächtigen Strom sieht, so gibt es doch unzählige kleine Flüsse und Teiche.

Vor ungefähr 40 Jahren soll die ganze Hochebene von Emir noch mit Waldungen bedeckt gewesen sein; jetzt ist sie ungefähr 30 englische Meilen ringsumher so baumlos, daß nur die reichen Leute Holz als Brennmaterial gebrauchen können, das sie von ihren Sklaven herbeischaffen lassen. Die Ärmeren nehmen zu einer Art kurzem Savannengras Zuflucht, das Hügel und Ebenen reichlich bedeckt und das eine starke, aber natürlich nicht lange anhaltende Flamme gibt. Glücklicherweise bedürfen die Leute des Feuers bloß für die Zubereitung ihrer Mahlzeiten. Heizung können sie entbehren, obgleich das Thermometer in den Wintermonaten bis auf drei oder vier, ja manchmal sogar bis auf einen Grad Reamur fällt. Die Häuser haben ziemlich dicke Lehmwände, das Dach ist dicht mit langem Gras bedeckt, daher ist es trotz der Kälte im Innern ziemlich warm.

Die Wege waren vortrefflich; unsere Träger liefen, als hätten sie nichts zu tragen. Schon von weitem sahen wir Tananariva, die Hauptstadt des Landes, die fast in der Mitte der Hochebene auf einem der schönsten Hügel liegt, und am frühen Nachmittag gelangten wir in die Vorstädte, welche die eigentliche Stadt von allen Seiten umgeben.

Die Vorstädte waren ursprünglich Dörfer, die sich nach und nach ausgedehnt haben und am Ende zu einem Ganzen vereinigt wurden. Die Häuser sind zum Großteil aus Erde oder Lehm gebaut, jene hingegen, die im eigentlichen Stadtgebiet liegen, müssen aus Brettern oder zumindest aus Bambusrohr gebaut sein. Ich fand sie durchgehend größer und geräumiger als die in den Dörfern und auch viel reinlicher und besser instande erhalten. Die Dächer sind sehr steil und hoch und an den Giebeln mit langen Stangen verziert. Auch hier stellte ich fest, daß einzelne Häuser, manchmal drei bis vier gemeinsam, von niedrigen Erdwällen umgeben waren, die jedoch keinen anderen Zweck haben, als die Hofräume von jenen der Nachbarhäuser abzusondern. Straßen und Plätze gibt es nur ganz unregelmäßige; die

Häuser sind nämlich nicht in Reihen gebaut, sondern liegen gruppenweise teils um den Fuß des Hügels, teils an dessen Hängen – der königliche Palast steht auf der höchsten Spitze. Die Vorstädte, durch die wir kamen, waren zu meiner größten Verwunderung sehr sauber gehalten, und zwar nicht nur die Straßen und Plätze, sondern auch die Höfe. Nur in den engen Gäßchen zwischen den Erdwällen sah es bisweilen etwas schmutzig aus.

Noch mehr aber als diese Reinlichkeit überraschte mich die große Menge Blitzableiter; fast jedes größere Haus war damit versehen. Sie wurden von Herrn Laborde eingeführt, einem Franzosen, der schon seit langen Jahren in Tananariva lebt und dessen abenteuerliche Lebensgeschichte mir Herr Marius während der Reise erzählte; ich werde meine neugierigen Leserinnen sehr bald mit diesem merkwürdigen Mann bekannt machen.

Wie man mir sagte, gibt es vielleicht keinen Ort auf der ganzen Welt, wo die Gewitter so furchtbar sind und der Blitz so häufig einschlägt wie hier. In Tananariva sollen durchschnittlich jedes Jahr an 300 Personen vom Blitz erschlagen werden, und im vergangenen Jahr stieg deren Zahl sogar bis auf 400. In einem Haus allein tötete der gleiche Strahl 10 Personen. Diese heftigen Gewitter finden von Mitte März bis Ende April statt.

Wir waren unterdessen am Stadttor angelangt, davor war ein Pikett Soldaten mit gekreuzten Gewehren aufgestellt, die uns aufs höflichste den Eingang verwehrten. Es scheint an diesem Hofe Sitte, alles mit einer Art despotischer Feier zu umgeben, da jeder Fremdling, der in die Hauptstadt möchte, um die Erlaubnis der Königin anhalten muß, und sie daher schon lange vorher von der Reise unterrichtet ist. Ungeachtet dessen, daß der Reisende eine oder zwei Tagesreisen von der Hauptstadt entfernt abermals verpflichtet ist, einen Boten vorauszusenden, um die Nachricht des *Sikidy* einzuholen, an welchem Tag er seinen Einzug zu halten habe, so muß er dennoch am Stadttor anhalten, der Königin seine Ankunft melden und um Einlaß bitten. Ist die Königin gerade übler Laune, so läßt sie den Armen oft stundenlang in der glühendsten Sonnenhitze oder bei Sturm und Regen der Antwort harren.

Wir waren so begünstigt, die Erlaubnis zum Betreten der Stadt schon nach einer halben Stunde zu erhalten.

In der Stadt selbst sieht es ungefähr so aus, wie in den Vorstädten, nur mit dem Unterschied, daß dem Gesetz zufolge, von dem ich bereits gesprochen habe, die Häuser alle aus Brettern oder Bambus gebaut sind.

Wir stiegen bei Herrn Laborde ab, der ein sehr herzlicher Freund von Herrn Lambert und ein großer Beschützer jedes Europäers ist, der nach Tananariva kommt.

HERR LABORDE UND DER ENGLISCHE MISSIONAR HERR W. ELLIS

Die Lebensgeschichte unseres Gastgebers, des Herrn Laborde, ist folgende:

Er wurde in Frankreich geboren und ist der Sohn eines wohlhabenden Sattlers. In seiner Jugend diente er mehrere Jahre als Kavallerist in der französischen Armee, gab aber, da ihn stets Sehnsucht quälte, etwas mehr von der Welt zu sehen, nach dem Tode seines Vaters den Dienst auf, stellte einen Ersatzmann und ging nach Ostindien. Er baute in Bombay verschiedene Fabriken, besserte Dampfmaschinen aus, verfertigte Waffen, errichtete eine Sattlerei und machte dabei ganz gute Geschäfte. Sein unruhiger Geist ließ ihn jedoch nicht lange an demselben Orte weilen; er übergab seine Werkstätten einem Freund und schiffte sich im Jahre 1831 nach dem indischen Archipel ein. Das Schiff wurde von einem Sturm verschlagen und litt an der Küste von Madagaskar Schiffbruch; Herr Laborde verlor dabei nicht nur Hab und Gut, sondern auch seine Freiheit; denn, wie bekannt, werden auf dieser gastfreundlichen Insel alle Schiffbrüchigen zu Sklaven gemacht. Man brachte ihn nebst einigen seiner Unglücksgefährten nach Tananariva, um ihn da zu verkaufen. Glücklicherweise erfuhr die Königin, daß er Waffen und andere

Gegenstände zu verfertigen verstünde; sie ließ ihn an den Hof kommen und versprach ihm die Freiheit, wenn er ihr fünf Jahre lang treu dienen wolle. Herr Laborde tat dies; er legte eine Werkstätte an und lieferte der Königin alle Arten von Waffen, sogar kleine Kanonen und auch Pulver und andere Dinge. Trotz ihres Hasses gegen die Europäer gewann die Königin Zutrauen und legte bald so viel Wert auf ihn, daß sie bei manchen wichtigen Unternehmungen seinen Rat einholte, ja, nicht selten gelang es ihm, sie von Todesurteilen abzuhalten.

Aber nicht nur bei der Königin allein steht Herr Laborde so gut angeschrieben, sondern auch beim Adel und Volk. Seine trefflichen Eigenschaften haben ihn überall beliebt gemacht, und alle jene, die irgend eines Rates, irgend einer Hilfe bedürfen, kommen zu ihm und nie vergebens; er ist ihr Arzt, ihr Vertrauter und ihr Helfer.

Aus den fünf Jahren, die Herr Laborde im Dienste der Königin bleiben sollte, wurden zehn Jahre; seine Beschützerin gab ihm Haus und Hof, Ländereien und Sklaven, und da er eine Eingeborene heiratete und einen Sohn von dieser hat, wird er wohl für immer im Lande bleiben, obgleich er schon lange frei und unabhängig ist und die Insel verlassen kann, wann es ihm beliebt.

Nebst der Waffen- und Pulverfabrik hat dieser industriöse Mann auch eine Glashütte, eine Indigo-Färberei, eine Seifen- und Kerzensiederei und eine Rumbrennerei angelegt. Er lehrte den Leuten das Zuckerrohr ordentlich, sachgemäß pflanzen und versuchte mit gutem Erfolg den Wein- und Getreidebau. Auch mit europäischen Früchten und Gemüsen wollte er die Insel beschenken, und der größte Teil gedieh vortrefflich; allein, leider blieben seine Bemühungen ohne Nachahmung. Die Eingeborenen zogen es vor, in ihrer angewohnten Trägheit fortzuleben und nichts als Reis und von Zeit zu Zeit ein Stück Ochsenfleisch zu essen.

Gelang es aber Herrn Laborde mit seinen Unternehmungen nicht, jedes Ziel zu erreichen, das er sich vorgenommen hatte, so haben sie jedenfalls dazu gedient, die Kulturfähigkeit dieses schönen Landes zu beweisen.

Wir waren gegen 4 Uhr nachmittags in Herrn Labordes Haus angelangt. Unser freundlicher Wirt stellte uns sogleich zwei Europäern vor, den einzigen, die sich zu diesem Zeitpunkt in Tananariva aufhielten. Es waren zwei Herren geistlichen Standes; einer wohnte schon seit zwei Jahren, der andere seit sieben Monaten bei Herrn Laborde. Es schien nicht der richtige Moment, als Missionare anzutreten, und sie verbargen diese Eigenschaft aufs sorgfältigste. Nur der Prinz und wir Europäer wußten um das Geheimnis. Den einen hielt man für einen Arzt, der andere galt als der Lehrer von Herrn Labordes Sohn, welcher vor zwei Jahren aus Paris zurückgekehrt war, wohin ihn sein Vater zur Erziehung gesandt hatte.

Ein herrliches Mahl versammelte uns alsbald um die Tafel, die ich ganz auf europäische Weise gedeckt und geordnet fand, nur mit der Eigentümlichkeit, daß sämtliche Teller und Schüsseln von gediegenem

Silber waren; selbst statt der Trinkgläser prangten silberne Pokale. Ich äußerte scherzweise zu Herrn Laborde, daß ich ähnlichen Luxus noch an keiner Tafel gesehen und am allerwenigsten in Tananariva erwartet hätte. Er erwiderte mir, daß dieser Luxus bereits in jedem reichen Hause herrsche (deren es freilich nur sehr wenige gäbe) und daß er selbst ihn eingeführt habe, aber keineswegs aus Verschwendung, sondern, im Gegenteil, aus Sparsamkeit, Porzellangeschirr müßte nämlich jeden Augenblick ersetzt werden, weil die Sklaven ganz vorzüglich darin geschickt seien, alles in kürzester Zeit zu zerbrechen, was daher viel teurer käme.

Wir waren noch lange nicht mit unserem fröhlichen Mahl zu Ende – eben wurde Champagner gereicht und die Toaste fingen an –, als ein Sklave in größter Hast herbeigelaufen kam, uns die Ankunft des Prinzen Rakoto zu melden. Wir sprangen rasch vom Tische auf, hatten aber nicht mehr Zeit, ihm entgegen zu gehen. In seiner Ungeduld, Herrn Lambert zu sehen, war er dem Sklaven auf dem Fuße gefolgt. Die beiden Männer umarmten sich lange, lange fand keiner von ihnen ein Wort, seine Freude auszudrükken. Man sah es ihnen an, daß sie wirklich tiefe Freundschaft füreinander fühlten. Wir alle, die wir umherstanden, konnten uns bei diesem Anblick einer wahrhaft feierlichen Rührung nicht erwehren. Prinz Rakoto – oder wie sein ganzer Name lautet: Rakodond-Radama – ist ein junger Mann von 27 Jahren. Er besaß entgegen meiner Erwartung durchaus kein unangenehmes Äußeres. Seine Statur ist klein und gedrungen, das Gesicht und dessen Farbe entspricht keiner der vier Rassen, die Madagaskar bewohnen. Es hat ganz den Typus der moldanischen Griechen. Das schwarze Haar ist kraus, aber nicht wollig, die dunklen Augen sind voll Feuer und Leben, und schöne Zähne zieren den wohlgeformten Mund. Seine Züge drücken eine so wahrhaft kindliche Güte aus, daß man sich sogleich zu ihm hingezogen fühlt. Er geht häufig europäisch gekleidet.

Dieser Prinz ist bei Hoch und Nieder gleich geliebt und geachtet, verdient aber, wie mir die Herren Lambert und Laborde versicherten, die allgemeine Liebe und Achtung. So grausam die Königin, seine Mutter ist, so gutherzig ist der Sohn – und so sehr erstere das Blutvergießen liebt, einen so unüberwindlichen Abscheu hat letzterer dagegen; sein größtes Streben und Trachten ist dahin gerichtet, die harten Strafen, die vielen Hinrichtungen, welche die Königin über ihre Untertanen verhängt, zu mildern oder zu verhindern. Zu jeder Stunde ist er bereit, die Unglücklichen anzuhören und ihnen zu helfen, und seinen Sklaven hat er auf das strengste verboten, jemanden mit dem Bescheid abzuweisen, daß er schliefe oder sein Mahl einnähme. Dies wissend kommen oft Leute mitten in der Nacht und wecken den Prinzen aus dem Schlaf, um seine Hilfe für ihre Verwandten zu erflehen, die am frühen Morgen hingerichtet werden sollen. Kann er ihre Begnadigung bei seiner Mutter nicht bewirken, so geht er wie zufällig denselben Weg zu der Zeit, an der die Armen mit Stricken gebunden nach dem Richtplatz geführt werden, durchschneidet die Bande und heißt sie, entweder fliehen oder ruhig nach Hause gehen, je nachdem die Gefahr für sie größer oder geringer ist. Wenn man der Königin dann berichtet, was ihr Sohn getan, macht sie darüber nie eine Bemerkung. Nur versucht sie, die nächste Verurteilung so geheim wie möglich zu halten und deren Vollstreckung zu beschleunigen. Urteil und Ausführung folgen deshalb so rasch aufeinander, daß, wenn der Prinz zufällig nicht in der Stadt weilt, die Botschaft zu spät bis zu ihm gelangt, um Hilfe schaffen zu können.

Sonderbar ist bei dieser gänzlichen Verschiedenheit der Charaktere, daß sich Mutter und Sohn auf das zärtlichste lieben. Der Prinz ist der Königin mit der größten Zuneigung ergeben. Er sucht ihr grausames Vorgehen auf alle mögliche Art zu entschuldigen, und nichts ist ihm schmerzlicher als der Gedanke, daß sie weder geliebt noch geachtet sein kann.

Der edle Charakter des Prinzen ist um so mehr zu bewundern, als er von frühester Kindheit an das böse Beispiel seiner Mutter vor Augen hatte und daß für seine Erziehung auch nicht das geringste getan wurde. In Hunderten von ähnlichen Fällen würde der Sohn gewiß die Vorurteile und schlechten Eigenschaften der Mutter angenommen haben.

Außer ein paar Worten Englisch hat man ihm keine Kenntnisse beizubringen versucht – was er ist und was er weiß, verdankt er sich selbst. Was hätte aus diesem Prinzen werden können, wenn durch eine zweckmäßige Bildung sein Geist und sein Talent entwickelt worden wären ...?!

Ich hatte häufig Gelegenheit, ihn zu sehen und zu beobachten, denn selten verging ein Tag, an welchem er nicht Herrn Lambert besuchte – ich habe keine anderen Fehler an ihm bemerkt, als zu wenig Selbständigkeit und Vertrauen in seine Fähigkeiten; sollte die Regierung einst in seine Hände gelangen, so ist das einzige, was ich befürchte, daß er zu wenig energisch auftreten und seine gewiß ganz guten Absichten nicht durchgreifend durchzusetzen verstünde.

Ich will nur einige Taten dieses Mannes erzählen, woraus man am besten seinen Edelmut erkennen kann.

Es geschieht häufig, daß die Königin Hunderten ihrer Untertanen befiehlt, für diesen oder jenen Großen des Landes monatelang die schwersten Arbeiten zu verrichten, z. B. Bauholz zu fällen, es 30 Meilen weit zu schleppen, Steine zu behauen und dergleichen mehr, und zwar ohne daß die Leute den geringsten Anspruch auf Entschädigung hätten. Wenn dies der Prinz erfährt, läßt er sich in die Gegend spazieren tragen, in welcher die Leute arbeiten, begegnet ihnen scheinbar zufällig und erkundigt sich, für wen sie denn arbeiten. Auf ihre Antwort fragt er sie weiter, ob sie auch Nahrung bekämen (von Lohn ist natürlich nie die Rede). Da zeigt es sich gewöhnlich, daß sie nicht nur keine Nahrung erhalten, sondern oft schon die eigenen mitgebrachten Lebensmittel aufgezehrt haben und ihren Hunger mit Wurzeln und Kräutern zu stillen suchen. Der Prinz läßt dann sogleich, je nach der

Zahl der Arbeiter, auf Kosten des Arbeitgebers einen oder zwei Ochsen schlachten, mehrere Zentner Reis herbeischaffen und unter die Leute verteilen.

Kommt der Große, über eine solche Zumutung ganz erstaunt, zum Prinzen, um sich darüber zu beschweren, so wird er mit dem Bescheid abgefertigt: »Wer für Euch arbeitet, den müßt Ihr billigerweise auch ernähren, und wollt Ihr selbst es nicht tun, so werde ich als Schatzmeister für Euch dafür sorgen.«

Vor einigen Jahren ging an der Küste Madagaskars ein Schiff mit dem größten Teil der Mannschaft unter; fünf Matrosen, die sich aus dem Schiffbruch gerettet hatten, wurden, wie dies gebräuchlich ist, in die Hauptstadt gebracht, um dort als Sklaven verkauft zu werden. Der Prinz begegnete ihnen auf einem Ausflug, ungefähr eine Tagesreise von Tananariva entfernt, und als er bemerkte, daß einer der Matrosen keine Schuhe trug und mühselig den anderen nachhinkte, zog er seine eigenen aus und gab sie ihm. Außerdem sorgte er dafür, daß sie reichlich zu essen bekamen.

Herr Laborde kaufte diese fünf Matrosen, gab ihnen Kleidung, gab ihnen Reisegeld und Empfehlungsschreiben und half ihnen, in ihr Vaterland zurückzureisen. Der Prinz ist selten in der Lage, so zu handeln. Er besitzt kein Geld oder nur sehr wenig; sein ganzer Reichtum beschränkt sich auf Sklaven, Reisfelder und Ochsen, die ihm seine Mutter gibt.

Volk, o großes Volk der Zitadelle:
man sagt, ich sei der Prinz;
doch ich besitze nichts und nichts
gehört mir.
Redet!
Schreit!
Verkündet es laut, dort unten
in der Ebene
Im Lande-der-Sklaven
Im Lande-wo-man-dich-verkauft
Daß es nichts und niemanden
zu kaufen gibt
Wenn man auf dem Gipfel der Zitadelle
angelangt ist.
(Altes Volkslied aus Imerina)

Ein anderes Mal sah der Prinz einen Europäer, der von mehreren Malegaschen als Gefangener in die Hauptstadt gebracht wurde. Der Arme wurde wie ein Tier von seinen Wächtern mit Hieben und Stößen getrieben; er war von der weiten Reise, von den schlechten Wegen so erschöpft und matt, daß er sich kaum mehr fortschleppen konnte. Der Prinz tadelte die Wächter wegen ihrer Grausamkeit, stieg von seinem *Takon* (so wird, wie bereits bemerkt, der Tragstuhl genannt) und hieß den Gefangenen seinen Platz einnehmen.

Auch an einem unserer Träger fand der Prinz Gelegenheit, seinen Großmut auszuüben. Dieser Unglückliche hatte, wie unter seinen Landsleuten üblich, in der Nähe der Hauptstadt einen Ochsen gestohlen und zu einem Markt getrieben, wo er ihn verkaufen wollte; er wurde jedoch dabei ertappt und in die Hauptstadt gebracht. In ähnlichen Fällen geht die Justiz auf Madagaskar mit unglaublicher Schnelligkeit zu Werk; noch am gleichen Tag sprach sie das Todesurteil über ihn aus, und gegen Abend sollte er in der landesüblichen Weise mit der Lanze *(Sagaya)* hingerichtet werden. Herr Laborde erfuhr dies und sandte Leute aus, um den Prinzen aufzusuchen und dessen Hilfe in Anspruch zu nehmen. Der Prinz wurde zum Glück noch zur rechten Zeit gefunden, ging kaum eine halbe Stunde vor der Hinrichtung zum Gefängnis, öffnete dem Verbrecher die Tür und riet ihm, so eilig als möglich in seine Heimat zu fliehen.

Ich hörte viele ähnliche Taten vom Prinzen erzählen, und wenige Tage sollen vergehen, an denen er nicht eine Menschenseele rettet oder auf diese oder andere Weise Wohltaten ausübt. Häufig gibt er seinen letzten Thaler her und verteilt alle seine Vorräte an Reis und Lebensmitteln, und es macht ihm doppelte Freude, wenn er einem Unglücklichen helfen kann, ohne daß dieser erfährt, von wem die Hilfe kommt.

Eindrücklicher und schöner als meine schwache Feder reden folgende Worte zum Lob dieses edlen Mannes, die ich selbst aus seinem Mund vernahm. Er sagte, daß es ihm einerlei sei, ob Frankreich oder England oder was immer für eine Nation die Insel in Besitz nehme, wenn nur das Volk gut regiert werde. Er verlange für sich weder Thron noch Königstitel und sei jederzeit bereit, seinen Rechten schriftlich zu entsagen und irgendwo als einfacher Privatmann zu leben, könne er dadurch das Wohl seines Landes bezwecken. Ich muß gestehen, diese Äußerung rührte mich tief und flößte mir so hohe Achtung für den Prinzen ein, wie ich sie noch für wenige Menschen gefühlt. In meinen Augen ist ein Mann mit einer solchen Denkweise größer als der ausgezeichnetste unter den herrschsüchtigen und ruhmesstolzen Monarchen Europas.

31. Mai. Diesen Morgen sandte die Königin einen der Würdeträger des Reiches, um sich nach unserem Befinden zu erkundigen und uns einzuladen, den nächsten Tag um 2 Uhr das *Sambas-Sambas* im Hause der Dame Rasoaray einzunehmen. Sie schickte bei dieser Gelegenheit Herrn Lambert als Zeichen ihres Wohlwollens ein Geschenk, das aus einem prachtvollen gemästeten Ochsen bestand, wie ich deren selbst in Europa wenig gesehen, aus sehr schönem gemästetem Geflügel jeder Art und aus einem Korb voll Eiern. Die Geschenke der Königin bestehen nie aus anderen Gegenständen, und gewöhnlich beschränken sie sich auf Geflügel und Eier; Ochsen werden nur beigefügt, wenn sie jemanden ganz besonders auszeichnen will.

Das *Sambas-Sambas* ist ein Gericht, das aus dünnen, in Fett gerösteten Streifchen Rindfleisch und Reis zubereitet wird. Es herrscht die Sitte, im ersten Monat des hiesigen neuen Jahres, wenn sich Freunde oder Verwandte besuchen, mit diesem Gericht die Gäste zu bewirten. Jedermann nimmt davon eine Prise zwischen zwei Finger, erhebt sich von seinem

Sitz, wendet sich nach links und nach rechts und sagt: »Möge die Königin noch tausend Jahre leben.« Er kann dann von der Speise nach Belieben genießen oder auch nicht, das ist einerlei. Diese Feierlichkeit hat ungefähr die gleiche Bedeutung wie bei uns der Neujahrswunsch.

Da wir gerade im ersten Monat des Jahres angekommen waren und die Königin Herrn Lambert alle möglichen Aufmerksamkeiten erweisen wollte, lud sie ihn zu diesem Feste ein; meiner geringen Person und den übrigen Europäern wurde diese Ehre als Freunde Herrn Lamberts zuteil.

Die Festessen, zu welchen Fremde geladen werden, finden jedoch nicht im königlichen Palast statt, sondern bei der Dame Rasoaray, die von sehr hoher Geburt ist und deren große, reich eingerichtete Wohnung sich am besten dazu eignet. Im Palast der Königin oder gar in ihrer Gesellschaft zu essen, wäre für einen Fremden eine zu große Ehre; so weit geht die Herablassung dieser hochmütigen, eingebildeten Person nicht.

Ich benützte den heutigen Tag, die Stadt zu besichtigen, von welcher ich jedoch nichts weiter zu sagen finde, als daß sie sehr belebt und ungemein ausgedehnt ist, besonders wenn man die Vorstädte dazu rechnet. Man behauptet, sie enthalte in der nächsten Umgebung 50 000 Häuser – oder Dächer, wie man hier sagt – und 100 000 Bewohner. Diese Angabe mag sehr übertrieben sein; aber ungewöhnlich groß ist die Anzahl der Häuser wirklich, und dies aus dem einfachen Grund, weil die Häuser selbst sehr klein sind – keines besteht aus mehr als einem, höchstens zwei Gemächern. Ist die Familie groß, so werden neben dem Stammhaus zwei oder drei andere ebenso kleine gebaut; die Küche befindet sich bei den einigermaßen Wohlhabenden ebenfalls unter einem eigenen Dach, die Sklaven jedoch sind natürlich auf mehrere Häuschen verteilt. Dessenungeachtet glaube ich kaum, daß es in Tananariva mehr als 15 oder höchstens 20 000 Häuser geben mag. Herr Laborde z. B. besitzt neun Häuschen, in welchen sieben freie Leute und ungefähr 30 Sklaven wohnen; hier wäre also das Verhältnis der Bewohner zur Häuserzahl wie 4 zu 1. Herr Laborde ist aber ein Europäer und wohnt mit seinen Leuten nicht so eng und gedrängt wie die Eingeborenen; bei letzteren kann man bestimmt sechs oder wenigstens fünf Personen auf jedes Häuschen rechnen.

1. Juni. Um 2 Uhr nachmittags begaben wir uns zum Hause der Dame Rasoaray. Man führte uns in einen großen Saal, dessen Wand mit europäischen Tapeten bekleidet und dessen Boden mit schönen Matten belegt war. Eine höchst elegante gedeckte Tafel, deren sich kein Fürst in Europa zu schämen gehabt hätte, stand in der Mitte. Die übrige Einrichtung war einfach, aber geschmackvoll. Eine Engländerin hätte freilich den größten Verstoß gegen Anstand und Sitte darin gefunden, daß in demselben Saale, in welchem das Mahl eingenommen wurde, zwei Betten standen, und zwar sehr schöne Betten mit reichen, schweren, seidenen Vorhängen. Da ich aber keine Engländerin, sondern eine schlichte Deutsche bin, nahm ich kein Ärgernis daran, und der Anblick der beiden Betten hinderte mich nicht im geringsten, ganz wohlgemut meine Portion Reis und Fleisch zu verzehren. Außer diesen Gerichten gibt es bei dem *Sambas-Sambas* nichts zu essen, und als Getränk gibt es nur Wasser.

Ich bewunderte zwei in Relief gearbeitete silberne Vasen, die auf dem Tisch standen, und meine Bewunderung stieg auf das höchste, als ich erfuhr, daß sie von inländischen Gold- und Silberschmieden verfertigt worden seien. Sie hätten gewiß selbst in Europa Beifall gefunden. Die Eingeborenen besitzen wie die Chinesen eine große Geschicklichkeit im Nachahmen; Erfindungsgeist fehlt ihnen hingegen.

Unter den hochgestellten Persönlichkeiten, die – nebst uns – zu diesem Mahle geladen worden waren, waren etliche darunter, die Englisch oder Französisch sprachen; mehr Englisch jedoch. Die Kenntnis dieser Sprache stammt noch aus der Zeit des Königs Radama, unter dessen Regierung englische Missionare nach Madagaskar gekommen waren und eine gewisse Anzahl junger Leute nach Mauritius oder England zur Erziehung geschickt wurden.

Die Feierlichkeit des *Sambas-Sambas* war sehr bald beendet, und wir kehrten früh nach Hause zurück, wo wir abends von einem Besuche des Prinzen Rakoto überrascht wurden. Er kam in Begleitung der Mutter seines fünfjährigen Sohnes, um sie mir vorzustellen. Wie ich schon bemerkt habe, konnte der Prinz diese Frau, da sie eine Sklavin war, nach den hiesigen Gesetzen nicht ehelichen, und ihr Sohn hat durchaus keinen Anspruch auf des Vaters Rang. Dessenungeachtet beehrt man sie beide mit dem prinzlichen Titel. Freilich haben in diesem Land die Gesetze dem Regenten gegenüber wenig zu bedeuten; sie hängen einzig und allein von dessen Willkür ab, und sobald Prinz Rakoto auf den Thron gelangt, kann er sie nach Belieben umstoßen und die einstmalige Sklavin zur Königin und ihren Sohn zum Kronprinzen machen.

Den Charakter dieser Frau habe ich erwähnt. Was ihre Schönheit anbelangt, so muß man dieselbe natürlich nicht mit europäischen Augen betrachten – oder man muß sehr lange unter diesem Volk gelebt haben und an dessen häßliche Züge gewöhnt sein, um die weniger häßlichen schön zu finden.

2. Juni. Heute sahen wir eine große Heerschau auf dem Marsfeld, einer schönen Wiese, die sich am Fuße des Hügels vor der Stadt ausbreitet. In Tananariva sollen stets 10 bis 12 000 Mann versammelt sein; diese Angabe ist aber wahrscheinlich, wie jene über die Anzahl der Häuser, um die Hälfte übertrieben. Das bei der erwähnten Gelegenheit aufgestellte Militär betrug keinesfalls mehr als 4500 bis 5000 Mann. Die Soldaten bildeten ein großes Doppelviereck, in dessen Mitte die Offiziere nebst der Musikbande standen.

Eine solche Heerschau wird alle 14 Tage, am dritten Tag jeder zweiten Woche, abgehalten, um zu prüfen, ob die dienstpflichtigen Soldaten anwesend, ob sie gesund und ob ihre Kleider und Waffen in Ordnung sind. Man ruft die Namen auf, und wenn bei einer Kompanie nur wenig Leute fehlen, kommt der Kapitän mit einem Verweis davon; fehlen aber gar zu viele, so wird er gleich an Ort und Stelle mit einem Dutzend oder mehreren Hieben bestraft. Letzteres soll sich ziemlich oft ereignen, denn unter einer so großen Anzahl von Soldaten gibt es viele, deren Dorf mehrere Tagreisen von der Hauptstadt entfernt ist, so daß sie von einer Heerschau zur anderen nicht genug Zeit finden, nach Hause zu wandern, ihr Feld zu bestellen, sich mit Lebensmitteln zu versehen und wieder zurückzukommen.

Militärische Übungen werden nicht abgehalten, und wie man mir sagte, wird der Krieg ohne System und ungefähr in derselben Art geführt, wie bei den ganz wilden Völkern. Wenn sich eine Truppe verloren glaubt, hört die Subordination augenblicklich auf, und die Leute fliehen nach allen Seiten.

Schrecklich ist das Los der Kranken und verwundeten Soldaten, und zwar nicht nur auf der Flucht (da bekümmert sich ohnehin niemand um sie), sondern selbst auf den gewöhnlichen Märschen. Ihre Kameraden sind zwar verpflichtet, für sie zu sorgen, sie zu tragen und zu ernähren; wie kann man aber dies von Leuten verlangen, die Mangel an allem leiden, die durch ausgestandenen Hunger, durch Mühseligkeiten jeder Art oft selbst so geschwächt sind, daß sie nur mit Mühe ihre eigene Person und ihre Waffen weiterschleppen? Gar häufig geschieht es, daß man sich der Armen gewaltsam zu entledigen sucht. Man schlägt sie nicht gerade tot, was unter diesen Verhältnissen beinahe eine Wohltat für sie wäre; aber man schleift sie auf dem Boden nach, gibt ihnen nichts zu essen, ja, nicht einmal einen labenden

Trunk aus der nahen Quelle, und wenn sie kein Lebenszeichen mehr von sich geben, läßt man sie am Wege liegen, ohne zu untersuchen, ob sie wirklich tot sind. Auf den Märschen gehen unglaublich viele Menschen zu Grunde. Im letzten Krieg z. B., den die Königin vor zwei Jahren mit den Seklaven führte, wurden 10 000 Mann ins Feld gesandt; von diesen starb mehr als die Hälfte während des Marsches aus Mangel an Nahrung, viele liefen davon, und als das Heer auf dem Kriegsschauplatz anlangte, zählte es kaum mehr als 3000 Mann.

Die Gefangenen sind viel besser daran, denn für sie wird Sorge getragen, weil man aus ihrem Verkauf Nutzen zieht; ja selbst als Sklaven sind sie bei weitem nicht in einer so unglücklichen Lage wie die Soldaten oder Bauern. Ihre Herren kleiden, nähren und beherbergen sie, und mit Arbeit werden sie auch nicht überladen, denn in diesem Fall setzt sich der Eigentümer der Gefahr aus, seinen Sklaven zu verlieren, weil er ihm davonläuft ... und von flüchtigen Sklaven wird selten einer eingeholt, da es weder Polizei noch sonstige Aufsicht im Land gibt. Der Herr kann freilich, wie ich schon früher erwähnt habe, seinen Sklaven mit dem Tod bestrafen, die Regierung kümmert sich nicht darum; doch hält ihn natürlicherweise sein eigenes Interesse davon ab. Viele Sklaven geben ihren Herren eine jährliche kleine Abgabe an Geld und leben wie freie Leute – manche halten sogar selbst wieder Sklaven, die sie für sich arbeiten lassen.

Nach der Heerschau zog das Offizierkorps mit der Musik an unserem Haus vorbei, um Herrn Lambert zu bewillkommnen. Die Offiziere waren wie die in Tamatavé größtenteils auf europäische Art gekleidet und sahen nicht minder komisch und lächerlich aus. Der eine trug einen Frack, dessen Schöße bis an die Fersen reichte, ein anderer einen Rock aus geblümtem Kammertuch, ein dritter eine halbverbleichte rote Jacke, die einst einem englischen Marine-Soldaten gedient haben mochte. Ebenso verschiedenartig und ausgesucht war die Kopfbedeckung. Da gab es Stroh- und Filzhüte in allen Größen und Farben, Mützen und Kappen von nie gesehenen Formen. Die Generale trugen Zweispitzer wie die europäischen und waren beritten.

Die militärischen Grade sind hier ganz den europäischen nachgebildet; sie bestehen aus dreizehn Abstufungen, vom gemeinen Soldaten bis zum Feldmarschall.

Auch die Titel des europäischen Adels war ich so glücklich in Madagaskar vorzufinden; es wimmelte wie an den deutschen Höfen von Baronen, Grafen und Fürsten.

Die Bevölkerung Madagaskars ist in elf Kasten eingeteilt. Zu der elften Kaste gehören die regierenden Häupter, zu der zehnten die Abkömmlinge der königlichen Familie. Nur in dieser Kaste dürfen Geschwister untereinander heiraten, vermutlich, um einer zu großen Nachkommenschaft königlichen Blutes vorzubeugen. Die folgenden sechs Kasten, von der neunten bis einschließlich der vierten, umfassen Adelige höheren und niederen Ranges. Zur dritten Kaste gehört das Volk, zur zweiten Kaste die weißen Sklaven, darunter versteht man alle jene, die früher freie Leute waren und als Kriegsgefangene oder aus Strafe für begangene Verbrechen verkauft wurden, und zur ersten Kaste die schwarzen Sklaven, das heißt jene, die als Sklaven geboren sind.

Ein Adeliger kann sich eine Frau nicht nur aus seiner eigenen Kaste wählen, sondern auch aus den zwei Kasten darunter, nie aber aus einer höheren. Mit einer Sklavin darf er sich auf keinen Fall verheiraten, das Gesetz gestattet nicht einmal ein Liebesverhältnis zwischen einem Adeligen und einer Sklavin. (In dieser Beziehung könnte Madagaskar den von Weißen beherrschten Ländern, in welchem Sklaverei eingeführt ist, zum Vorbild dienen.) Dieses Gesetz soll in früheren Zeiten sehr streng beobachtet worden sein, und entdeckte man ein derartiges Verhältnis mit einem Sklaven, so wurden beide getötet. In der neueren Zeit hat jedoch diese Strenge sehr abgenommen. Wäre dies nicht der Fall, so müßte bei der allgemeinen Sittenlosigkeit, die heutzutage in diesem Lande herrscht, bei weitem der größere Teil der Würdenträger und Adeligen hingerichtet werden – und was würde dann aus dem Hofe werden?! Aber etwas Gutes bewirkt dieses Gesetz trotzdem, denn wenn ein Adeliger seinen Umgang mit einer Sklavin der Gefahr der Entdeckung ausgesetzt sieht, so muß er ihr die Freiheit geben, um der Strafe zu entgehen.

Da hier die Polygamie eingeführt ist, kann jedermann so viele Frauen nehmen, wie er will; bei den Adeligen hat jedoch nur eine gewisse Anzahl der Frauen Anspruch auf den Titel einer rechtmäßigen

Gattin, und die erste Frau behält immer Vorrechte über die nach ihr genommenen. Sie allein wohnt im Hause ihres Gemahls, er wird ihr größere Achtung erweisen, und auch ihre Kinder haben den Vorzug vor jenen der übrigen Frauen. Letztere wohnen jede einzeln in eigenen Häuschen wie die Nebenweiber. Der König kann zwölf rechtmäßige Gattinnen nehmen, die aber alle aus den höchsten Familien sein müssen. Die regierende Königin, ebenso wie ihre Schwestern und Töchter, haben das Recht, ihre Gatten zu verabschieden und neue zu nehmen, so oft es ihnen beliebt.

Unser Frühstück war eben zu Ende, und ich hatte mich in mein Zimmerchen zurückgezogen, als Herr Lambert kam, um mir zu melden, daß uns die Königin zur Vorstellung oder Audienz rufen ließe. Diese Ehre wird den Fremden gewöhnlich erst acht oder zehn Tage nach ihrer Ankunft bewilligt; die Königin schien aber Herrn Lambert vor allen Europäern, die sie bisher besucht hatten, auszeichnen zu wollen, und so ward uns schon am vierten Tag das Glück zuteil, vor ihrer hohen Person erscheinen zu dürfen.

Alle diese Ehrenbezeigungen und Auszeichnungen überraschten Herrn Lambert sehr. Schon auf Mauritius hatte er mir gesagt, daß er am Hof der Königin zwar sehr viele Freunde, aber auch einige höchst gefährliche Feinde besäße, die seine Abwesenheit benützt haben dürften, ihn sowohl bei der Königin als auch beim Prinzen Rakoto auf das ärgste zu verleumden. Was mir aber Herr Lambert damals nicht anvertraute und erst hier gestand, war, daß auch von einer anderen Seite versucht worden war, die Königin gegen ihn einzunehmen, und daß er infolgedessen zu gewärtigen habe, wenn nicht gerade schlecht, so doch immerhin mit einigem Mißtrauen empfangen zu werden.

Ich bekam bei dieser Gelegenheit den ersten wirklichen Einblick in Herrn Lamberts Pläne und Absichten, die freilich nichts weniger als geeignet waren, der Königin eine besondere Neigung für ihn einzuflößen. Als Herr Lambert im Jahre 1855 zum ersten Mal nach Tananariva kam und sah, mit welch unerhörter Grausamkeit die Königin regierte, erwachte in ihm der Wunsch, das unglückliche Volk von dieser Tyrannin zu befreien. Es gelang ihm, die Freundschaft des Prinzen Rakoto zu erwerben, den das Elend seines Volkes ebenfalls tief berührte und der schon damals zu Herrn Lambert gesagt hatte, daß es ihm gleich sei, wer sein Volk regiere, wenn es nur gut und gerecht regiert werde.

Die beiden Herren verständigten sich bald; Herr Lambert schloß mit dem Prinzen Rakoto einen Vertrag ab und nahm sich vor, bei der französischen oder englischen Regierung Unterstützung zu suchen.

Im Jahre 1856 ging er nach Paris, schilderte dem Kaiser in einer Privataudienz das namenlose Elend des Volkes auf Madagaskar und suchte ihn zu bewegen, sich dieses unglücklichen Landes anzunehmen. Aber wo bloß Philanthropie und sonst keine anderen Interessen im Spiele sind, da ist es schwierig, die Teilnahme einer europäischen Regierung zu erregen. Die Audienz blieb ohne Erfolg, ebenso jene, die Herr

Lambert im gleichen Jahr in London bei dem Premierminister Lord Clarendon hatte, und anstatt Vorteile durch diese Schritte zu erlangen, erwuchsen daraus für Herrn Lambert nur Schwierigkeiten und Hindernisse.

Die englische Missions-Gesellschaft erfuhr nämlich alles, was Herr Lambert in bezug auf Madagaskar unternommen hatte. Sie befürchtete, daß, wenn Frankreich die Insel in Besitz nähme, die römisch-katholische Religion allein eingeführt und erlaubt werden dürfte – ein Unglück, das natürlich für die Bewohner viel größer wäre, als jenes, von einem so grausamen Weibe wie die Königin Ranavola regiert zu werden, das nach Laune mit Menschenleben spielt und sie opfert. Die Gesellschaft faßte also den edlen Entschluß, Herrn Lambert auf alle erdenkliche Weise entgegenzuarbeiten, und sandte sogleich einen ihrer Auserwählten, den Missionar Herrn William Ellis, nach Tananariva, um der Königin mitzuteilen, was Herr Lambert gegen sie im Schilde führe.

Herr William Ellis bewies leider bei dieser Gelegenheit, daß auch englische Missionare, wenn es sich darum handelt, etwas durchzusetzen, es verstehen, Wahrhaftigkeit und Aufrichtigkeit bei Seite zu lassen und sich jesuitischer Kunstgriffe zu bedienen. Die ganze Reise des Herrn Ellis bestand – wie meine Leser sehen werden – aus einem Gewebe von »Unwahrheiten« (um nicht Lügen zu sagen) und Erfindungen.

In Mauritius, wo sich Herr Ellis auf der Reise nach Madagaskar aufhielt, erzählte er, daß ihn die Königin Ranavola nach Tananariva berufen habe (erste

Unwahrheit!). In Tananariva angelangt, sagte er der Königin, daß er von der englischen Regierung an sie gesandt worden sei (zweite Unwahrheit!), um ihr zu versichern, daß England nichts sehnlicher wünsche, als mit ihrem Lande fortwährend in demselben freundschaftlichen Verhältnis zu stehen, wie dies unter Georg IV der Fall gewesen war. Er teilte der Königin ferner alles mit, was Herr Lambert in Frankreich und England gegen sie unternommen habe, schilderte diesen als einen sehr gefährlichen Mann, als einen Spion der französischen Regierung, und behauptete, dieser würde in Kürze mit französischen Truppen (dritte Unwahrheit!) kommen, um die Königin zu Gunsten ihres Sohnes zu entthronen.

Hätte diesen verschiedenen Lügen wenigstens ein edler Zweck zu Grunde gelegen, so könnte man sie mit dem ebenfalls jesuitischen Grundsatz entschuldigen: »Der Zweck heiligt die Mittel« – hier aber handelte es sich im Gegenteil darum, eine Unternehmung, die das Wohl eines ganzen Volkes betraf, ein rein christliches, menschenfreundliches Werk zu erschweren oder gar unmöglich zu machen. Eine Missions-Gesellschaft sollte die Nächstenliebe wahrlich besser verstehen, die Gebote der Religion nicht so weit vergessen und bedenken, daß sie mit Politik nichts zu schaffen hat.

Der Beruf eines Missionars ist der schönste, den es geben kann. Nicht leicht bietet ein anderer so viel Gelegenheit, Edles und Gutes zu wirken; aber es ist ein Unglück, daß die meisten Missionare sich mehr um die Welthändel, als um die Verbesserung der

Menschen bekümmern, und statt Milde, Eintracht und Duldung zu lehren und auszuüben, ihren Anhängern nichts eifriger predigen, als jede andere Sekte zu hassen, zu verachten und womöglich zu verfolgen. (Ich verweise meine Leser auf das, was ich schon in meinen früheren Werken über Missionare, besonders über die englischen und nordamerikanischen, geschrieben habe.)

So kam auch Herr Ellis, anstatt mit dem Ölzweig, mit dem Schwert nach Tananariva. Bei der Königin verriet und verleumdete er Herrn Lambert, und dem Prinzen Rakoto hielt er eine lange Predigt über dessen unerhörtes Vergehen, sich gegen seine edle Mutter empören zu wollen. Er sagte dem Prinzen, daß der englische Hof, als er davon gehört habe, so betrübt gewesen sei, daß er Trauer angelegt habe (vierte, höchst lächerliche Unwahrheit!).

Der Prinz war so herablassend, sich diesem Manne gegenüber zu entschuldigen, und erwiderte ihm, daß, wenn er (der Prinz) seine Mutter bloß in der Absicht vom Thron zu entfernen suchte, um sich selbst hinaufzuschwingen, er (der Missionar) mit seinen Vorwürfen vollkommen recht hätte. Dies sei jedoch nicht der Fall, und sein einziger Wunsch bestehe darin, daß der Königin nur die Macht benommen würde, Grausamkeiten zu begehen; alles übrige gönne er ihr gerne, und für sich selbst verlange er nicht das geringste.

Herr Ellis erzählte sowohl in Tananariva wie in Mauritius, daß Herr Lambert den Prinzen um die Unterschrift des Kontraktes betrogen habe (fünfte

Unwahrheit!), der Prinz sei durchaus nicht dazu bereit gewesen, einen Privat-Vertrag mit Herrn Lambert einzugehen; letzterer habe ihn zu einem großen Festessen geladen, betrunken gemacht und in diesem Zustand zur Unterzeichnung gedrängt. Als der Prinz am folgenden Tag davon in Kenntnis gesetzt worden sei, habe ihn diese hinterlistige Handlungsweise so sehr gegen Herrn Lambert aufgebracht, daß er ihn für immer aus seiner Gegenwart verwiesen habe. Dieser poetischen Erdichtung fügte Herr Ellis in Mauritius noch hinzu, daß er Herrn Lambert nicht raten möchte, je wieder nach Madagaskar zu gehen, denn er hätte von dem Haß und von der Verachtung sowohl der Königin als auch des Prinzen Rakoto das ärgste zu befürchten.

In Tananariva erzählte mir der Prinz persönlich die Geschichte von der Unterzeichnung des Vertrages. Er ließ ihn mir sogar lesen und gab mir die Versicherung, daß die Geschichte von der Berauschung erfunden, daß er in vollkommener Kenntnis von dem gewesen sei, was er unterzeichnet habe, und daß er diesen Schritt nicht im geringsten bereue. Ich wollte, Herr Ellis hätte gesehen, mit welcher Erbitterung, mit welcher Verachtung der Prinz bei dieser Gelegenheit seiner gedachte.

Auch der sechsten und letzten Unwahrheit, die dieser Herr bei seiner Rückkehr von Madagaskar nach Mauritius mitbrachte, muß ich widersprechen. Er rühmte sich überall der guten Aufnahme, die er in Tananariva gefunden, und der großen Gunst, in welcher er bei der Königin und dem Prinzen gestanden.

Diese Gunst war so groß, daß er nach kaum vierwöchigem Aufenthalt aus Tananariva fortgeschafft wurde. Er ersuchte um die Erlaubnis, länger bleiben zu dürfen, und führte als Grund an, daß die Zeit des Fiebers nicht vorüber sei, daß es im Gegenteil in den Niederungen noch sehr stark herrsche, daß er Frau und Kinder habe – die Königin möge dies berücksichtigen und ihn nicht der Gefahr des Todes aussetzen. Alles war aber umsonst: er mußte Tananariva verlassen. Die Königin war höchst aufgebracht gegen ihn, weil er mehrere Bibeln verteilt, und Prinz Rakoto war wütend, weil er Herrn Lambert so verleumdet hatte.

Doch genug von diesen Intrigen und Unwahrheiten, die leider weder der englischen Missions-Gesellschaft noch Herrn Ellis Ehre machen.

UNSERE VORSTELLUNG BEI HOF FAND AM 2. JUNI STATT

Gegen 4 Uhr nachmittags ließen wir uns zum Palast tragen, über dessen Eingangspforte ein großer, vergoldeter Adler mit ausgebreiteten Flügeln schwebte. Wir überschritten der Etiquette gemäß die Schwelle zuerst mit dem rechten Fuß, und ebenso die einer zweiten Pforte, die nach einem großen Hofraum vor dem Palast führte. Hier sahen wir die Königin auf dem Balkon des ersten Stockwerkes sitzend; wir mußten uns im Hof ihr gegenüber in einer Reihe aufstellen. Unter dem Balkon standen Soldaten, die einige Exerzitien machten, wovon das letzte umwerfend komisch aussah – es bestand darin, daß sie den rechten Fuß plötzlich hochzogen, als hätte sie die Tarantel gestochen.

Die Königin war nach der Landessitte in einen weiten seidenen *Simbu* gehüllt, und als Kopfschmuck trug sie eine ungeheure goldene Krone. Obwohl sie im Schatten saß, wurde doch über ihrem Haupte ein sehr großer, hochrotseidener Schirm aufgespannt gehalten; es gehörte dies zum königlichen Prunk. Sie ist von ziemlich dunkler Hautfarbe, von kräftigem Körperbau, und obwohl bereits 75 Jahre alt, zum Unglück des armen Landes noch rüstig und munteren

Geistes. Einst soll sie dem Trunke sehr ergeben gewesen sein, sie hat aber diesem Laster schon seit Jahren entsagt.

Auf der rechten Seite der Königin stand ihr Sohn, der Prinz Rakoto, auf der linken ihr Adoptiv-Sohn, der Prinz Ramboasalama; hinter ihr saßen und standen einige Nichten, Neffen nebst anderen Verwandten männlichen und weiblichen Geschlechts und mehrere Große des Reiches. Der Minister, der uns zum Palast geführt hatte, hielt eine kurze Rede an die Königin, nach welcher wir uns dreimal verbeugten und die Worte sagen mußten: »Esaratsara tombokoe«, was soviel heißt wie »Wir begrüßen dich bestens.« Sie antwortete darauf »Esaratsara«, was soviel bedeutet wie »Schon gut«. Wir schritten dann nach links, um das Grabmal des Königs Radama, das einige Schritte seitwärts liegt, mit drei Verbeugungen zu begrüßen, worauf wir wieder auf unseren früheren Platz vor dem Balkon zurückkehrten und abermals drei Verbeugungen machten.

Herr Lambert hielt bei dieser Gelegenheit ein Goldstück von 50 Franken in die Höhe und legte es in die Hand des uns begleitenden Ministers. Diese Gabe, die jeder Fremdling entrichten muß, wenn er das erste Mal bei Hofe vorgestellt wird, heißt *Manasina*; sie braucht aber nicht aus einem Fünfzigfrankenstück zu bestehen, die Königin begnügt sich auch mit einem spanischen Thaler oder einem Fünffrankenstück. Herr Lambert hatte übrigens schon bei der Gelegenheit des *Sambas-Sambas* ein Fünfzigfrankenstück gespendet.

Nach der Ablieferung des Goldstückes fragte die Königin Herrn Lambert, ob er ihr etwas zu sagen habe oder etwas wünsche, worauf dieser mit Nein antwortete. Auch an mich geruhten sich Ihre Majestät zu wenden und mich zu fragen, ob ich gesund sei und das Fieber nicht bekommen habe. Dem Wechselfieber entgeht der Fremde selbst in der guten Jahreszeit höchst selten. Herr Lambert bekam schon am zweiten Tag nach unserer Ankunft in Tananariva einen leichten Anfall und in der Folge setzte es uns beiden gar arg zu. Nach der Beantwortung dieser Frage blieben wir noch einige Minuten stehen und betrachteten uns gegenseitig, dann gingen die Verbeugungen und Begrüßungen wieder von vorne an; auch vom Grabmal Radamas mußten wir Abschied nehmen, und im Hinausgehen wurden wir abermals darauf aufmerksam gemacht, ja nicht etwa die Schwelle zuerst mit dem linken Fuße zu überschreiten.

Auf diese Art erteilt die stolze Königin von Madagaskar Fremdlingen Audienz; sie dünkt sich viel zu groß und zu erhaben, Fremde gleich das erste Mal in ihre unmittelbare Nähe kommen zu lassen. Hat man das hohe Glück, ihr ganz besonders zu gefallen, so wird man später wohl in den Palast selbst eingeführt, nie aber bei der ersten Audienz.

Der königliche Palast ist ein sehr großes hölzernes Gebäude aus einem Erdgeschoß und zwei Stockwerken und mit einer ungewöhnlich hohen Bedachung versehen. Die Stockwerke sind mit breiten Galerien umgeben. Rings um das Gebäude erheben sich hölzerne, 80 Fuß hohe Säulen, die das Dach tragen, das zeltartig noch 50 Fuß höher steigt und dessen Mittelpunkt auf einer Säule ruht, die nicht weniger als 120 Fuß Höhe mißt. Alle diese Säulen, die im Mittelpunkt nicht ausgenommen, bestehen aus einem einzigen Stamm, und wenn man bedenkt, daß die Wälder, in welchen es Bäume gibt, die groß genug sind, um ähnliche Säulen zu liefern, 50 bis 60 englische Meilen von der Stadt entfernt liegen, daß die Wege durchaus ungebahnt und teilweise beinahe ungangbar sind und daß alles ohne Beihilfe eines Lasttiers oder einer Maschine herbeigeschleppt, mit den einfachsten Werkzeugen bearbeitet und aufgestellt wurde, so muß man den Bau dieses Palastes ein wahres Riesenwerk nennen, das man den Wundern der Welt beizählen könnte. Mit der Herbeischaffung der höchsten Säule allein waren 5000 Menschen beschäftigt, und zu ihrer Aufstellung benötigte man zwölf Tage.

Alle diese Arbeiten verrichtete das Volk als Frondienst, ohne dafür Lohn oder Kost zu bekommen. Wie man mir sagte, sind während des Baues 15 000 Menschen der schweren Arbeit und dem Mangel an Lebensmitteln erlegen. Das kümmert jedoch die Königin sehr wenig, und die halbe Bevölkerung mag zu Grunde gehen, wenn nur ihre hohen Befehle ausgeführt werden.

Vor dem Hauptgebäude ist ein schöner Hofraum freigelassen, um welchen mehrere hübsche Häuser stehen, alle ebenfalls aus Holz. Im Hauptgebäude selbst wohnt niemand, es enthält bloß große Prunk- und Festgemächer, und die eigentlichen Wohn- und

Schlafzimmer der Königin befinden sich in einem der Seitengebäude, welches mit dem Palast durch eine Galerie in Verbindung steht.

Auf der linken Seite schließt sich der »Silberne Palast« an das Hauptgebäude an, so genannt, weil alle Kanten der Wölbungen, mit welchen dieses Gebäude verziert ist, sowie Tür- und Fensterrahmen mit unzähligen silbernen Glöckchen behangen sind. Dieser Palast ist die Residenz des Prinzen Rakoto, der ihn jedoch nur sehr selten benützt. Gewöhnlich bewohnt er sein Haus in der Stadt.

Neben dem silbernen Palast steht das Grabmal des Königs Radama, ein ganz kleines hölzernes Häuschen ohne Fenster, das aber eben durch den Mangel an Fenstern und dadurch, daß es auf einem Piedestal steht, den Anstrich eines Monumentes gewinnt.

Auf Madagaskar herrscht der sonderbare Brauch, daß wenn ein König stirbt, man ihm seinen ganzen Schatz an Gold, Silberzeug und anderen Kostbarkeiten mit ins Grab legt. Freilich kann der Erbe den Schatz im Fall der Not wieder beheben, und soviel ich in Erfahrung bringen konnte, soll dies auch jedesmal geschehen sein.

Radamas Schatz wird nur auf 50 000 Piaster geschätzt, dagegen jener seines Vaters auf eine Million. Der Schatz oder das Vermögen der jetzt regierenden Königin beläuft sich, wie man mir sagte, auf 5 bis 600 000 Thaler. Letztere Summe kann sie beinahe ohne den geringsten Abzug ihrem Schatz beifügen, da sie weder für ihre Regierung noch für ihre Person irgendeine Ausgabe zu machen hat; denn was die Regierung anbelangt, so muß das Volk alle Dienste umsonst leisten, so wie auch jede Staatsausgabe auf das Volk verteilt wird, und was die königliche Person betrifft, so ist sie Eigentümerin des Landes und besitzt eine Unzahl von Sklaven, die für alle Bedürfnisse ihres Haushaltes zu sorgen haben. Selbst die Kleider, die sie trägt, sind zum größten Teil aus Stoffen verfertigt, die im Lande selbst erzeugt und von ihren Sklaven und Sklavinnen gewebt und verarbeitet werden.

Unter den Eingeborenen soll es in Tananariva einige geben, die ein Vermögen von mehr als 100 000 Thalern besitzen; sie halten aber ihren Reichtum geheim, denn bekäme die Königin Nachricht von dem Vorhandensein eines solchen Schatzes, so könnte in ihr leicht die Lust erwachen, denselben zu heben. Der ganze Reichtum der Insel an barem Geld wird auf höchstens 3,000 000 Thaler geschätzt. Den Schatz, den die Königin besitzt, gönne ich ihr gerne; aber das größte Glück für Madagaskars Bevölkerung wäre es, wenn er recht bald begraben würde, natürlich in Gesellschaft ihrer eigenen hohen Person. Sie ist unstreitig eines der grausamsten und stolzesten Weiber auf dem ganzen Erdenrund, und ihre Geschichte liefert nichts als Greueltaten und Blutszenen. Gering gerechnet verlieren auf Madagaskar jährlich zwischen 20 und 30 000 Menschen ihr Leben, teils durch Hinrichtungen und Vergiftungen, teils durch vorsätzlich auferlegte harte Arbeiten, durch Kriege usw. Wenn die Regierung dieses Weibes noch lange dauert, so wird die schöne Insel am Ende ganz entvölkert;

schon jetzt soll die Bevölkerung um die Hälfte geringer sein, als sie es zu König Radamas Zeiten war, und Tausende von Dörfern sind bereits spurlos von der Erde verschwunden.

Hinrichtungen und Metzeleien finden oft im Großen statt und treffen hauptsächlich die Seklaven, die der Königin am verhaßtesten zu sein scheinen; aber auch mit den Malegaschen und den übrigen Nationen geht sie nicht viel glimpflicher um, und die einzige Rasse, die einigermaßen Gnade in ihren Augen findet, ist, wie bereits bemerkt, die der Hovas, aus welcher sie selbst stammt.

Einst waren die Hovas von allen Völkern Madagaskars das am meisten verachtete und verabscheute; man betrachtete sie ungefähr so, wie in Indien die Parias. Erst unter König Radama – und besonders unter der jetzigen Königin – hat sich dieses Volk hervorgetan und durch Tapferkeit, Intelligenz und Ehrgeiz den ersten Platz errungen. Leider ist es aber dadurch nicht edler geworden, und seine guten Eigenschaften werden von den schlechten stark überwogen, ja, wie mir Herr Laborde sagte, vereinigt der Hova sämtliche Laster aller Völker auf der Insel: Lüge, Betrug und Verstellung sind bei ihnen nicht nur vorherrschende, sondern so hochgeschätzte Laster, daß man sie den eigenen Kindern so früh als möglich beizubringen sucht. Unter sich leben die Hovas in immerwährendem Mißtrauen, und Freundschaft gehört bei ihnen zu den unmöglichen Dingen. Was ihre Schlauheit und List anbelangt, so soll sie das Unglaubliche leisten, und der geübteste Diplomat

Europas könnte bei ihnen noch in die Schule gehen. Die Hovas sind malaischen Ursprungs und unstreitig minder häßlich als die übrigen Völker Madagaskars; ihre Züge haben weniger von dem Negertypus und sind selbst besser geformt als jene der Malaien auf Java und dem indischen Archipel; ihr Körper ist größer und kräftiger gebaut. Die Haut spielt in alle Farben, vom Olivgelb bis in das Dunkelrotbraun. Manche sind sehr hell; dagegen bemerkte ich viele, besonders unter den Soldaten, deren Hautfarbe so stark in das Rötliche geht, daß ich sie viel eher für Rothäute gehalten hätte als die Indianer Nordamerikas, die man mit diesem Namen bezeichnet. Augen und Haare sind schwarz, letztere lang und wollig gekraust.

Aber selbst die Hovas, das Lieblingsvolk der Königin, werden mit eiserner, blutiger Hand regiert, und wenngleich nicht zu Hunderten und Tausenden hingerichtet, wie die übrigen Nationen, so doch auch für ganz unbedeutende Verbrechen mit dem Tode bestraft.

Blut und immer Blut, das ist der Wahlspruch der Königin Ranavola, und es scheint diesem bösen Weibe wohl jeder Tag verloren, an welchem es nicht wenigstens ein halbes Dutzend Todesurteile unterzeichnen kann.

Damit meine Leser besser die Königin kennenlernen, deren sich die englische Missions-Gesellschaft in ihrer Nächstenliebe so warm angenommen hat, welcher der Missionar Herr Ellis das Wort zu sprechen wagte und die er auf dem Thron zu erhalten suchte, will ich einige der vielen Greuelszenen anführen, die auf ihren Befehl über das unglückliche Land verhängt worden sind, und von denen die erste allein genügen würde, den Namen Ranavola für ewig zu brandmarken.

Im Jahre 1832, zu einer Zeit, da das Heer noch gut geschult und die von König Radama eingeführte Disziplin noch nicht ganz vergessen war, eroberte die Königin einen großen Teil der östlichen Küste, deren Großteil der Bevölkerung aus Seklaven besteht. Sie befahl allen Männern des besiegten Landes, sich an einem bestimmten Ort einzufinden, um ihr zu huldigen. Als die Leute, 25 000 an der Zahl, versammelt waren, wurde ihnen befohlen, die Waffen niederzulegen, worauf man sie auf einen großen Platz führte und ganz mit Militär umstellte. Hier mußten sie niederknien, um auf diese Art ihre Unterwürfigkeit zu bezeugen; kaum war dies jedoch geschehen, so fielen die Soldaten über die Unglücklichen her und metzelten sie alle nieder. Ihre Weiber und Kinder wurden als Sklaven verkauft.

Solches Los trifft die Besiegten; aber viel besser ist jenes der Untertanen auch nicht.

So wurde z. B. im Jahre 1837 der Königin von ihren Ministern berichtet, daß es unter dem Volk sehr viele Zauberer, Diebe, Grabesschänder und andere Verbrecher gäbe. Die Königin ließ sogleich einen *Kabar* (Gerichtsverhandlung) von sieben Wochen ausschreiben und gleichzeitig dem Volk verkünden, daß sie allen jenen Verbrechern, die sich selbst angäben, das Leben schenken, dagegen jene, die dies nicht täten, mit dem Tod bestrafen würde. Es ergab sich eine Totalsumme von nahezu 1600 Personen; ungefähr 1500 hatten sich dem Gericht freiwillig gestellt, 96 waren denunziert worden. Von diesen 96 wurden 14 verbrannt, und die übrigen 82 teils über einen hohen Felsen gestürzt, der innerhalb des Stadtgebietes von Tananariva liegt und schon Tausenden das Leben kostete, teils in eine Grube geworfen und mit kochendem Wasser übergossen, teils durch die Lanze hingerichtet oder vergiftet. Einige wurden geköpft, mehreren wurde ein Glied nach dem anderen abgeschnitten; der qualvollste Tod aber traf den letzten, den man in eine Matte einnähte, so daß nur der Kopf frei blieb – er mußte lebendigen Leibes verfaulen.

Jene, die sich selbst angegeben hatten, wurden zwar dem königlichen Versprechen gemäß nicht hingerichtet; allein es erging ihnen noch viel schlechter als den zum Tode Verurteilten. Die Königin erklärte, daß es zu gefährlich sei, eine so große Anzahl von Verbrechern freizulassen, und daß man sie jedenfalls wenigstens unschädlich machen müsse. Sie ließ ihnen schwere Eisen um den Hals und um die Handgelenke schmieden, und je vier bis fünf der Unglücklichen mittels 18 Zoll langer und sehr dicker eiserner Stangen aneinander schmieden. Nach dieser Operation waren sie frei, das heißt, sie konnten hingehen, wo sie hin wollten; nur gab es überall Wächter, die streng darauf zu achten hatten, das keines der Eisen losgefeilt würde. Starb einer von der Gruppe, so mußte ihm der Kopf abgeschnitten werden, um den Körper von dem Halseisen befreien zu können, und die Eisen des Verstorbenen blieben den noch Lebenden zur Last, so daß diese am Ende sich kaum mehr vom Platz schleppen konnten und unter dem schweren Gewicht jämmerlich zu Grunde gingen.

Im Jahre 1855 fiel es einigen Leuten in der Provinz Bonizonga unglücklicherweise ein zu behaupten, daß sie ein Mittel entdeckt hätten, die Hand eines Diebes, wenn er sie nach etwas ausstrecke, unsichtbarerweise festzumachen, so daß er sie nicht bewegen und nicht von der Stelle kommen könne. Als die Königin davon hörte, befahl sie, die Leute streng zu bestrafen, denn, wie sie meinte, könnte sie selbst einmal in diese Provinz kommen und durch ähnliche Hexereien getötet werden. Zweihundert Personen wurden gefangen genommen und zum *Tanguin* verurteilt, wovon 180 starben.

Das *Tanguin* (Vergiftung) wird sehr häufig und über Leute jeden Standes, über dem Hochadel wie über die Sklaven verhängt; es genügt dazu der bloßen Beschuldigung irgend eines Verbrechens. Jedermann kann den Ankläger machen; er braucht keine Beweise vorzubringen. Das einzige, was er zu tun hat, ist 28 1/2 Thaler zu hinterlegen. Dem Beschuldigten wird nicht erlaubt, sich zu verteidigen; er muß sich der Giftprobe unterwerfen. Kommt er mit dem Leben davon, so gibt man ihm einen Drittel des hinterlegten Geldes, das zweite Drittel gehört der Königin, und das dritte wird dem Ankläger zurückgegeben. Stirbt der Beschuldigte, so erhält der Ankläger sein Geld zurück, weil in diesem Falle seine Anklage als erwiesen betrachtet wird.

Die Vergiftung geschieht auf folgende Art: das Gift stammt aus dem Kern einer Frucht, welche die Größe eines Pfirsiches hat und auf dem Baum *Tanguinia veneniflora* wächst. Der *Lampi-tanguine* (so heißt der Mann, der das Gift eingibt) bestimmt den Tag, an dem der Verurteilte es einzunehmen hat. Er darf schon 48 Stunden vor dem festgesetzten Tag nur sehr wenig, und in den letzten 24 Stunden gar keine Nahrung zu sich nehmen. Seine Verwandten begleiten ihn zum Giftmischer. Hier muß sich der Angeklagte entkleiden und schwören, zu keiner Zauberei Zuflucht genommen zu haben. Der *Lampi-tanguine* schabt dann mit einem Messer so viel Pulver vom Kern, wie er für nötig hält. Bevor er dem Beschuldigten das Gift eingibt, fragt er ihn, ob er sein Verbrechen eingestehen wolle, was dieser jedoch nie tut, da er das Gift dennoch einnehmen müßte. Der *Lampi-tanguine* legt das Gift auf drei Stückchen Haut, die aus dem Rücken eines fetten Huhnes geschnitten und ungefähr zollgroß sind, rollt sie zusammen und heißt den Beschuldigten, sie zu schlucken.

In früheren Zeiten starben beinahe alle, die dieses Gift nahmen, unter den heftigsten Schmerzen und Zuckungen; seit ungefähr zehn Jahren ist aber jenen erlaubt, die nicht von der Königin selbst zum *Tanguin* verurteilt werden, folgendes Mittel dagegen anzuwenden: Sobald der Beschuldigte das Gift genommen hat, geben ihm seine Verwandten Reiswasser in solcher Menge zu trinken, daß oft der ganze Körper anschwillt, wodurch gewöhnlich ein schnelles, heftiges Erbrechen bewirkt wird. Hat der Vergiftete das Glück, nicht nur das Gift, sondern auch die drei Häutchen – und zwar letztere unversehrt – zu erbrechen, so wird er für schuldlos erklärt und seine Verwandten bringen ihn im größten Triumph unter Jubel und Gesang nach Hause. Bleibt aber eines der Häutchen zurück oder ist es beschädigt, so rettet er das Leben nicht – er wird in diesem Fall durch die Lanze oder eine andere Art getötet.

Einer von den Adeligen, die häufig unser Haus besuchten, war vor mehreren Jahren dazu verurteilt worden, das *Tanguin* zu nehmen. Er erbrach glücklicherweise das Gift und die drei Häutchen, alle drei vollkommen unversehrt. Sein Bruder lief eilig zu der Gattin, ihr dieses freudige Ereignis zu verkünden, und die Arme wurde davon so ergriffen, daß sie besinnungslos zu Boden sank. So viel Gefühl bei einer der hiesigen Frauen zu finden, schien mir ganz ungewöhnlich, und ich wollte es kaum glauben. Da erfuhr ich aber, daß, wenn ihr Mann gestorben wäre, man sie eine Hexe genannt und sie wahrscheinlich auch zum *Tanguin* verurteilt worden wäre – die heftige Gefühlsaufwallung war daher wohl mehr eine Folge der Freude über die eigene Rettung als über die des Gatten.

Während meiner Anwesenheit in Tananariva starben einem Weibe plötzlich mehrere Kinder. Man beschuldigte es, die Kinder durch Zauberei getötet zu haben, und verurteilte die Mutter zum *Tanguin*. Die Unglückliche erbrach zwar das Gift und auch zwei der Häutchen, das dritte kam jedoch nicht zum Vorschein. Sie wurde daher erbarmungslos hingerichtet.

Wie schon früher erwähnt, hat die Königin gleich beim Antritt ihrer Regierung das Christentum, das unter König Radama in Madagaskar eingeführt worden war, auf das strengste unterdrückt. Dessenungeachtet soll es noch ziemlich viele Christen auf dieser Insel geben, die natürlich ihren Glauben so geheim wie möglich halten. Trotz aller angewandten Vorsichtsmaßregeln wurde aber dennoch vor ungefähr sechs Jahren in Tananariva eine ganze kleine Gemeinde verraten und aufgegriffen. Die Königin ließ vier von den Unglücklichen verbrennen – eine Strafe, die gewöhnlich nur über Adelige, Offiziere und Soldaten verhängt wird –, vierzehn über den hohen Felsen stürzen und viele andere zu Tode prügeln. Von den übrigen wurden die Adeligen ihrer Titel und Würden enthoben, die Nichtadeligen als Sklaven verkauft. Die aufgefundenen übrigen verbrannte man öffentlich auf dem großen Marktplatz.

Streng sind die Sitten in diesem Land,
junger Freund;
dämpfe das Geräusch deiner Schritte,
laß sie nicht zu laut hallen in den
Straßen;
dämpfe den Klang deiner Stimme;
eines Demütigen würdig sei dein
Benehmen,
unterwürfig und kriechend;

und wenn du ein aufrechter Mann bist,
lege Asche über deine Worte,
damit man deren Glut nicht hört,
verbirg deinen Freimut,
selbst wenn du von hohem Geblüt bist.
(Altes Volkslied aus Imerina)

Eine der geringsten Strafen, zu welchen die Königin ihre Untertanen verurteilt, ist, sie als Sklaven verkaufen zu lassen. Folgende Fälle mögen beweisen, mit welcher Leichtigkeit dies geschieht.

Einst hatte sie spanische Thaler schmelzen und daraus silberne Schüsseln anfertigen lassen. Als man ihr diese brachte, war sie mit der Arbeit nicht ganz zufrieden, berief die Silber- und Goldschmiede in den Palast und trug ihnen auf, eine bessere Arbeit zu liefern. Die guten Leute taten ihr Möglichstes und zu ihrem eigenen Unglück stellten sie schönere Schüsseln her als das erste Mal. Die Königin war damit zufrieden, lobte sie, und als Belohnung befahl sie ... die ganze Zunft als Sklaven zu verkaufen, auch jene, die gar nicht an der Arbeit beteiligt gewesen waren, und zwar mit der Begründung, daß sie nicht gleich das erste Mal so schöne Schüsseln geliefert hatten, als sie es zu tun im Stande waren.

Ein anderes Mal verloren viele Personen ihre Freiheit infolge eines Sterbefalles in der königlichen Familie. Wenn ein Adeliger, aus was für einer Kaste auch immer, stirbt, hat die vierte Kaste die Verpflichtung, ihm das Sterbetuch überzuwerfen und den Leichnam in das Grab zu senken. Der Verstorbene war aber in Ungnade gefallen und von der Stadt verbannt gewesen, auch wurde vom Hof keine Trauer für ihn angelegt. Unter diesen Umständen befürchteten die Adeligen der vierten Kaste der Königin zu mißfallen, wenn sie dem Toten die letzte Ehre erwiesen, also überließen sie dies den Leuten aus dem Volk. Kaum aber wurde die Königin davon unterrichtet, verurteilte sie die ganze Kaste zu einer Strafe von 400 Thalern und ließ 126 Personen, darunter Weiber und Kinder, als Sklaven verkaufen.

Oft geraten sämtliche Bewohner eines Dorfes in Sklaverei, bloß weil sie vom Fleisch eines gestohlenen Ochsen genossen haben. Der Diebstahl eines Ochsen wird nämlich mit dem Tode bestraft; gehört aber der gestohlene Ochse der Königin, so wird nicht nur der Dieb hingerichtet, sondern alle Leute, die vom Fleisch gegessen haben, werden als Sklaven verkauft, und da man sich nicht die Mühe nimmt zu untersuchen, wer dies getan oder unterlassen hat, trifft, wie gesagt, die Strafe das ganze Dorf, in dem der Ochse verkauft und geschlachtet worden war. Nur das Kind an der Mutterbrust wird verschont, weil man voraussetzt, daß ein Säugling kein Fleisch ißt.

Ein nicht geringeres Verbrechen von Seite der Untertanen ist es, zu Wohlhabenheit und Reichtum zu gelangen, und es zieht ihnen dies, sobald es bekannt wird, die größten Verfolgungen zu. Erfährt die Königin z. B., daß eine Ortschaft etwas reich an Vieh, an Reis oder anderen Dingen geworden ist (von Geld kann natürlich bei Dorfbewohnern nicht die Rede sein), so stellt sie den Leuten irgendeine Aufgabe, die sie nicht vollbringen können; sie fordert von ihnen so und so viel Holz oder Steine oder sonstige Gegenstände innerhalb einer bestimmten Zeit nach einem bestimmten Ort zu schaffen. Die Qualität der Gegenstände ist aber so groß und die zu ihrer Herbeischaffung angewiesene Zeit so kurz, daß die Leute beim besten Willen und mit größter Anstrengung es nicht schaffen können. So werden sie dann zu Geldstrafen von einigen hundert Thalern verurteilt, und da sie diese nicht besitzen, müssen sie ihr Vieh, ihren Reis, ihre Sklaven, ja häufig sich selbst verkaufen.

Einzelne Reiche werden mitunter auf folgende Art ausgeplündert: Ein *Tsitialenga* (das bedeutet: einer der nicht lügt) geht von Soldaten begleitet in das Haus des ausersehenen Opfers; hier steckt er seine Lanze in den Boden, beschuldigt das Haupt der Familie irgend eines Vorgehens gegen die Regierung, eines Schimpfwortes an die Adresse der Königin oder sonst eines Verbrechens, nimmt den Beschuldigten gefangen und führt ihn vor den Richter. Verliert er den Prozeß, so wird seine ganze Habe konfisziert, gewinnt er ihn, so geht sein halber Besitz in Bestechungen und anderen Kosten auf, denn obgleich Madagaskar ein halbwildes Land ist, so verstehen die Richter ihr Geschäft dennoch ebensogut wie ihre Kollegen in manchen der zivilisierten Staaten Europas.

Doch mit Hinrichtungen, Vergiftungen, Sklaverei, Beraubungen und anderen Strafen ist bei weitem noch nicht alles abgetan; was Bosheit und Grausamkeit anbelangt, ist der Scharfsinn der Königin Ranavola unerschöpflich. So hat sie denn auch andere Mittel ersonnen, die armselige Bevölkerung zu verdünnen oder noch mehr ins Elend zu bringen. Eines dieser Mittel, das von Zeit zu Zeit angewendet wird, ist eine Reise der Königin.

Beispielsweise begab sich die Königin im Jahre 1845 in die Provinz Manerinerina, um sich vorgeblich mit Büffel-Treibjagden zu unterhalten. Auf dieser Reise begleiteten sie mehr als 50 000 Personen; sie hatte alle Adeligen, alle Offiziere aus der nahen und weiten Umgebung von Tananariva dazu eingeladen, und damit der Zug recht pomphaft erscheine, mußte jeder seine sämtlichen Diener und Sklaven mitnehmen. 10 000 Soldaten marschierten mit, ebensoviele Träger, und 1200 Mann gingen stets eine Tagreise voraus, um die Wege breiter zu machen und auszubessern. Auch die Bewohner der Dörfer, an denen die Königin vorüberkam, wurden nicht verschont, und von jeder Ortschaft mußte wenigstens ein Teil der Einwohner mit Weibern und Kindern dem Zuge folgen. Viele aus dem Volk wurden gleich den Wegbereitern vorangeschickt, um das Nachtquartier der Königin vorzubereiten – eine nicht geringe Arbeit, da die Häuser oder Zelte, die für die königliche Familie bestimmt waren, von einem hohen Erdwall umgeben werden mußten, damit Ihre Hohe Majestät nicht etwa während der Nacht von Feinden überfallen und ihrem geliebten Volk geraubt würde.

Da die erhabene, menschenfreundliche Frau bei einer solchen Reise nur für ihren eigenen Unterhalt Vorsorge trifft und ihren Begleitern nichts anderes gibt als die Erlaubnis, sich von den Lebensmitteln zu ernähren, die jeder selbst mitbringt (vorausgesetzt, daß er dies kann), tritt unter den Soldaten, dem Volk und den Sklaven nur zu bald Hungersnot ein. Dies war auch bei jener Reise der Fall, und in den vier Monaten, die sie dauerte, sollen an 10 000 Menschen, darunter besonders viele Weiber und Kinder, gestorben sein. Selbst der größte Teil der Adeligen litt die härtesten Entbehrungen, denn wo es noch einigen Reis gab, wurde er zu einem so hohen Preis verkauft, daß nur die Reichsten und Vornehmsten ihn bezahlen konnten.

In den ersten Jahren der Regierung der Königin Ranavola, als sie sich noch nicht sicher genug auf dem Thron fühlen mochte, um ihre Grausamkeit an den eigenen Untertanen auszulassen, war ihr Haß hauptsächlich gegen die Nachkommen des Königs Radama und gegen die Europäer gerichtet. Was letztere anbelangt, so hielt sie häufig Beratschlagungen mit ihren Ministern und anderen hohen Würdenträgern über die Mittel, diese verwünschte Rasse fern von ihrem Land zu halten. Wie mir Herr Laborde erzählte, sollen bei dieser Gelegenheit die aberwitzigsten und lächerlichsten Vorschläge ans Tageslicht gekommen sein. Einer der hochweisen Räte z. B. äußerte den Gedanken, eine sehr hohe, dicke Mauer im Meer rings um Madagaskar aufzurichten, damit sich kein Schiff einem der Hafenplätze nähern könne. Ein zweiter schlug der Königin vor, riesige Scheren anfertigen zu lassen und auf den Wegen aufzustellen, die von den verschiedenen Häfen nach der Hauptstadt führten;

käme ein Europäer daher, klappte man die Schere in dem Augenblick zusammen, in dem er auf sie trete, und der kühne Wagehals wäre entzwei geschnitten. Ein dritter – nicht minder klug – riet der Königin, eine Maschine mit einer großen, eisernen Platte erfinden zu lassen, an welcher die feindlichen Kanonenkugeln abprallen, auf die Schiffe zurückgeworfen und letztere dadurch untauglich würden.

Alle diese Vorschläge wurden von Ihrer Majestät mit viel Beifall, mit großem Lob angenommen; man beriet darüber in der hohen Versammlung tagelang und wochenlang – leider kam aber nichts zur Ausführung.

Noch muß ich eine rührende Szene erwähnen, welche die englische Missions-Gesellschaft wohl nutzen wird, sehr zu Gunsten der Königin Ranavola auszulegen – sollte sie es nicht bereits getan haben.

Die Königin liebt nichts so sehr wie Kämpfe zwischen Stieren, und diese edle Unterhaltung findet häufig im schönen, großen Hofraum vor dem Palast statt. Unter den gehörnten Kämpfern hat sie gar manche Lieblinge; sie erkundigt sich jeden Tag nach deren Wohlsein und trägt Sorge für sie, wie unsere europäischen Damen für ihre Schoßhündchen; wie zuweilen auch diesen, gilt ihr das Wohl ihres vierfüßigen Lieblings bei weitem mehr als das ihrer Freunde oder Diener.

In einem Gefecht fiel nun einst einer dieser Lieblinge, und dazu erst noch der meist bevorzugte. Bisher hatte niemand sie weinen sehen. Es hat sie in ihrem Leben wohl manches Unglück betroffen, denn sie hat ihre Eltern, ihren Mann, einige Kinder, Brüder und Schwestern verloren. Was sind aber diese alle im Vergleich zu ihrem Lieblingstier ...?! Sie weinte bitterlich, und lange, lange war sie untröstlich. Das Tier wurde mit allen Ehren begraben, die einem Großen des Reiches zukommen; man hüllte es in viele Simbus, bedeckte es mit einem großen, weißen Tuch, und Marschälle mußten es zu Grabe tragen. Die Marschälle bewiesen bei dieser Gelegenheit, daß die Rasse der Hofschranzen auch in Madagaskar gedeiht – sie waren stolz auf diese Auszeichnung und rühmen sich ihrer noch heutzutage. Auf das Grab wurden zwei große Steine gesetzt zum Andenken an den geliebten Verblichenen, und man sagt, daß die Königin seiner noch immer mit Wehmut gedenke.

Dieses Grabmal liegt in der inneren Stadt; ich sah es selbst, und gedachte auch mit Wehmut, nicht aber des toten Stieres, sondern des unglücklichen Volkes, das unter dem blutigen Drucke dieser Königin schmachtet – und des nicht minder unglücklichen Sektenhasses, der eine christliche Gesellschaft so weit bringen kann, ein solches Weib in Schutz zu nehmen.

DIE VERSCHWÖRUNG

Am 3., 4. und 5. Juni war ich sehr unwohl, auch bei mir zeigten sich Vorboten des bösen Madagaskar-Fiebers. Glücklicherweise fiel in dieser Zeit nichts Interessantes vor.

Am 6. Juni gab Herr Laborde in seinem Gartenhaus, das am Fuße des Hügels liegt, ein großes Diner zu Ehren des Prinzen Rakoto.

Obwohl das Essen erst um 6 Uhr angesagt war, ließen wir uns doch schon um 3 Uhr dahin tragen. Auf dem Weg kamen wir in der oberen Stadt an einer Stelle vorbei, an welcher 19 große Kanonen (18-Pfünder) aufgestellt sind, die Schlünde auf die untere Stadt gerichtet, auf die Vorstädte und das Tal. Sie stammen aus den Zeiten des Königs Radama, der sie von den Engländern zum Geschenk erhalten hatte. Sie wurden nicht in Tamatavé, sondern an der östlichen Küste in Bombetok ausgeschifft; die Entfernung zwischen diesem Hafenort und der Hauptstadt ist zwar größer als jene von Tamatavé, aber die Wege sind besser, und man kann mehrere Tagreisen lang einen Fluß benützen.

Im Gartenhaus Herrn Labordes angelangt, suchte man uns die Zwischenzeit bis zum Mittagessen auf allerlei Art zu verkürzen und führte uns mehrere einheimische Belustigungen vor, darunter eine der beliebtesten, eine Art »Fußboxen«. Die Leute stießen sich nämlich mit den Füßen, und zwar am ganzen Körper und so heftig, daß ich jeden Augenblick glaubte, einer oder der andere müßte eine Rippe oder ein Bein gebrochen haben. Dieses zarte Spiel steht besonders während des Winters beim Volk in sehr hoher Gunst; es dient den Leuten dazu, sich zu erwärmen. Die kälteste Zeit ist hier vom Monat Mai bis Ende Juli, und der Thermometer fällt oft bis auf vier oder drei, ja manchmal bis auf ein Grad Reamur. Dessenungeachtet bleibt alles grün, die Bäume entlauben sich nicht, und die Landschaften sehen so freundlich und blühend aus wie bei uns mitten im Frühling. Die Bewohner Tananarivas lieben jedoch die Sonnenhitze, und da sie keine Mittel besitzen, sich Holz zu beschaffen, um die mangelnde natürliche Wärme durch eine künstliche zu ersetzen, nehmen sie zum Fußboxen Zuflucht.

Die Reichen lassen durch ihre Sklaven Holz aus den entfernten Waldungen tragen und Feuer anmachen. In Herrn Labordes Haus wurden im Empfangszimmer vom frühen Morgen bis zum späten Abend Kohlenfeuer in einer großen Pfanne unterhalten – natürlich blieb immer die Tür oder ein Fenster offen. Dieser Luxus kostete ihn aber jeden Tag einen Thaler – ein unendlich hoher Preis bei der großen Billigkeit aller übrigen Bedürfnisse.

Nach dem Fußboxen kamen Tänze und gymnastische Übungen an die Reihe; auch an Musik fehlte es nicht. Der Prinz hatte sein Musikkorps vorausgesandt, das einige ganz artige Stücke ziemlich gut vortrug. Weniger Vergnügen fand ich am Gesang einer Schar einheimischer Mädchen, denen einer der bei Herrn Laborde wohnenden Missionare Unterricht gegeben hatte.

Sie wußten eine große Anzahl von Liedern auswendig und kreischten zwar lange nicht so unangenehm, wie die Künstler, die ich bisher gehört; im Gegenteil, sie sangen ziemlich richtig; es war aber doch sehr langweilig, und ich dankte immer Gott, wenn der Schlußakt kam. Kurz vor 6 Uhr erschien der Prinz in Begleitung seines Söhnleins, seiner geliebten Maria und einer Freundin der letzteren. Maria gefiel mir heute noch weniger als vorher. Die Schuld lag an ihrer Aufmachung: Sie war nämlich ganz auf europäische Art gekleidet. Diese übertriebenen, unsinnigen Moden, die Paris in die Welt schickt, kann ich selbst an unseren Mädchen und Frauen nicht reizend finden, und sie stehen nur den wirklich schönen gut, die durch nichts entstellt werden können; wo aber natürliche Schönheit und Grazie fehlen, da wirken unsere Moden geradezu barock und lächerlich – um so mehr an diesen plumpen Gestalten mit den dunklen Affengesichtern. Madame Marie mag ein ganz gutes Geschöpf sein, und ich möchte ihr in keiner Beziehung zu nahe treten; das konnte indes nicht verhindern, daß ich meine Lippen blutig biß, um bei ihrem Anblick nicht laut aufzulachen. Über einem halben Dutzend steifer Reifröcke trug sie ein wollenes Kleid, bis zur Taille hinauf mit breiten Volants und großen Bandschleifen besetzt, die aber anstatt vorn, hinten angebracht waren. Um die Schultern hatte sie einen französischen Schal geschlungen, mit dem sie nicht zurecht kam, und hinter dem wollig gekrausten Pudelkopf saß ein neckisches Rosa-Hütchen auf dem Genick.

Ihre Freundin trug ein Musselin-Kleid und eine Haube von so veralteter Form, daß ich trotz meiner 60 Jahre nie ihresgleichen erblickt. Später erinnerte ich mich, eine ähnliche auf dem Bildnis meiner Großmutter gesehen zu haben, die ungefähr um die Mitte des vergangenen Jahrhunderts gelebt hatte. Die Freundin war noch viel plumper gebaut und hatte viel häßlichere Gesichtszüge als Maria, so daß ich jedesmal förmlich erschrak, wenn mein Blick auf dieses Weib fiel, dessen Äußeres mich an einen verkleideten Kannibalen-Häuptling mahnte.

Das Mittagessen gestaltete sich überaus heiter; nie hatte ich Herrn Lambert so gut gelaunt gesehen, der Prinz scheint es ohnehin immer zu sein. Nach Tisch hielten die Herren Lambert und Laborde in einem Nebenzimmer mit dem Prinzen eine kurze politische Unterredung, an der ich teilnehmen durfte und auf deren Inhalt ich später zurückkommen werde. Der Abend wurde mir leider durch den Sängerchor etwas verdorben. Das reichliche Mittagsmahl schien den guten Damen ganz besondere Kräfte verliehen zu haben – sie schrien viel lauter als vor Tisch, und um den Lärm noch zu verstärken, klatschten sie mit den Händen dazu. Einige führten auch den langweiligen malegassischen Tanz auf, diesmal zur Begleitung des *Marovane*, des einzigen Instrumentes, zu dessen

Herstellung sich der madagaskarische Erfindungsgeist erhoben hat. Es besteht aus einem armdicken, vier Fuß langen Bambusrohr, an welchem ringsum Fasern gelöst und über kleine, hölzerne Sättel gespannt sind. Sein Ton ist ungefähr wie der einer alten, verstimmten Zither.

Zum Schluß tanzten sogar die Gäste, und Herr Lambert trug dazwischen einige recht hübsche Gesänge vor.

Gegen 10 Uhr abends flüsterte mir Herr Laborde zu, eine kleine Schwäche als Folge meiner noch nicht ganz wiederhergestellten Gesundheit vorzuschützen und die Gesellschaft aufzuheben. Ich erwiderte ihm, daß dieses Recht durchaus nicht mir, sondern dem Prinz zustehe. Er bat mich aber, es dennoch zu tun, und sagte mir, daß wichtige Ursachen der Grund dafür seien, die er mir später mitteilen werde. Ich hob also die Gesellschaft auf.

Begünstigt vom schönsten Mondschein und unter der Begleitung heiterer Musik zogen wir den Hügel hinan zu unseren Wohnungen.

Hier riefen mich der Prinz Rakoto und Herr Lambert in eines der Nebenzimmer, und der Prinz erklärte mir nochmals, daß der Privat-Vertrag zwischen ihm und Herrn Lambert mit seiner vollkommenen Zustimmung abgefaßt worden war und daß Herr Ellis ein Verleumder sei, wenn er behaupte, er (der Prinz) habe das Dokument in der Trunkenheit unterzeichnet. Er sagte mir ferner, daß Herr Lambert auf seinen Wunsch und in der Absicht wieder nach Madagaskar gekommen sei, um im Verein mit ihm und mit einem Teil des Adels und des Militärs die Königin Ranavola vom Thron zu entfernen, jedoch ohne sie ihrer Freiheit, ihrer Reichtümer und der ihr gebührenden Ehren zu berauben.

Herr Lambert seinerseits teilte mir mit, daß wir im Gartenhaus des Herrn Laborde gespeist hätten, weil man sich da über alles ruhiger besprechen konnte, daß der Aufbruch von mir ausgehen mußte, um glauben zu machen, das kleine Fest habe meiner Person gegolten, und daß wir mit lärmender Musik durch die Stadt gezogen seien, um zu zeigen, es hätte sich bloß um Unterhaltung und Vergnügen gehandelt.

Er zeigte mir im Haus ein vollständiges kleines Arsenal von Säbeln, Dolchen, Pistolen und Flinten, um die Verschworenen damit zu bewaffnen, sowie auch lederne Panzerhemden, die den Lanzenstichen widerstehen sollten, und er sagte mir zum Schluß, daß jede Vorbereitung bereits getroffen und der Augenblick des Handelns ganz nahe sei, ja, daß ich jede Stunde darauf gefaßt sein möge.

Ich gestehe, daß mich ein eigentümliches Gefühl erfaßte, als ich mich so plötzlich in eine so wichtige politische Begebenheit verwickelt sah, und daß mir im ersten Augenblick die verschiedenartigsten Gedanken durch den Kopf gingen. Ich konnte mir nicht verhehlen, daß bei einem Fehlschlag der Sache mein Leben ebenso gefährdet war wie das von Herrn Lambert, denn in einem Land wie Madagaskar, wo alles von der Willkür des Herrschers abhängt, wird auf »Schuldig oder Unschuldig« keine Rücksicht genommen. Ich war in Begleitung eines der Haupt-Verschworenen nach Tananariva gekommen und hatte einigen Versammlungen beigewohnt – mehr bedurfte es nicht, um mich als an der Verschwörung teilhaftig und ebenso strafwürdig erscheinen zu lassen wie die tätigen Mitglieder.

Meine Freunde in Mauritius hatten mich freilich schon gewarnt, die Reise nicht in Herrn Lamberts Gesellschaft zu unternehmen, und aus dem, was Herr Ellis dort erzählt hatte, sowie aus einzelnen Bemerkungen, die Herr Lambert von Zeit zu Zeit hatte fallen lassen, konnte ich ungefähr vermuten, um was es sich handelte; aber mein Wunsch, Madagaskar kennenzulernen, war so groß, daß er alle Furcht zum Schweigen gebracht hatte. Nun ließ sich nichts mehr ändern, und das Beste, was ich tun konnte, war, zum bösen Spiel gute Miene zu machen und auf Gott zu vertrauen, der mir ja schon aus vielen gefährlichen Lagen geholfen hatte.

Ich gab dem Prinzen Rakoto und Herrn Lambert meine wärmsten Wünsche zum Erfolg ihres Unternehmens und zog mich dann in mein Zimmer zurück. Es war schon Mitternacht vorüber. Ich legte mich zu Bett, und ermüdet wie ich war, schlief ich bald ein; aber während der ganzen Nacht hatte ich unruhige Träume, unter anderem folgenden, höchst sonderbaren: Ich träumte, daß die Verschwörung entdeckt worden sei und daß die Königin Herrn Lambert und mich nach dem Palast berufen habe. Wir wurden in einen großen Saal gebracht und mußten da lange, lange warten. Endlich erschien die Königin mit ihrem Hofstaat, auch Prinz Rakoto war darunter; er stellte sich aber seitwärts an ein Fenster und wagte es nicht, uns anzusehen.

Einer der Minister, der gleiche, der uns das erste Mal an den Hof begleitet hatte, hielt eine lange Rede, die ich trotz meiner Unkenntnis der madagaskarischen Sprache ganz gut verstand und in der er Herrn Lambert seine Undankbarkeit und seinen Verrat vorwarf. Ein anderer Minister ergriff dann das Wort und sagte uns, daß wir zum *Tanguin* verurteilt seien.

Man führte uns darauf in ein anderes Zimmer, und hier kam ein großer, in einen weiten, weißen Talar gehüllter Neger mit den bewußten Häutchen auf uns zu. Herr Lambert mußte sie zuerst nehmen, in dem Augenblick aber, als die Reihe an mich kam, erschallte nebenan plötzlich Musik und lautes Jubelgeschrei und ... ich erwachte, während auf der Straße wirklich Musik und lautes Jubelgeschrei ertönte. Es war heller Tag. Ich warf schnell einige Kleidungsstücke über und eilte an das Haustor, um zu sehen, was es gäbe. Zwei Männer, die zum *Tanguin* verurteilt worden waren und glücklicherweise das Gift samt den drei Häutchen erbrochen hatten, wurden im Triumph von ihren Verwandten nach Hause gebracht. Wäre ich abergläubisch, so würde ich diesen Traum und sein teilweises Zusammentreffen mit der Wirklichkeit auf weiß Gott welche Art ausgelegt haben. Glücklicherweise bin ich es nicht, und Träume können mich nur im Schlaf beunruhigen.

8. Juni. Heute hielt der Prinz in unserem Hause einen großen *Kabar*, bei welchem viele Adelige und Offiziere erschienen. Überhaupt verging nun kein

Tag mehr, an welchem nicht größere oder kleinere *Kabars* bei uns stattfanden. Unser Haus war die Stätte der Verschwörung.

9. Juni. Großer Kostüm-Ball bei Hof zu Ehren Herrn Lamberts.

Welche Kontraste! Auf der einen Seite Verschwörung – auf der anderen Feste.

Sollte die Königin wirklich am Vertrag zwischen Prinz Rakoto und Herrn Lambert zweifeln und von der beabsichtigten Ausführung desselben keine Ahnung haben? Oder will sie die Verschwörer zu einem entscheidenden Schritt kommen lassen, um ihre Rache dann mit anscheinendem Recht auszuüben? Die Folge wird es lehren.

Obgleich sowohl Herr Lambert als auch ich fortwährend unwohl waren, entschlossen wir uns, dennoch diesem Fest beizuwohnen.

Der Ball begann nach 1 Uhr mittags und fand nicht etwa in den Gemächern des Palastes, sondern vor denselben im großen Hof statt, in welchem wir die Audienz gehabt hatten. Wie damals saß die Königin auf dem Balkon unter dem Schatten ihres großen Sonnenschirmes, und wir mußten vor ihr und vor dem Grabmal des Königs Radama die üblichen Verbeugungen wiederholen; nur ließ man uns diesmal nicht stehen, sondern wies uns bequeme Armstühle zu. Nach und nach erschien das Ball-Publikum, aus Adeligen beiderlei Geschlechts, aus Offizieren und deren Frauen und aus den königlichen Sängerinnen und Tänzerinnen bestehend. Die Adeligen trugen verschiedene Kostüme, die Offiziere europäische

Kleidung. Alle mußten viele Verbeugungen machen. Den Kostümierten wurden ebenfalls Stühle zugewiesen, die übrigen hockten sich in beliebigen Gruppen auf die Erde.

Die königlichen Tänzerinnen eröffneten den Ball mit dem langweiligen malegassischen Tanz. Diese reizenden Geschöpfe waren von oben bis unten in weiße Simbus gehüllt, trugen auf dem Kopf künstliche, oder vielmehr sehr unkünstliche Blumen, die wie kleine Fahnenstangen steif und gerade in die Höhe stiegen, und drängten sich so eng aneinander, daß sie wie zusammengebunden erschienen. So oft sie unter dem Balkon der Königin oder am Grabmal vorüberzappelten, wiederholten sie die Verbeugungen, ebenso auch am Schluß jedes einzelnen Tanzes. Nachdem die Tänzerinnen abgetreten waren, tanzten die Offiziere ungefähr den gleichen Tanz, nur in einem etwas rascheren Tempo und mit lebhafteren Bewegungen, das heißt, sie hoben die Füße ein wenig mehr in die Höhe. Jene, die Hüte oder Mützen anhatten, schwenkten sie von Zeit zu Zeit in die Luft und erhoben dabei ein kreischendes Geheul, das Freudengeschrei vorstellen sollte.

Auf die Offiziere folgten sechs Kinderpaare in Kostümen. Die Knaben waren in altspanischer Tracht oder als Pagen gekleidet und sahen ganz leidlich aus; die Mädchen dagegen glichen wahren Popanzen – sie trugen Kostüme aus der altfranzösischen Zeit mit hohen Steifröcken und kurzen Leibchen und hatten den Kopf mit Straußfedern, Blumen und Bändern ganz überladen. Nachdem diese kleine Affen-Gesellschaft einige Polonaisen, Schottische und Contre-Tänze, und zwar wider meine Erwartung recht gut getanzt hatte, machte sie mit tiefen Verbeugungen einer größeren Gruppe Platz, von welcher der männliche Teil ebenfalls in altspanische und der weibliche in altfranzösische Tracht gekleidet war.

Alle diese verschiedenen Kostüme werden von der Königin befohlen, gewöhnlich nach Kupferstichen oder Bildern, die ihr zu Gesicht kommen. Die Damen fügen den königlichen Vorschriften bei, was ihnen Geschmack und Erfindungsgeist eingeben, die beide ganz besonders in der Zusammenstellung der Farben auf höchste Originalität Anspruch erheben können.

Ich will einen dieser Anzüge beschreiben, damit meine Leserinnen eine Idee davon bekommen: Das Kleid war aus blauem Seidenatlas und unten mit einer orangefarbenen Borte besetzt und darüber mit einem breiten kirschroten Atlasstreifen. Das Leibchen, ebenfalls aus Atlas und mit langen Schößen versehen, glänzte in schwefelgelber Farbe, darüber war ein lichter, hellgrüner Seidenschal drapiert. Der Kopf war derart mit steifen, plump nachgemachten Blumen, mit Straußfedern, seidenen Bändern, Glasperlen und allerlei Posamentier-Kram bedeckt, daß man von den Haaren gar nichts sah – was zwar der guten Dame nicht zum Nachteil gereichte; ich bedauerte sie nur der Last wegen, die sie zu tragen hatte. Ähnliche Farbkontraste wiesen die Aufmachungen der übrigen Damen auf, von welchen einige zu diesen schönen Kostümen noch eine zusätzliche Verbesserung erdacht hatten – einen hohen, nach oben beinahe spitz zulaufenden Hut, ungefähr in der Art, wie sie bei den Bauern in Tirol üblich sind.

Die Tänzer-Gesellschaft, durchwegs der höheren Aristokratie angehörend, führte außer verschiedenen europäischen Tänzen die *Sega* auf, welche die Madagaskaren als einen einheimischen Tanz ausgeben wollen, die aber von den Mauren herstammt und deren Figuren, Schritte und Musik so hübsch sind, daß sie in Europa nur bekannt zu sein brauchte, um bald allgemein in Mode zu kommen.

Mit diesem schönen Tanz war der Ball noch lange nicht zu Ende. Nach einer kurzen Zwischenpause, in der keine Erfrischungen gereicht wurden, traten sechs Paare, die Elite der Gesellschaft, in den Hof. Die Tänzer waren der Prinz Rakoto, die Herren Laborde Vater und Sohn, zwei Minister und ein General, die Tänzerinnen durchgehend Fürstinnen und Gräfinnen. Auch diese Herren waren in altspanische Tracht gekleidet, den Prinzen ausgenommen, der einen so geschmackvollen Fantasie-Anzug trug, daß er darin ungescheut auf jedem europäischen Hof-Ball hätte erscheinen können. Er trug ein Beinkleid aus dunkelblauem Tuch und mit Goldborten besetzt, dazu eine Art Waffenrock aus nelkenbraunem Samt, ebenfalls mit Goldborten und mit den feinsten Goldstickereien verziert, und ein Barett aus dem gleichen Samt mit zwei von einer goldenen Agraffe gehaltenen Straußfedern. Der ganze Anzug saß so gut, die Stickereien waren so schön, daß ich dachte, Herr Lambert habe das Maß des Prinzen nach Paris gebracht und die

Kleider dort anfertigen lassen. Dies war aber nicht der Fall – alles, die Stoffe ausgenommen, ist in Tananariva gemacht worden –, ein Beweis, daß die Madagaskaren zwar nicht viel Erfindungsgeist besitzen, im Nachahmen hingegen ausnehmend geschickt sind.

Diese Tänzergruppe nahm sich ganz hübsch aus, denn auch die übrigen Herren und ebenso die sechs Damen waren viel kostbarer und geschmackvoller gekleidet als ihre Vorgänger. Sie führten nur europäische Tänze auf.

Den Schluß des Balles machten wieder die Hof-Tänzerinnen. Das ganze Fest hatte drei Stunden gedauert und der Königin auch nicht die geringsten Kosten verursacht. Der Tanzboden war der Hof, die Beleuchtung die Sonne, und Erfrischungen konnte jeder zu sich nehmen, so viel er wollte, wenn er nach Hause kam. Glückliche Königin! Wie müssen unsere europäischen Ballgeber sie beneiden!

10. Juni. Abermaliger Lärm und Gesang auf der Straße. Ich eilte sogleich wieder an das Haustor und sah lange Züge von Männern, die in Körben Steine und Erde trugen. Diese Leute, 800 an der Zahl, hatte die Königin dem obersten Befehlshaber der Armee für den Bau eines Hauses bewilligt. Sie bekamen weder Lohn noch Kost und mußten dabei noch singen und jubeln, um der Königin zu beweisen, daß sie glücklich und mit ihrem Los zufrieden seien.

Vor einigen Tagen hatte ich ähnliche, noch viel zahlreichere Züge gesehen. Es waren gewiß 1500 Männer. Sie trugen Holzkohlen zur königlichen

Schmiede, wo 1000 Arbeiter unter der Leitung von Herr Laborde alle Gattungen Waffen verfertigen. Sowohl die Schmiede wie die Kohlenträger erhalten nicht die geringste Entschädigung, und nicht genug, daß die Königin von ihren Untertanen alle Arbeiten umsonst fordert, müssen diese auch noch, wenn irgend eine besondere Staatsausgabe zu machen ist, das dazu nötige Geld herbeischaffen. So im Jahre 1845, als die Königin 30 000 Gewehre aus Frankreich kommen ließ, die 145 000 Thaler kosteten. Die ganze Summe wurde auf das Volk verteilt; einige der Reichsten hatten bis zu 500 Thaler zu entrichten; aber auch die Ärmsten mußten beisteuern, und selbst die Sklaven waren nicht ausgenommen.

11. Juni. Heute nacht hörte ich einiges Geräusch und leise Schritte in unserem Haus. Ich wußte, daß sich die Verschwörer von hier aus während der Nacht zum Palast begeben sollten. Ich horchte auf – eine wahre Grabesstille herrschte mehrere Stunden lang; dann aber plötzlich erschallte lautes Hundegebell, auf das rasche Männertritte folgten. Ich erschrak unwillkürlich und dachte, daß das Unternehmen mißglückt und die raschen Tritte die eines der Flüchtenden seien. In diesem Augenblick fühlte ich, wie unendlich peinlich es ist, sich bei einer drohenden Gefahr untätig und leidend zu verhalten, als selbst tätig einzugreifen und sie zu bekämpfen.

Ich wollte mein Zimmer nicht verlassen, um für den Fall, daß es ein blinder Lärm gewesen sei, meine Schwäche nicht zu erkennen zu geben und meine Gefährten nicht aus dem Schlaf zu schrecken. Mit

Geduld erwartete ich Gottes Fügung. Es fiel aber nichts weiter vor. Der Rest der Nacht verging ruhig, und am anderen Morgen erfuhr ich, daß noch nichts unternommen worden, der günstige Zeitpunkt noch nicht gekommen sei.

Ich fange wirklich an zu befürchten, daß durch dieses lange Zögern alles mißlingt, um so mehr, als die Zusammenkünfte nicht sehr vorsichtig abgehalten werden, da es viele Mitwisser gibt und da unter den dem Prinzen anscheinend ergebenen Adeligen und Offizieren sehr leicht ein Verräter sein kann. Viel Schuld mag auch an dem Prinzen selbst liegen. Wie ich bereits bemerkt habe, besitzt er sehr gute und edle Eigenschaften, aber es fehlt ihm an Entschluß- und Charakterfestigkeit, und dann ist seine Liebe zur Königin sehr groß, daß ihm leicht im entscheidenden Augenblick der Mut fehlen dürfte, etwas gegen sie zu unternehmen. Er sollte aber bedenken, daß es sich ja durchaus nicht darum handelt, die Königin ihrer Freiheit, ihrer Titel, ihrer Reichtümer zu berauben, daß man ihr ja nur die Macht nehmen will, alle diese Grausamkeiten, diese Bluttaten zu verüben, die ihre Untertanen ins Elend und zur Verzweiflung treiben. Der Sohn, der seine Mutter über alles liebt, über alles ehrt, und sie nur daran zu hindern sucht, ein ganzes Land unglücklich zu machen, ist gewiß keines Vergehens schuldig. Gott stärke ihn und verleihe ihm den Mut, der Retter seines Volkes zu werden!

12. Juni. Herr Lambert bekam einen so heftigen Fieber-Anfall, daß sein Leben mehrere Tage in höchster Gefahr stand. Er hielt aber auch durchaus keine

Diät. Sobald er sich ein wenig besser fühlte, aß er alles durcheinander, wie es ihm gerade einfiel: kalte Straßburger-Pastete, Fleisch, Früchte ... und trank dazu Champagner und andere Weine. Und ebenso wie Herr Lambert machen es auch die übrigen Europäer, so daß es mich gar nicht wundern würde, wenn alle, die das Fieber bekommen, demselben erlägen. Als ich noch in Mauritius war, im Monat März, kam ein sehr wohlbeleibter Herr aus Tamatavé selbst an und blieb einige Tage in Herrn Lamberts Haus, um eine Gelegenheit nach Bourbon abzuwarten. Dieser Herr behauptete, das Madagaskar-Fieber zu haben, und als er beim Frühstück erschien, klagte er, die ganze Nacht vom Fieber geplagt gewesen zu sein. Man hatte deshalb für ihn eine kräftige Fleischbrühe zubereitet, die ihm sehr behagte, aber bei weitem nicht genügte, denn er aß darauf eine tüchtige Spalte einer Zuckermelone, kostete von den anderen Gerichten so viel, daß ich gewiß acht volle Tage davon hätte leben können, und beschloß das Mahl mit einer Mangofrucht. Nicht minder emsig sprach er den verschiedenen Getränken zu, und abends bei der Hauptmahlzeit, da hieb er erst recht ein – er griff zu, als ob er den ganzen Tag gefastet hätte.

In Tananariva hatte ich häufig Gelegenheit, ähnliche Diätfehler zu beobachten, und wenn ich eine Bemerkung darüber machte, erhielt ich die vernünftige Antwort: »Was wollen Sie? Das ist nun einmal so Sitte im Land; die Madagaskaren behaupten, daß das Fieber sehr schwäche und daß man die verlorenen Kräfte durch Nahrungsmittel zu ersetzen suchen müsse.«

Dieser Glaube herrscht wirklich im Volk. Je kränker ein Mensch ist, desto mehr zwingt man ihn zum Essen, und wenn ein Malegasche in den letzten Zügen liegt, wird ihm der Mund noch voll Reis gestopft. Stirbt der Mensch bald darauf, so rufen die Leute ganz erstaunt aus: »Wie wunderbar! Soeben hat er noch gegessen.«

Und weil dies die dummen und rohen Madagaskaren so machen, müssen es die vernünftigen und gebildeten Europäer nachahmen!

13. Juni. Heute wurde mir die große Ehre zuteil, meine Geschicklichkeit, oder besser gesagt, meine Ungeschicklichkeit, auf dem Pianoforte vor der Königin zu zeigen. Herr Lambert hatte ihr nämlich, als er das erste Mal nach Tananariva gekommen war, ein Piano aus der Fabrik des Herrn Debain in Paris zum Geschenk gemacht. Es war eines jener Pianos, auf denen man nicht bloß mit den Fingern, sondern auch wie auf einer Drehorgel mittels eines Drehschlüssels spielen kann.

Schon in Mauritius hatte mir Herr Lambert von dem Klavier erzählt und mir gesagt, daß die Königin noch nicht mit Fingern darauf habe spielen sehen und daß dies gewiß eine große Überraschung für sie sein würde. In meiner Jugend war ich wohl eine ziemlich fertige Klavierspielerin gewesen, aber das war schon lange her. Seit mehr als 30 Jahren hatte ich die Musik gänzlich aufgegeben und alles vergessen. Wer hätte je gedacht, daß ich noch an einen Hof berufen werden würde, um ein Konzert zu geben, und gar jetzt in meinem sechzigsten Jahre, wo ich schlechter klimperte als bei uns Kinder, die kaum einige Monate Unterricht genommen haben? Allein, wenn man so abenteuerlich in die weite Welt hinauszieht, kommt man gar häufig in die sonderbarsten Lagen und muß auf alles gefaßt sein.

Mit großer Mühe zwang ich meine alten steifen Finger zu einigen Skalen und Etüden, übte mehrere leichte, melodische Walzer und Tanzstücke ein, und so vorbereitet wagte ich es, mich dem Urteil der strengen madagaskarischen Kunstrichter auszusetzen. Übrigens machte mir diese Einladung große Freude, denn ich hoffte, bei dieser Gelegenheit in die inneren Gemächer des Palastes eingeführt zu werden und das unschätzbare Glück zu haben, Ihre Majestät ganz aus der Nähe betrachten zu können.

Da Herr Lambert am Fieber krank lag, begleiteten mich die beiden geistlichen Herren zum königlichen Palast. Als wir in den inneren Hofraum gelangten – o bittere Enttäuschung! –, da saß die Königin schon auf dem Balkon. Vorbei war es mit meinen schönen Hoffnungen, den Palast selbst betreten zu dürfen, und mein Künstlerstolz fühlte sich nicht minder beleidigt. Ich fürchtete, wie eine Straßen-Musikantin behandelt zu werden und unten im Hofe spielen zu müssen.

Ganz so weit kam es zwar nicht, aber doch immerhin weit genug, um den großen Abstand zwischen meiner unbedeutenden Person und der allmächtigen Königin fühlbar zu machen. Dieses hochmütige, aufgeblasene Weib scheint im Ernst zu glauben, ein außerordentliches Wesen und über alle anderen

Menschen erhaben zu sein, und meint, seiner Würde etwas zu vergeben, wenn es einem Fremden gestatten würde, in seine unmittelbare Nähe zu treten. Bloß mit Herrn Lambert, als er vor zwei Jahren in Tananariva war, hat die Königin eine Ausnahme gemacht und ihm nicht nur den Zutritt in das Innere des Palastes gestattet, sondern ihn sogar der Ehre gewürdigt, sie auf einer kleinen Reise begleiten zu dürfen.

Man wies uns in die ebenerdige Galerie des Silber-Palastes, wo man bereits Stühle für uns hingestellt hatte. Die breite Tür, die auf den Hof führte, wurde ganz geöffnet, das Piano hineingetragen und gerade unter der Tür so aufgestellt, daß die Königin von ihrem Balkon auf die Tasten sehen konnte.

Während dieser Vorbereitung hatte ich Gelegenheit, den Empfangssaal im Silber-Palast genauer zu besehen, der, wie sich meine Leser erinnern werden, dem Prinzen Rakoto gehört. Er ist groß und hoch und ganz auf europäische Art eingerichtet. Die Möbel sind reich, aber nicht überladen und mit Geschmack aufgestellt. Der madagaskarischen Sitte gemäß stand auch in diesem Saal ein Bett, zwar ein echt königliches Bett, an welchem es weder an Gold noch an Seidenstoffen fehlte und in dem, wie man mir versicherte, noch niemand geschlafen habe; aber für europäische Augen ist es immer störend, in einem Empfangssaal ein ähnliches Möbelstück zu sehen.

Noch störender aber fand ich die an den Wänden dieses Saales angebrachten Zeichnungen und Malereien, kostbare Produkte einheimischer Künstler: Offiziere in roten Uniformen, Frauengestalten in europäischen Kleidern darstellend. Ich wußte wirklich nicht, was ich an diesen Fresken mehr bewundern sollte, die Zeichnung oder die Malerei. Erstere war so steif und hölzern, wie nicht einmal auf den schlechtesten chinesischen Bildern, letztere ein solches Chaos der grellsten, schreiendsten, neben- und durcheinander geschmierten Farben ohne Licht und Schatten, daß ich nie geglaubt hätte, je etwas ähnliches zu Gesicht zu bekommen. Am komischsten aber nahm sich eine landschaftliche Zugabe aus – kleine Bäumchen, die zwischen den Figuren standen. Da letztere nur Brustbilder waren und der geniale Künstler dennoch zeigen wollte, daß die Bäume der Erde entsprossen, hatte er vom Gürtel der einen Person zu dem der anderen einen grünen Streifen gezogen, der den Boden darstellen sollte, wodurch der Mann wohl ganz unabsichtlich den höchst wundervollen Effekt erzielt hatte, daß es schien, als wären die Leute bis zur Taille begraben. Aus dem grünen Streifen stieg eine braune Linie, der Stamm des Bäumchens, kerzengerade bis zur Achsel der Figuren, auf welcher Höhe ein paar grüne Flecken die Blätterkrone veranschaulichen sollten.

Ich war noch ganz in die Betrachtung dieser Kunstschöpfung verloren, als mich einer der Herren Missionare darauf aufmerksam machte, daß das Piano bereits aufgestellt sei und daß ich das Konzert beginnen könne. Ehe ich dies tat, mußte ich der Königin das übliche *Manasina* zeigen und es einem Offizier übergeben. Das *Manasina* wird nämlich jedem Fremdling nicht nur bei seiner ersten Vorstellung bei

Hofe abgefordert, sondern so oft er irgend ein königliches Gebäude zum ersten Mal betritt. Dies war mein Fall in dem Silber-Palast; ich fand es aber höchst überflüssig, wie Herr Lambert ein Fünfzigfrankenstück zu geben, und beschränkte meine Großmut auf einen Thaler.

Nun setzte ich mich an das Pianoforte und spielte ein kleines Präludium, um die guten Eigenschaften meines Instrumentes kennenzulernen; wie wurde mir aber zumute, als ich es so verstimmt fand, daß auch nicht ein Ton richtig war, und als ich bemerkte, daß viele der Tasten auch dem stärksten Druck ein energisches Schweigen entgegensetzten! Ich mußte sie erst heben, drücken, draufschlagen, kurz, alle erdenklichen Mittel anwenden, um sie in Gang zu bringen. Auf einem solchen Instrument sollte ich ein Konzert geben! Doch wahre Künstlergröße setzt sich über alles hinweg, und begeistert von dem Gedanken, mein Talent vor einem so kunstsinnigen Publikum zu zeigen, machte ich die holperigsten Rouladen über die ganze Klaviatur, hieb aus Leibeskräften auf die störrischen Tasten und spielte ohne Sinn und Zusammenhang den ersten Teil eines Walzers, den zweiten eines Marsches, kurz, alles, was mir gerade einfiel. Ich hatte dafür aber auch die große Genugtuung, allgemeine Anerkennung meines Talentes zu finden und mit dem besonderen Beifall und dem Dank Ihrer Majestät belohnt zu werden. Ja, Prinz Rakoto gab mir die schmeichelhafte Versicherung, daß alle Stücke, vorzüglich aber meine Walzer, der Königin sehr gut gefallen hätten und daß sie mir nächstens die Ehre erweisen würde, mich bei ihr selbst, im Palast spielen zu lassen. Wäre die unselige Verschwörung nicht dazwischen gekommen, so hätte ich vielleicht das Glück gehabt, Hof- und Leibpianistin Ihrer Majestät der Königin von Madagaskar zu werden!

Noch am gleichen Tag sandte mir Ihre Majestät als Zeichen allerhöchster Huld und Gewogenheit eine Menge fetten Geflügels und einen großen Korb voll Eier.

Am 17. Juni machte die hohe Frau einen Ausflug zu einem ihrer Lustschlösser, das am Fuße des Hügels auf einer Insel in der Mitte eines großen Teiches liegt. So oft die Königin Ausflüge macht, müssen sie alle Offiziere, Adeligen und die in Tananariva ansäßigen Europäer begleiten. Ich hätte gerne an dieser Partie teilgenommen; da aber die Königin wußte, daß Herr Lambert noch sehr krank lag, wollte sie ihm keinen seiner Pfleger entziehen; es wurde daher niemand von uns eingeladen. Der Zug ging knapp an unserem Haus vorüber, und wir mußten uns alle, Herr Lambert ausgenommen, am Tor aufstellen, um Ihrer Majestät unsere Verbeugungen zu machen.

Es scheint, daß in diesem Lande jedes Fest ein eigentümliches Gepräge von Starrheit und Absonderlichkeit haben muß, so auch diese Ausflüge, bei welchen es den die Königin begleitenden Herren vorgeschrieben ist, in türkischer oder arabischer Tracht mit einem Turban zu erscheinen. Diese Kostüme stehen übrigens den Eingeborenen viel besser als die spanischen, obwohl sie als Türken gleichfalls bemüht waren, mit ihrem unübertrefflichen Geschmack gar manches Schöne zu verderben. Frauen nehmen an solchen Ausflügen selten teil, und jene, die daran teilnehmen, sind in *Simbus* gehüllt. Auch die Königin war in einen weiten, seidenen *Simbu* eingeschlagen, hatte aber dabei die große Krone auf dem Haupte. Ohne diese zeigt sie sich nie den Augen ihrer Untertanen, und es würde mich sehr wundern, wenn sie nachts im Bett nicht wenigstens eine kleine goldene Krone trüge.

Sie blieb den ganzen Tag im Schlößchen und kehrte erst kurz vor Sonnenuntergang in die Stadt zurück. Das Volk hat an diesen Ausflügen insofern teilzunehmen, als es sich längs der Straßen aufstellen muß, durch die der Hofstaat geht. Viele schließen sich dem Zuge an, um ihre besondere Ergebenheit zu bezeigen.

DER VERUNGLÜCKTE STAATSSTREICH

20. Juni. Heute endlich sollte der große Tag der Entscheidung sein.

Herr Lambert hatte sich so ziemlich vom Fieber erholt, man wollte daher nicht länger zögern und diese Nacht den beabsichtigten Staatsstreich zur Ausführung bringen.

Die beiden Missionare, welche scheinbar keinen Anteil an der Revolution haben sollten, gingen morgens zu einer der Besitzungen des Herrn Laborde, die 30 englische Meilen von der Stadt entfernt liegt. Auch mich wollte man dahin schicken; aber ich zog es vor, in Tananariva zu bleiben, denn ich dachte, bei einem Mißlingen des Staatsstreiches würde man meinen Kopf überall zu finden wissen, und wäre ich auch 100 Meilen von der Stadt entfernt.

Der Plan, den die Verschwörer ausgedacht hatten, war folgender: der Prinz sollte um 8 Uhr abends mit den Herren Lambert, Marius, Laborde und dessen Sohn im Gartenhaus des Herrn Laborde speisen, und dahin sollten auch alle Nachrichten von den übrigen Teilnehmern der Verschwörung gebracht werden, um sicher zu sein, daß alles in der besprochenen Ordnung und daß jeder auf dem ihm zugewiesenen Platz sei. Nach aufgehobener Tafel, um 11 Uhr nachts, würden sich die Herren unter Begleitung der Musik in die obere Stadt nach Hause begeben, als kämen sie von einem Fest, und jeder hätte sich bis 2 Uhr nachts ruhig in seiner Wohnung zu verhalten; um 2 Uhr aber sollten sämtliche Verschwörer in aller Stille zum Palast schleichen, dessen Eingänge Fürst Raharo, der Chef der Armee, mit ihm ergebenen Offizieren besetzt haben und offen halten würde, sich im großen Hof vor den königlichen Gemächern versammeln und auf ein gegebenes Zeichen mit lauter Stimme den Prinzen Rakoto zum König ausrufen. Die neuen Minister, die vom Prinzen bereits ernannt worden waren, hätten dann der Königin zu erklären, daß dies der Wille der Adeligen, des Militärs und des Volkes sei, und zur gleichen Zeit sollte Kanonendonner von den Wällen des königlichen Palastes dem Volk die neue Regierung und seine Befreiung von der blutigen Herrschaft der Königin verkünden.

Leider kam dieser Plan nicht zur Ausführung; er scheiterte an der Feigheit oder Treulosigkeit des Chefs der Armee, des Fürsten Raharo. Noch als die Herren bei Tische saßen, erhielten sie von diesem die Hiobspost, daß es ihm infolge unvorhergesehener Hindernisse nicht möglich gewesen sei, den Palast ausschließlich mit verläßlichen Offizieren zu besetzen, und daß er daher die Tore diese Nacht nicht offen halten könne; man müsse eine günstigere Gelegenheit abwarten. Vergebens sandte der Prinz Posten über Posten an ihn; er war zu nichts zu bewegen.

Schon im Jahre 1856 hatte sich der Prinz Rakoto an die Spitze einer ähnlichen Verschwörung gegen die

Königin gestellt, schon damals waren bereits Nacht und Stunde der Ausführung bestimmt, und ebenso wie diesmal scheiterte alles an dem plötzlichen Zurücktreten des Chefs der Armee. Es ist möglich, daß Feigheit dabei im Spiel ist, daß der Mann im entscheidenden Augenblick den Mut verliert; ich würde aber eher glauben, daß er nur zum Schein an der Verschwörung teilnimmt, in Wirklichkeit jedoch eine Kreatur der Königin, des Premierministers Rainizoharo und – wie ich am meisten befürchte – des Adoptivsohnes der Königin, des Prinzen Ramboasalama ist.

Dieser Prinz, Sohn einer Schwester der Königin Ranavola, wurde von letzterer schon vor vielen Jahren adoptiert, als sie selbst keinen Sohn hatte und ihres ziemlich vorgerückten Alters wegen nicht leicht hoffen konnte, noch Nachkommenschaft zu bekommen. Sie betrachtete den Prinzen als ihren natürlichen Erben und erklärte ihn mit allen üblichen Förmlichkeiten zu ihrem Nachfolger. Bald darauf war sie wider Erwarten Mutter und gebar den Prinzen Rakoto. Man sagt, daß sie zwar in der Folge den Prinzen Ramboasalama der Thronfolge entsetzt und ihren eigenen Sohn zum direkten Nachfolger ernannt habe; wie jedoch viele behaupten, soll dies nicht mit den üblichen Förmlichkeiten geschehen sein. Es ist daher sehr zu befürchten, daß es nach dem Ableben der Königin zwischen den Parteien der beiden Prinzen zu großen blutigen Zwisten kommt und daß am Ende jene des Prinzen Ramboasalama die Oberhand behält. Dieser Prinz ist viel älter und hat natürlich viel mehr Erfahrung als Prinz Rakoto. Er soll auch sehr verständig, unternehmend, von festem Charakter sein, zwar nicht so gutmütig und menschenfreundlich wie Rakoto, aber bei weitem nicht so grausam und blutdürstig wie die Königin.

Soviel ich nach dem, was man mir sagte, beurteilen kann, scheint er sich schon eine mächtige Partei gebildet und sich des größten Teiles der Adeligen durch viele Zugeständnisse und besonders dadurch versichert zu haben, daß er durchaus nicht mit der Aufhebung der Sklaverei einverstanden ist, während Prinz Rakoto gerade dies im Sinn hat und überhaupt sehr die Vorrechte der Großen einschränken will.

Diese Gründe allein sollten genügen, um die eine oder andere der europäischen Mächte zu bewegen, sich des Prinzen Rakoto anzunehmen; aber die europäischen Regierungen nehmen sich immer nur jener Dinge an, die ihnen einen sichtbaren, augenscheinlichen Nutzen bringen. Aus bloßer Philanthropie etwas zu tun, davon sind sie weit entfernt.

Die Verschwörung ist leider sozusagen ein öffentliches Geheimnis geworden. Alle Welt weiß darum, selbst bis zum Volk sind Gerüchte vom beabsichtigten Regierungswechsel gedrungen, und nur die Königin allein soll, wie man uns versichert, nichts ahnen von dem, was um sie herum vorgeht. Ich kann es nicht glauben. Man versicherte uns freilich, daß es niemand wagen könne, den Prinzen bei der Königin anzuschwärzen, weil jeder ganz genau wisse, daß die Königin in diesem Fall ihren Sohn sogleich rufen ließe und ihn von der Anschuldigung unterrichte, daß letzterer natürlich alles leugnen und daß daher der

Angeber als Verräter betrachtet und hingerichtet würde. Dies mag der Fall sein; aber die Ergebenen und Günstlinge der Königin können den Namen des Prinzen ganz beiseite gelassen und bloß die Herren Lambert und Laborde oder einige der übrigen Verschwörer angegeben haben. Und Ergebene und Günstlinge hat die Königin trotz ihres egoistischen und grausamen Charakters in großer Menge; sie weiß sich dieselben unter den einflußreichsten Großen des Landes zu verschaffen, obgleich sie ihnen nicht das geringste Gehalt gibt. Sie macht ihnen Ländereien und Sklaven zum Geschenk, oder, was von noch größerem Wert ist, sie weist ihnen unter dem Titel *Aides de camp* Hunderte von Leuten zu, die wie Sklaven alle Dienste zu verrichten haben und dafür weder Lohn noch Kost erhalten. So hat der gegenwärtige Chef der Armee, der Fürst Raharo, 800 solcher *Aides de camp* beständig zu seinen Diensten; sein Vater, der ebenfalls Chef der Armee war, hatte deren gar 1500.

21. Juni. Heute sagte uns Prinz Rakoto, daß seine Mutter Herrn Lambert, sobald dessen Gesundheit hergestellt sei, zusammen mit mir im inneren Palast empfangen werde und daß sie sehr wünsche, uns beide zusammen tanzen zu sehen. Ein besonderes Vergnügen würde es ihr sein, wenn wir ihr irgendeinen ihr noch unbekannten Tanz zeigen wollten, deren wir als Europäer gewiß gar manche wüßten. Ihre Majestät erfreut sich in der Tat großartiger Gedanken! Erst stempelt sie mich zur Konzertgeberin, jetzt soll ich Ballettänzerin werden, und am Ende vielleicht gar noch Tanzlehrerin – ich, die ich in meiner Jugend schon wenig vom Tanzen hielt und selbst immer die größte Mühe hatte, die gehörigen Schritte und Figuren im Gedächtnis zu behalten. Und Herr Lambert ...! Welche Zumutung für diesen noch jungen Mann, mit mir, einer sechzigjährigen Frau, einen *Pas de deux* aufzuführen! Wir hatten auch beide keineswegs im Sinn, uns dieser lächerlichen Laune zu fügen, und da Herr Lambert gerade diesen Morgen wieder sehr fieberkrank geworden war und ich ebenfalls einen erneuerten Anfall dieser bösen Krankheit erlitt, diente vorderhand unser Unwohlsein zur Entschuldigung.

22. Juni. Heute bekamen wir sehr traurige Nachrichten. Die Königin hat von der Verschwörung Kenntnis erhalten. Wie uns unsere Freunde sagen, sucht man sie jedoch von der wahren Spur abzubringen und will ihr glauben machen, daß das Volk einen Regierungswechsel wünsche. Man soll ihr keine Namen von Einzelnen verraten, sondern vorgegeben haben, daß der Wunsch im allgemeinen vom Volk ausgesprochen worden sei.

Unsere Freunde mögen so getan haben; aber unsere Feinde, deren Herr Lambert, wie ich schon früher bemerkt habe, in ziemlicher Anzahl besitzt, werden nicht so rücksichtsvoll sein, und gewiß ist leider, daß die Königin schon seit einiger Zeit Herrn Lambert im Verdacht hatte, denn sie erwähnte heute ihrem Sohn gegenüber, daß sie, als Herr Lambert so schwer am Fieber litt, das *Sikidy* (Orakel) befragt habe, ob er etwas Böses gegen sie vorhabe, und wenn dem so wäre, ob er am Fieber sterben werde. Der Ausspruch des *Sikidy* sei gewesen, daß Herr Lambert, sollte er etwas Böses gegen die Königin vorhaben, dem Fieber jedenfalls erliegen würde. Da dies nun nicht der Fall gewesen, d. h. da er nicht gestorben sei, so könne er, wie sie meinte, auch nichts Böses gegen sie im Sinne haben.

Ist dies die Wahrheit? Oder spricht die schlaue Frau nur so, in der Absicht, vielleicht dem Prinzen selbst etwas zu entlocken? Und wenn es auch die Wahrheit ist, kann sie das Orakel nicht zu wiederholten Malen befragen? Und kann dieses nicht eines schönen Morgens eine andere Antwort geben?

Auf jeden Fall, soviel ich glaube, ist unsere Sache verloren, und Gott weiß, was die Königin gegen uns ausbrüten mag. Das sind die Folgen des Zaudern des Prinzen, seiner Unentschlossenheit. Doch schon einige Male ist mir der Gedanke gekommen – und besonders das Verhalten des Fürsten Raharo läßt mich das vermuten –, daß der Prinz von Verrätern umgeben ist, die scheinbar auf alle seine Pläne eingehen, aber bloß um die Königin davon zu unterrichten, und daß man ihm vielleicht wie einem Kind sein Steckenpferd läßt, aber stets von vornherein die nötigen Maßnahmen trifft, dem prinzlichen Spiel, wenn es zu weit gehen sollte, Einhalt zu gebieten.

27. Juni. Diese Nacht starb der Marschall Fürst Razakaratrino, Schwager der Königin. Der Tod dieses großen Herrn wird mir Gelegenheit geben, manches Neue und Interessante zu sehen, denn die Beerdigung einer so hohen Person geht auf Madagaskar mit den größten Feierlichkeiten vor sich. Nachdem er gewaschen ist, wird der Verstorbene in rote, aus einheimischer Seide gewobene *Simbus* gehüllt, oft sind es mehr als hundert, und jeder muß mindestens zehn Piaster kosten, gewöhnlich sind sie aber viel teurer. So eingehüllt wird die Leiche in eine Art Sarg gelegt und im festlich geschmückten Hauptgebäude des Hauses unter einem Baldachin aus ebenfalls roter Seide aufgebahrt. Ringsumher kauern eng aneinandergedrängte Sklaven, ganz vornüber gebeugt und mit aufgelöstem Haar zum Zeichen der Trauer; jeder von ihnen hält eine Klappe in der Hand, um damit die Fliegen und Moskitos von dem Toten abzuwehren. Diese kurzweilige Beschäftigung dauert Tag und Nacht, ununterbrochen, und da man eine so hohe Person oft erst nach einigen Wochen zu Grabe bringt, werden die Sklaven ständig abgelöst.

Während die Leiche unter dem Baldachin ausgestellt ist, kommen Abgeordnete aus allen Kasten des Adels und aus allen Bezirken des Landes in Begleitung großer Züge von Dienern und Sklaven, um in ihrem eigenen, im Namen ihrer Freunde und dem des Volkes Beileidsbezeigungen abzustatten. Jeder der Abgeordneten bringt, je nach seinem Vermögen und je nach seinem Rang und der Beliebtheit des Verstorbenen, eine kleinere oder größere Geldgabe mit, von einem halben bis zu 50 und mehr Thalern. Herr Laborde z. B. gab dieses Mal 20 Thaler in Geld und einen *Simbu* im Wert von 25 Thalern. Die Geschenke nimmt der nächste Verwandte des Verstorbenen in Empfang, sie dienen zur Bestreitung der Beerdigungskosten, die sich oft sehr hoch belaufen, denn außer dem Kauf der vielen *Simbus* muß auch eine große Menge Ochsen geschlachtet werden. Sämtliche Besucher und Abgeordnete verweilen nämlich bis zum Tag des Begräbnisses und werden samt ihren Dienern und Sklaven auf Kosten der Erben ernährt. Währt die Aussetzung der Leiche einige Wochen und ist die Zahl der Gäste groß, so kann man sich denken, was da verzehrt wird, um so mehr als die Madagaskaren, Herren wie Sklaven, sobald es nicht auf eigene Kosten geht, zu den stärksten Essern der Welt gehören. Als der letzte Befehlshaber des Heeres, der Vater des Fürsten Raharo, starb, wurden nicht weniger als 1500 Ochsen geschlachtet und verzehrt. Dieser Mann stand aber auch in der besonderen Gunst der Königin, und seine Leichenfeier soll eine der glänzendsten seit Menschengedenken gewesen sein. Er blieb drei Wochen lang aufgebahrt, und aus den entferntesten Gegenden des Reiches strömte Jung und Alt herbei, ihm die letzte Ehre zu erweisen.

Was die Eßkunst der Madagaskaren anbelangt, so wurde mir erzählt, daß vier Eingeborene einen ganzen Ochsen in Zeit von 24 Stunden verzehren können und nach einer solchen Herkules-Mahlzeit so leicht aufstehen, als hätten sie gerade nur den notdürftigsten Hunger gestillt. Ich kann freilich meinen Lesern die Echtheit dieser Angabe nicht verbürgen, da ich nie Zeuge davon gewesen bin, und wenn ich die großen, fetten Ochsen betrachte, die bei ähnlichen Gelegenheiten geopfert werden, kommt mir die Heldentat jedenfalls etwas übertrieben vor. So eßgierig die Eingeborenen sind, wenn sie Gelegenheit dazu haben, so ertragen sie andererseits gleich den Wilden mit bewunderungswürdiger Geduld den größten Mangel und können sich wochenlang von einer kleinen Portion Reis und einigen dünnen Streifen getrockneten Fleisches ernähren.

Wenn der Leichnam aus dem Hause getragen wird, müssen vor der Türe einige getötete Ochsen liegen, und die Träger müssen über deren Rücken schreiten.

Die Dauer der Aufbahrung und die Zeit der Trauer werden von der Königin nach Belieben bestimmt; für diesen Marschall hatte sie erstere auf 4, letztere auf 10 Tage angesetzt. Wäre er ein näherer Verwandter der Königin, ein Bruder oder Onkel oder einer ihrer bevorzugten Günstlinge gewesen, so hätte man ihn nicht vor 10 bis 14 Tagen bestatten dürfen, und die Trauer wäre wenigstens auf 20 bis 30 Tage anbefohlen worden. Der Geruch des Körpers soll nie arg sein, da er in so viele *Simbus* eingewickelt ist.

Wir gingen selbst nicht mit dem Leichenzug, sondern sahen ihn von Herrn Labordes Haus aus; die Begleitung war überaus zahlreich, es waren Adelige und Offiziere darunter, Frauen, Klageweiber und Sklaven in großer Menge. Alle, vom Höchsten bis zum Niedersten, trugen als Zeichen der Trauer die Haare aufgelöst. Sie sahen mit diesen aufgelösten Haaren so abscheulich, so abschreckend häßlich aus, wie mir noch nichts Ähnliches, selbst unter den widerwärtigsten Völkern Indiens oder Amerikas, vorgekommen ist. Besonders die Weiber, die ihre Haare länger wachsen lassen als die Männer, glichen wahren Vogelscheuchen und Furien.

In der Mitte des Zuges kam der von mehr als 30 Menschen getragene Katafalk. Wie zu den Kostümen auf den Hofbällen, mochte man wohl auch für seine Anfertigung einen Kupferstich zu Rate gezogen haben, er war ganz auf europäische Art errichtet und ausgestattet, mit dem einzigen Unterschied, daß man ihn anstatt mit schwarzem Tuch, mit roten und buntfarbigen Seidenstoffen bedeckt hatte. Der Marschallshut nebst anderen Adels- und Ehrenzeichen lag darauf, und an beiden Seiten gingen viele Sklaven mit Klappen, um die Fliegen vom Katafalk abzuwehren.

Die Leiche wurde 30 Meilen weit zu einer Besitzung des Verstorbenen getragen, um dort begraben zu werden; ein großer Teil der Adeligen und Offiziere geleitete sie nur einige Meilen, viele jedoch trieben die Höflichkeit so weit, die ganze Reise mitzumachen.

Es gibt auf Madagaskar keinen eigens dafür vorgesehenen Ort, um die Toten zu beerdigen. Jene, die Grund und Boden besitzen, werden darauf bestattet, die Armen bringt man an einen Ort, der niemandem gehört, und häufig wirft man sie hinter ein Gebüsch oder legt sie in irgendeine Vertiefung, ohne sich die Mühe zu nehmen, etwas Erde darüber zu werfen.

Als ich jenes wahrhaft europäische Begräbnis sah, dachte ich, wie bei vielen anderen Gelegenheiten, was für ein sonderbares Land doch Madagaskar sei, wie viele grelle Widersprüche man bei diesem Volk findet. Kultur und Wildheit, Nachahmungssucht europäischer Sitten und Bräuche von höchster Barbarei gehen hier Hand in Hand. Man findet hier wie in Europa alle Adelstitel vom Fürsten bis zum einfachen

Edelmann, alle Militärsränge vom Feldmarschall bis zum Lieutenant; viele der Vornehmen gehen häufig in europäischer Kleidung, manche sprechen und schreiben Englisch oder Französisch; die Reichen speisen auf Silber und besitzen schöne, geschmackvoll eingerichtete Häuser. Weitere Nachahmungen unserer europäischen Bräuche sind: die Etiquette, mit welcher die Königin ihre Person umgibt, der zeremonielle Prunk, den sie ihrem Hofstaat zu verleihen sucht, die feierlichen Ausflüge zu ihren Lustschlössern, die Bälle *en Costume*, die großen Festessen, die Begräbnisse hochgestellter Personen und dergleichen mehr.

Auch was die industrielle Bildung des Volkes betrifft, so ist sie in einzelnen Zweigen ziemlich fortgeschritten, und bei gehöriger Anleitung und Aufmunterung könnte sie sehr bald auf eine höhere Stufe gelangen. Wie ich bereits bemerkt habe, liefern beispielsweise die Gold- und Silberschmiede wirklich schöne Arbeiten, die ich nicht genug bewundern konnte; die Seidenweberinnen verfertigen sehr hübsche Stoffe aus einheimischer Seide, und Herr Laborde produziert in seinen verschiedenen Fabriken mit inländischen Arbeitern alle Waffen, selbst kleine Kanonen, Pulver, Glas, Seife, Wachskerzen, Rum und die feinsten Liqueure.

Nur hinsichtlich der Bildung des Geistes und des Herzens haben die Bewohner Madagaskars die Europäer nicht nachzuahmen gesucht, und in dieser Beziehung stehen manche der wildesten Völker, die mit Europäern noch gar nicht in Berührung gekommen sind, wie z. B. die Dajaks auf Borneo, die Alforen auf Celebes, die Antropophagen im Innern Sumatras und andere hoch über den Hovas und Malegaschen. Es ist ein trauriges Zeichen, daß letztere gar keine Religion, nicht den geringsten Begriff von einem Gott, von der Unsterblichkeit oder auch nur von dem Vorhandensein der Seele haben. Die Königin verehrt zwar, wie man mir sagte, einige Hausgötzen; sie legt aber ungleich mehr Wert auf die Aussprüche des *Sikidy,* und als ihr einst ein Missionar von der Unsterblichkeit der Seele sprach, soll sie ihn für verrückt gehalten und ihm laut ins Gesicht gelacht haben. Dem Volk ist es erlaubt, jeden beliebigen Gegenstand zu verehren, einen Baum, einen Fluß oder Fels, nur Christus nicht. An diesen zu glauben, ist streng untersagt. Mit Ausnahme der wenigen, die trotz des königlichen Verbotes die christliche Religion angenommen haben, glaubt indes der größte Teil des Volkes an gar nichts, was mich um so mehr wundert, als einige der auf Madagaskar lebenden Rassen von den Arabern und Malaien abstammen, von Nationen also, die schon in den frühesten Zeiten Begriffe von Gott und Religion hatten. Wie sehr wäre es zu wünschen, daß die Regierung in die Hände des Prinzen Rakoto käme. Ich bin überzeugt, dieses schöne Land würde dann in intellektueller wie in materieller Beziehung die raschesten Fortschritte machen.

30. Juni. Als ich in den Vereinigten Staaten Nordamerikas war, glaubte ich, diese Republik sei das Land, in welchem die Frauen die größte Unabhängigkeit, die größte Freiheit in ihren Handlungen und

Bewegungen hätten. Großer Irrtum! Hierher muß man kommen, nach Madagaskar, da führen sie ein noch ungleich freieres, ungebundeneres Leben. Von der Königin Ranavola will ich gar nicht sprechen; dieser gibt schon ihr Rang das Recht, nur den Eingebungen ihres Willens zu folgen; aber auch die anderen Frauen sind durchaus nicht solchen Anstandsgesetzen unterworfen wie die Europäerinnen.

So kam z.B. Marie, die Geliebte des Prinzen Rakoto, mit dessen Wissen sehr häufig ganz allein in unser Haus, und zwar nicht nur, um Herrn Lambert Artigkeitsbesuche abzustatten, als er das Fieber hatte, sondern auch wenn er vollkommen wohl war. Sie hatte schon oft an unserem Abendessen teilgenommen; so auch heute. Wir saßen eben bei Tisch, als man ihr Söhnlein brachte. Ich hatte sie nie in kleinem Kreis mit ihrem Kind zusammen gesehen, und da ich begierig war, die Äußerung ihrer Gefühle zu beobachten, ließ ich Mutter und Kind den ganzen Abend nicht aus den Augen. Beide verhielten sich jedoch so kalt, als hätten sie sich gar nicht gekannt – und schon gar nicht einander angehört. Als das Kind in das Zimmer trat, begrüßte es nicht einmal seine Mutter, sondern ging gleich auf den Tisch zu, wo man ihm an der Seite von Herrn Lambert Platz machte, und während des ganzen Abendessens wechselten Mutter und Kind weder Blick noch Wort, obgleich sie nur durch Herrn Lambert voneinander getrennt waren.

2. Juli. Was wird noch aus uns werden! Die Verschwörung scheint endgültig gescheitert zu sein, denn seit dem Tage, an dem der Befehlshaber der

Armee sich geweigert hat, die Tore des Palastes zu öffnen, fällt einer der Verschwörer nach dem anderen ab, und wir sind von allen Seiten von Verrätern und Spionen umgeben. Schon seit dem 20. Juni verkehrt beinahe niemand mehr mit uns, man betrachtet uns halb und halb als Staatsgefangene; wir sind unter diesen Verhältnissen gezwungen, den ganzen Tag über in unserem Häuschen zu bleiben, und können es nicht wagen, einen Fuß über die Türschwelle zu setzen.

Der sicherste Beweis, daß die Königin von der Verschwörung ganz genau unterrichtet ist und daß sie sich nur ihres Sohnes wegen, den sie ungemein liebt, den Anschein geben will, als wisse sie nichts davon, liegt darin, daß sie vor einigen Tagen bei Todesstrafe verboten hat, die geringste Beschuldigung gegen letzteren laut werden zu lassen oder ihr mitzuteilen.

Langsam
Langsam wie eine hinkende Kuh
Wie ein Stier mit verletzten Hufen
Kriecht eine große, schwarze Spinne
Aus ihrem Schlupfwinkel hervor
Klettert die Wände hinauf
Spreizt sich über dem Baum
Spinnt Fäden, spinnt Fäden
Die der Wind davonträgt
Webt ein hauchdünnes Netz
Das den Azur verdüstert.
(Jean-Joseph Rabearivelo)

Dieser Zug ist der ihrer Rasse eigenen Schlauheit und Feinheit vollkommen würdig. Nachdem sie alle nötigen Maßnahmen getroffen und sich davon überzeugt hat, daß die Macht der Verschwörer gebrochen ist und daß ihr keine Gefahr mehr droht, sucht sie dem Volk gegenüber das Vergehen ihres Sohnes zu bemänteln.

3. Juli. Der heutige Tag brachte Jammer und Schrecken über die ganze Stadt. Am frühen Morgen wurde dem Volk verkündet und befohlen, sich zu einer bestimmten Stunde auf dem Bazar einzufinden, um einem dort abzuhaltenden großen *Kabar* beizuwohnen. Eine solche Ankündigung erfüllt das Volk stets mit Angst und Entsetzen, denn es weiß aus trauriger, oft gemachter Erfahrung, daß *Kabare* nichts anderes bedeuten als Quälerei, Verfolgungen und Todesstrafen. Es gab ein Geheul und Lärmen, ein Fliehen und Laufen in den Straßen, als wäre die Stadt von einem feindlichen Heer überfallen worden, und im Grunde genommen hätte man dieses glauben mögen, denn Truppen besetzten alle Ausgänge der Stadt, und die armen Leute wurden von den Soldaten mit Gewalt aus ihren Häusern und Verstecken gerissen und zum Bazar getrieben.

Wir Europäer, in unserem Haus eingeschlossen, sahen nur wenig von diesen Szenen, Herr Laborde ausgenommen, der bei der Beliebtheit, die er unter allen Ständen genoß, es noch immer ungescheut wagen konnte, seinen gewohnten Beschäftigungen nachzugehen. Voll banger Erwartung harrten wir seiner Rückkehr. Er kam bleich und aufgeregt nach

Hause und erzählte uns, daß dieser *Kabar* von allen jenen, deren Zeuge er während seines Aufenthaltes in Tananariva gewesen, der grausamste und folgenschwerste sei. Der größte Teil der Bevölkerung der Stadt, Männer, Weiber und Kinder, seien auf dem großen Platz versammelt worden, und jeder habe, das Fürchterlichste erwartend, zitternd dem königlichen Befehl gehorcht, den ein Beamter mit lauter Stimme verkündete.

Die königliche Mitteilung lautete: Die Königin habe schon lange die Vermutung gehabt, daß es noch viele Christen unter ihrem Volke gebe. Vor einigen Tagen habe sie Gewißheit darüber erlangt und mit Entsetzen vernommen, daß in und um Tananariva allein deren mehrere Tausende lebten. Jederman wisse, wie sehr sie diese Sekte hasse und verabscheue, wie streng sie die Annahme dieser Religion verboten habe; da man ihre Befehle so wenig achte, werde sie alle Mittel anwenden, die Schuldigen zu entdecken und sie mit der größten Strenge zu bestrafen. Die Dauer des *Kabars* wurde auf 15 Tage angesetzt und dem Volke zum Schluß mitgeteilt, daß diejenigen, die sich während dieser Zeit selbst angäben, das Leben geschenkt erhalten, jene dagegen, die angezeigt würden, auf die schrecklichsten Todesarten gefaßt sein mußten.

Ich glaube kaum, daß nach der Erfahrung, welche die Leute in diesem halben Jahr gemacht haben, sich irgend jemand freiwillig melden dürfte. Meine Leser werden sich des ähnlichen Falles erinnern, den ich unter den von der Königin begangenen Grausamkeiten angeführt habe, in welchem die Unglücklichen, die sich selbst angaben, zwar dem königlichen Versprechen gemäß nicht hingerichtet, aber in schwere Ketten geschlagen wurden und kümmerlich verkamen. Und damals handelte es sich nur um Zauberei, Diebstahl, Grabesschändung und andere Verbrechen, die in den Augen der Königin viel geringer sind als jenes, die christliche Religion angenommen zu haben. Für die unglücklichen Bekenner des Christentums würde sie gewiß noch ungleich grausamere Qualen ersinnen.

Wer sollte es glauben, daß der Verräter, der Angeber der Christen, selbst ein Christ und dazu noch eine Art Priester war, den die englischen Missionare mit dem Titel *Reverendissimus* beehrten! Dieser erbärmliche Mensch heißt Ratsimandisa, gehört zum Stamm der Hovas, ist in Tananariva geboren und hat eine halb europäische Erziehung genossen, die aber leider keinen Einfluß auf die Veredelung seines Herzens und seiner Gesinnung ausübte. In der Absicht, das Wohlwollen der Königin zu gewinnen, und auf eine große Belohnung hoffend, gab er vor, die christliche Religion nur zum Schein angenommen zu haben, um alle Christen kennenzulernen und so der Königin Gelegenheit zu geben, sie mit einem Schlage zu vernichten. Er hatte auch wirklich ein vollständiges Namensverzeichnis der in und um Tananariva lebenden Christen aufgestellt. Glücklicherweise kam es ihm nicht in den Sinn, eine Audienz bei der Königin zu verlangen, um ihr dieses Verzeichnis persönlich zu übergeben. Er händigte es einem der Minister aus, der zufällig zur Partei des Prinzen Rakoto gehörte und einer seiner treusten Anhänger war. Dieser Mann wollte ein so wichtiges Dokument der Königin nicht überreichen, ohne den Prinzen erst davon in Kenntnis zu setzen. Kaum hatte letzterer dessen Inhalt gelesen, zerriß er es in Stücke und erklärte, er würde denjenigen, der sich unterstünde, ein zweites Verzeichnis anzufertigen oder es auch nur anzunehmen, um es der Regierung vorzulegen, augenblicklich hinrichten lassen. Dadurch wurde freilich einigen Tausenden von Christen das Leben gerettet. Sie gewannen Zeit und konnten fliehen, was auch die meisten taten; aber in den wilden, unwirtlichen Wäldern, in denen es ihnen allein möglich ist, sich zu verbergen, ohne Obdach, ohne Nahrungsmittel, muß die Mehrzahl der Armen dem Hunger und dem Elend erliegen.

Um das Ausmaß ihres Unglücks voll zu machen, war gerade kurze Zeit vor dem Verrat Ratsimandisas ein englischer Missionar, Herr Lebrun aus Mauritius, auf einige Tag nach Tamatavé gekommen und hatte von da aus an mehrere Christen in Tananariva Briefe geschrieben, mit welchen er sie aufforderte, dem Christentum treu zu bleiben und der Versicherung zu glauben, daß die Zeit der Verfolgung nicht mehr lange währen könne, daß bald bessere Zeiten für sie kämen. Den ärmeren wurde überdies noch Geld versprochen und, wie man mir sagte, teilweise auch gegeben. Einige dieser Briefe gelangten leider der königlichen Regierung in die Hände; andere wurden bei den Untersuchungen in den Häusern der des Christentums verdächtigten Personen gefunden, und da in den Schriften mehrere Namen von Christen vorkamen, an die der Missionar durch den Empfänger des Briefes Grüße oder Botschaften sandte, konnte man die Kompromittierten festnehmen. Die Unglücklichen wurden wie zur Zeit der Inquisition in Spanien auf alle denkbare Art gemartert und zur Angabe der ihnen bekannten Christen gebracht. Auf diese Weise gelang es der Regierung, gleich in den ersten Tagen eine ziemliche Anzahl zu verhaften.

4. Juli. Herr Lambert erlitt wieder einen Rückfall des Fiebers, und zwar einen so starken, daß wir sehr um sein Leben besorgt waren. Auch mit meiner Gesundheit geht es nicht gut; ich habe zwar keine so heftigen Fieberanfälle wie Herr Lambert; allein, ich kann es nicht loswerden, und meine Kräfte schwinden von Tag zu Tag.

6. Juli. Schon über 200 Christen sollen in den wenigen Tagen seit der Verkündung des *Kabars* teils denunziert, teils aufgespürt worden sein. Man sucht überall nach ihnen, man dringt in jedes Haus – wer nur immer des Christentums verdächtigt wird, sei es Mann, Weib oder Kind, wird von den Soldaten aufgegriffen und ins Gefängnis geschleppt.

Wenn der Umsturz der Regierung nicht bald stattfindet und man dieser Megäre nicht die Macht aus den Händen reißt, bevor die angesetzten fünfzehn Tage um sind, werden schauderhafte Greueltaten und Hinrichtungen stattfinden! Herr Lambert und Herr Laborde scheinen zwar trotz aller eingetretenen Hindernisse die Hoffnung nicht zu verlieren und halten den beabsichtigten Staatsstreich noch immer für ausführbar, auch ich wünschte es von ganzem Herzen, und, man möge es mir glauben, nicht so sehr, weil mein eigenes Leben dabei mit auf dem Spiele steht, als meiner zahlreichen Glaubensgenossen und des ganzen Volkes wegen, das unter der gewiß mildtätigen Regierung des Prinzen Rakoto zu einem neuen Leben erwachen würde. Aber leider kann ich die Hoffnung meiner Gefährten nicht teilen. Wie die Verhältnisse gegenwärtig stehen, sehe ich keine Möglichkeit des Gelingens. Der Oberbefehlshaber der Armee ist nicht dazu zu bewegen ... und hat meiner Meinung nach wohl überhaupt nie die Absicht gehabt, sein gegebenes Versprechen zu halten und den Verschwörern die Tore des königlichen Palastes zu öffnen; die Gegner des Prinzen Rakoto gewinnen mit jedem Tag an Macht, und an eine Volksrevolution ist nicht zu denken. Die armen Madagaskaren sind zu gedrückt und unterwürfig; sie haben noch zu viel Ehrfurcht vor der Macht der Königin, als daß man sie bewegen könnte, etwas dagegen zu unternehmen.

7. Juli. Die Königin ist davon unterrichtet worden, daß Herr Lambert einen gefährlichen Rückfall des Fiebers bekommen hat, und sie sendet fünf- bis sechsmal am Tag vertraute Offiziere, aber jedesmal andere, sich nach seinem Befinden zu erkundigen. Die Offiziere verlangen stets, in sein Zimmer geführt zu werden und ihn zu sehen. Wahrscheinlich haben sie den Auftrag, sich zu überzeugen, ob seine Krankheit eine wirkliche oder eine vorgetäuschte sei. Ihre Majestät scheint den Tod von Herrn Lambert nicht erwarten zu können.

Prinz Rakoto ist seit drei Tagen nicht mehr zu uns gekommen. Die Königin, seine Mutter, hält ihn so gut wie gefangen; sie läßt ihn nicht von ihrer Seite unter dem Vorwand, daß ihr große Gefahr drohe und sie seines Schutzes bedürfe. Durch diese wirklich ganz raffinierte Politik erreicht sie einen doppelten Zweck. Auf der einen Seite läßt sie dadurch ihren Sohn als teilnahmslos an der Verschwörung erscheinen, auf der anderen hindert sie ihn daran, mit seinen Mitverschwörern in Verbindung zu treten und von diesen vielleicht zu einem entscheidenden Schritt verleitet zu werden. Auch andere Vorsichtsmaßnahmen hat sie getroffen: Der Palast ist mit dreifacher Wache umgeben, niemand darf daran vorübergehen, und in das Innere werden nur diejenigen gelassen, die als der Königin vollkommen treu und ergeben bekannt sind.

8. Juli. Unser Gefängnis schließt sich immer enger und enger, und unsere Lage fängt an wirklich sehr kritisch zu werden. Wir haben soeben erfahren, daß seit gestern abend ein königlicher Befehl jedermann ohne Ausnahme bei Todesstrafe untersagt, unser Haus zu betreten. Herr Laborde wagt es nun auch nicht mehr, sich auf der Straße zu zeigen. Was mich sehr wundert, ist, daß man unseren Sklaven noch erlaubt, zum Bazar zu gehen, um die nötigen Einkäufe zu besorgen. Ohne Zweifel wird es damit ebenfalls bald ein Ende haben, und wenn ich mich nicht irre, mag der Augenblick nicht fern sein, wo die Königin die Maske abwerfen, uns öffentlich als Verräter erklären und unser Haus von Soldaten umgeben und vollkommen absperren lassen wird. Niemand kann wissen, was dieses Weib mit uns im Sinn hat, und im Hinblick auf ihren Charakter haben wir sicherlich nichts Gutes zu erwarten. Sind wir einmal Gefangene, so kann sie uns leicht durch vergiftete Lebensmittel oder auf irgendeine andere Art aus der Welt schaffen.

Wie uns unsere Sklaven sagen, sind mehr als 800 Soldaten mit der Jagd auf Christen beauftragt; sie durchstöbern nicht nur die ganze Stadt, sondern streifen auch 20 bis 30 Meilen weit im Land umher, sollen aber glücklicherweise nur wenig Gefangene machen. Alles flieht in das Gebirge und in die Wälder, und zwar in solcher Anzahl, daß kleine Abteilungen von Soldaten, welche die Fliehenden verfolgen und einzufangen suchen, von letzteren in die Flucht geschlagen werden.

9. Juli. Auch heute erhielten wir Nachrichten von der Christenverfolgung. Die Königin hat erfahren, daß bis jetzt verhältnismäßig nur sehr wenige Gefangene eingebracht worden sind. Sie soll darüber auf das höchste erzürnt gewesen sein und in größter Wut ausgerufen haben, man müsse die Eingeweide der Erde durchwühlen, Flüsse und Seen mit Netzen durchfischen, damit auch nicht einer dieser Verbrecher den königlichen Gesetzen der Strafe entgehe!

Diese hochtrabenden Worte, die erneuerten strengen Befehle, die sie den mit der Verfolgung der Christen beauftragten Offizieren und Soldaten erteilt, haben aber, Gott sei es gedankt, keinen großen Erfolg, und wie aufgebracht wird Ihre Majestät erst sein, wenn sie hört, daß es den Bewohnern ganzer

Ortschaften gelungen ist, sich ihrem Zorn durch rechtzeitige Flucht zu entziehen. So geschah es vor wenigen Tagen im Dorf Ambohitra-Biby, 9 Meilen von Tananariva. Als die Soldaten ankamen, fanden sie nichts als die leeren Hütten.

Heute mittag wurde neuerdings ein großer *Kabar* auf dem Marktplatz abgehalten. Die Königin ließ dem Volk verkünden, daß alle jene, die den Christen zur Flucht behilflich seien oder sie nicht daran hinderten oder sie zu verbergen suchten, die Todesstrafe zu erleiden hätten, daß dagegen jene, die Christen verrieten, einbrächten oder an der Flucht hinderten, das besondere Wohlwollen der Königin gewinnen und in der Folge als Belohnung entweder gar nicht oder nur sehr gering bestraft würden, sollten sie selbst irgendein Verbrechen begehen.

Auch ein Truppenkorps von 1500 Mann wurde heute abbeordert, und zwar in den Distrikt J-Baly an der Ostküste. Dieser ausgedehnte Distrikt ist von Seklaven bewohnt und nur zum Teil der Königin Ranavola unterworfen. In einem Dorf des unabhängigen Teils leben schon seit ein paar Jahren fünf katholische Missionare, die dort eine kleine Gemeinde gegründet haben. Die Königin ist darüber natürlich sehr erzürnt, und dies um so mehr, als sie in ihrer Anmaßung, Beherrscherin der ganzen Insel zu sein, vor einiger Zeit das Gesetz erlassen hat, daß alle Weißen getötet werden sollten, die in Madagaskar an einem Ort landeten oder gar verweilten, an dem sich kein Posten ihrer Hova-Soldaten befände. Diesem Gesetz zufolge will sie nun die Missionare gefangen nehmen und hinrichten lassen. Ich glaube kaum, daß die Liebe der Seklaven zu den Missionaren so groß ist, daß sie deren Auslieferung verweigern und sich ihretwegen einem Krieg mit einem so mächtigen Feind wie die Königin Ranavola aussetzen. Selbst wenn sie es täten, wäre natürlich nicht die geringste Aussicht auf einen Erfolg vorhanden. Wir hegen jedoch die Hoffnung, daß die Truppen zu spät kommen und die Missionare den Ort schon vor ihrer Ankunft verlassen haben werden, denn der Prinz Rakoto hat schon vor einiger Zeit einen zuverlässigen Boten an sie gesandt, um sie von der ihnen drohenden Gefahr zu unterrichten.

Obwohl der Prinz Rakoto noch immer so gut wie gefangen ist und uns nicht besuchen kann, so vergeht doch selten ein Tag, ohne daß wir Nachrichten von ihm erhalten und ohne daß er uns von allem in Kenntnis setzt, was die Königin und ihre Minister gegen uns vorhaben. Der Prinz hat vertraute Sklaven, ebenso Herr Laborde. Diese begegnen einander scheinbar zufällig auf dem Bazar oder an anderen Orten und teilen sich ihre gegenseitigen Botschaften mit.

So ließ er uns heute sagen, die Königin habe Befehl gegeben, an einem der folgenden Tage unser Haus zu durchsuchen, und zwar unter dem Vorwand, daß allgemein behauptet werde, es seien da entflohene Christen versteckt, in der Tat aber, um unsere Papiere und Schriften in Beschlag zu nehmen. Wir verbargen diese natürlich augenblicklich so gut wir konnten. Auch haben wir erfahren, daß sich die Königin in den letzten Tagen viel mit uns beschäftigt und lange Sitzungen mit ihren Ministern gehalten hat, in welchen beraten wurde, was mit uns anzufangen sei. Nach ihrem Sinne hätte sie uns schon lange in die andere Welt geschickt; aber sechs Europäer auf einmal zu töten, erscheint ihr doch etwas zu gewagt, und sie soll gegenüber ihrem Premierminister, der gleich von Anfang an mit Entschiedenheit für unseren Tod stimmte, geäußert haben, der einzige Grund, der sie davon abhalte, sei, daß eine solche Strenge gegen so bedeutende Personen, wie wir zu sein schienen, die Europäer veranlassen könnte, ihr den Krieg zu erklären. (Glückliche Irrtümer: der erste, daß sie uns für bedeutende Personen hält; der zweite, daß sie meint, einer europäischen Macht wäre an einigen Menschenleben so viel gelegen ... ja, wenn es sich um eine große Summe Geld gehandelt hätte ...!) Doch sei es, wie es wolle, unser Leben steht jedenfalls in großer Gefahr, denn es liegt in der Hand eines Weibes, das, von wilden Leidenschaften beherrscht, sich jeden Augenblick hinreißen lassen kann, alle Rücksichten beiseite zu schieben. Sollte uns das Leben geschenkt werden, so fürchte ich eine lange Gefangenschaft. Uns nur des Landes zu verweisen, genügt der Königin wohl nicht, sonst hätte sie es schon längst getan.

10. Juli. Heute wurden plötzlich unsere Tore geöffnet, und ungefähr ein Dutzend hoher Offiziere nebst vielem Gefolge traten in den Hof. Wir dachten, sie kämen, um die uns vom Prinzen angezeigte Hausdurchsuchung durchzuführen; aber zu unserem größten Erstaunen erklärten sie Herrn Lambert, daß die Königin sie sende, um die kostbaren Geschenke abzuholen, die er für sie und für ihren Hof mitgebracht habe.

Herr Lambert ließ augenblicklich die Kisten herbeischaffen und auspacken. Die darin enthaltenen Gegenstände wurden je nach ihrer Bestimmung in große Körbe gelegt, welche die von den Offizieren mitgebrachten Sklaven sofort zum königlichen Palast trugen. Einige der Offiziere begleiteten die Träger; die übrigen traten in unseren Empfangssaal, unterhielten sich wenige Augenblicke mit den Herren Lambert und Laborde und empfahlen sich dann auf das höflichste.

Bei dieser Gelegenheit sah ich zum ersten Mal alle diese Herrlichkeiten etwas genauer.

Die Kleider, deren Herr Lambert eine große Menge für die Königin, für ihre Schwester und andere weibliche Verwandte mitgebracht hatte, waren wirklich sehr schön. Herr Lambert hatte sie in Paris nach den Mustern jener der Kaiserin von Frankreich und von der Kleidermacherin, die für letztere arbeitet, anfertigen lassen. Es gab einzelne darunter, die über 300 Thaler gekostet hatten. Jedem Kleid waren die dazu passenden Schärpen, Bänder, Kopfputzzeug ... mit einem Wort, alle zu einer vollständigen Toilette gehörenden Gegenstände beigefügt.

So ausgestattet mögen sich die glücklichen Damen, für die dieser Putz bestimmt ist, noch ungleich lächerlicher ausnehmen als jene, die am Kostüm-Ball teilgenommen hatten. Ich sehe sie in Gedanken mit ihren plumpen Gestalten und dem entenartigen Gang in den tief ausgeschnittenen Staatsroben mit langer Schleppe und kurzen Ärmeln! Und der feine, zarte Kopfputz auf der Höhe einer dieser wolligen Naturperücken – wie neckisch und reizend. Wahrlich, wenn Herr Lambert vorsätzlich darauf bedacht gewesen wäre, die Häßlichkeit der madagaskarischen Damenwelt besonders hervorzuheben, er hätte nichts Passenderes finden können als diese Putzsachen!

Nicht minder kostbar und zahlreich waren die Geschenke für den Prinzen Rakoto.

Da gab es Uniformen, ebenso prachtvoll gearbeitet und mit den gleichen Goldstickereien verziert, wie die des Kaisers der Franzosen, Zivilkleider aus den verschiedenartigsten Stoffen, Formen und Farben, gestickte Batisthemden, Taschentücher, Fußbekleidung jeder Art und alle denkbaren Toilettegegenstände.

Was aber am meisten die Bewunderung und wohl auch den Neid der versammelten Offiziere erregte, war eine reiche Pferdedecke samt Sattel und Zubehör; die guten Leute konnten sich nicht satt daran sehen, und noch oben, im Empfangssaal, fragte mich einer von ihnen, ob in Frankreich nur der Kaiser eine so prachtvolle Pferdedecke besäße oder ob auch die Offiziere welche hätten – worauf ich mir den Scherz erlaubte, ihm zu erwidern, daß nur der Kaiser allein sich einer so reichen Decke bediene, daß er sie aber, wenn sie abgenützt sei, einem seiner Lieblinge schenke und sich eine neue machen lasse. Vielleicht schließt sich dieser Mann nun der Partei des Prinzen an, in der Hoffnung, nicht nur dessen Liebe, sondern in der Folge auch die Pferdedecke zu gewinnen.

DER URTEILSSPRUCH

11. Juli. Gestern abend wurde ein altes Weib beim Gericht als Christin denunziert. Man ergriff sie sogleich, und heute morgen – kaum vermag meine Feder niederzuschreiben, welche entsetzliche Qual die Arme erlitt – heute morgen schleppte man sie zum Marktplatz und durchsägte ihr das Rückgrat.

12. Juli. Heute früh wurden leider wieder in einer Hütte in einem Dorf in der Nähe der Stadt sechs Christen aufgegriffen. Die Soldaten hatten die Hütte bereits durchsucht und standen schon im Begriff, sie zu verlassen, als einer von ihnen jemanden husten hörte. Sogleich wurde alles aufs neue durchsucht, und in einem großen Loch, das in die Erde gegraben und mit Stroh zugedeckt war, fand man die Unglücklichen. Was mich bei dieser Episode am meisten in Erstaunen setzte, war, daß die übrigen Bewohner des Dorfes, die keine Christen waren, die Verborgenen nicht verrieten, obgleich sie ganz gewiß Kenntnis vom letzten *Kabar* hatten, der die Verheimlichung von Christen, die Mithilfe zur Flucht oder die Verhinderung ihrer Entdeckung mit dem Tode bedroht. Ich würde bei diesem Volk wahrhaftig keinen solchen Edelmut gesucht haben. Leider fand er eine traurige Belohnung. Der kommandierende Offizier nahm keine

Rücksicht auf diese großherzige Handlungsweise. Er hielt sich streng an seine Befehle und ließ nicht nur die sechs Christen, sondern sämtliche Bewohner des Dorfes gefesselt in die Stadt schleppen – Weiber und Kinder nicht ausgenommen.

Ich fürchte, es wird ein schreckliches Blutbad geben. Die Armen mögen wohl alle hingerichtet werden, denn man wird annehmen, daß sie um das Versteck ihrer Nachbarn gewußt haben. Von der Königin dürfen sie keinesfalls Gnade erwarten; die Erfüllung von Todesurteilen hält sie auf das strengste ein, und noch nie soll es vorgekommen sein, daß sie einem zum Tode Verurteilten das Leben geschenkt hätte.

Prinz Rakoto ließ uns heute sagen, daß die Königin im Sinn habe, für Herrn Lambert ein großes Festessen zu geben, zu welchem natürlich auch alle übrigen Europäer eingeladen sein würden. Was soll das bedeuten?

Seit mehr als acht Tagen behandelt man uns wie Staatsverbrecher und Gefangene – und nun auf einmal diese große Auszeichnung! Heitert sich der Himmel für uns auf – oder ist es eine Falle? Ich fürchte das letztere.

Erfreut sind wir durchaus nicht über diese Nachricht, denn selbst wenn der Einladung keine böse Absicht zu Grunde liegen sollte, haben wir jedenfalls eine entsetzliche Langeweile auszustehen. Je höher nämlich die Königin den Gast ehren will, den sie zu einem solchen Festessen ladet, desto kolossaler ist die Mahlzeit, die ihm vorgesetzt wird, und desto mehr Stunden müssen an der Tafel zugebracht werden, denn auch die längere oder geringere Dauer des Banketts ist Teil der Auszeichnung. Als Herr Lambert das erste Mal nach Tananariva kam, gab die Königin ihm zu Ehren ein Festessen, das aus mehreren hundert, aus allen Gegenden der Insel hergebrachten Gerichten bestand. Die auserlesensten Leckerbissen (natürlich für madagaskarische Gaumen) wurden aufgetischt, darunter Land- und Wasserkäfer, wobei letztere als besonders wohlschmeckend gelten, Heuschrecken, Seidenwürmer und andere Insekten. Die Tafel währte über vierundzwanzig Stunden, und das merkwürdige dabei war – wie mir Herr Lambert erzählte –, daß der größte Teil der geladenen Gäste die ganze Zeit über den verschiedenen Gerichten emsig zusprach. Er selbst war natürlich nicht imstande, so lange an der Tafel zu bleiben, und erhob sich mit königlicher Erlaubnis von Zeit zu Zeit, mußte aber dennoch bis zum Schluß ausharren.

Als wir noch im besten Einvernehmen mit der Königin standen, sahen wir der Einladung zu einem solchen Festessen allein schon wegen des langen Sitzens mit wahrem Entsetzen entgegen, um so mehr unter den jetzigen Umständen, wo doch dieses Mahl gar leicht unser Totenmahl werden kann. Erweist uns indes die Königin diese Ehre, so bleibt uns eben nichts anderes übrig, als diese anzunehmen, denn wenn Ihre Majestät uns zu töten beabsichtigt, so können wir unserem Schicksal auf keinen Fall entgehen.

13. Juli. Diesen Morgen erhielten wir vom Prinzen die erfreuliche Kunde, daß die fünf Missionare von J-Baly glücklich entflohen seien. Die Königin wird wüten, wenn sie erfährt, daß sie ihre 1500 Mann umsonst abgeschickt hat. Man soll dieses Weib überhaupt noch niemals in so unausgesetzt böser Laune, in so oft wiederholten heftigen Zornesausbrüchen gesehen haben, wie in den letzten acht oder zehn Tagen. Das ist traurig für uns, vorderhand aber noch viel trauriger für die armen Christen, die sie mit einem solchen Eifer, mit einer solchen Wut verfolgen läßt, wie dies seit Antritt ihrer Regierung noch nie geschehen ist. Beinahe täglich werden auf den Bazaren der Stadt und in den umliegenden Dörfern *Kabare* abgehalten, um das Volk zur Denunzierung von Christen aufzufordern und ihm zu verkünden, daß die Königin die Gewißheit habe, alles Unglück, das je über das Land gekommen sei und noch kommen werde, rühre nur von dieser Sekte her, und daß sie nicht eher ruhen werde, bis der letzte Christ vertilgt sei.

Was für ein großes Glück war es für die so hart Verfolgten, daß das Verzeichnis ihrer Namen in die Hände des Prinzen Rakoto fiel und daß er es vernichtete! Wäre dies nicht geschehen, so würde es zahllose Hinrichtungen gegeben haben. So hofft man, daß trotz alles Wütens der Königin, daß trotz ihrer Aufforderungen und Befehle es vielleicht doch nicht mehr als 40 bis 50 Opfer geben dürfte. Viele der Großen des Reiches, viele der königlichen Beamten sind ja im geheimen selbst Christen und suchen ihren Glaubensgenossen auf alle Art zur Flucht zu verhelfen. Man hat uns versichert, daß von den 200 Christen, die vor mehreren Tagen eingefangen worden waren, sowie von den Bewohnern des Dorfes, die man gestern in die Stadt gebracht hat, bei weitem die meisten wieder entwischt seien.

16. Juli. Wie wir soeben erfahren, wurde gestern im königlichen Palast ein besonders großer *Kabar* abgehalten, der über sechs Stunden währte und bei welchem es sehr stürmisch zugegangen sein soll. Dieser Kabar betraf uns Europäer – es handelte sich um die Entscheidung über unser Schicksal. Nach dem gewöhnlichen Lauf der Welt, sind beinahe alle unsere Freunde von dem Augenblick an von uns abgefallen, als sie sahen, daß unsere Sache verloren war, und um den Verdacht der Teilnahme an der Verschwörung von sich abzuschütteln, drangen die meisten von ihnen eifriger auf unsere Verurteilung, als selbst unsere Feinde. Daß wir die Todesstrafe verdienten, darüber war man sich bald einig, und nur die Art und Weise der Beförderung in die andere Welt gab den Leuten viel Stoff zur Debatte. Die einen stimmten für öffentliche Hinrichtung auf dem Marktplatz, andere für einen nächtlichen Überfall auf unser Haus, wieder andere für die Einladung zu dem Festessen, bei welchem man uns entweder vergiften oder auf ein gegebenes Zeichen niedermetzeln wollte.

Die Königin schwankte zwischen diesen verschiedenen Vorschlägen, hätte aber jedenfalls einen davon angenommen und ausführen lassen, wenn Prinz Rakoto nicht unser Schutzgeist gewesen wäre. Er sprach mit voller Macht gegen die Verurteilung zum Tode. Er warnte die Königin, sich nicht von ihrem Zorn hinreißen zu lassen, und wies darauf hin, daß die europäischen Mächte die Ermordung von sechs so bedeutenden Personen (?), wie wir es seien, gewiß nicht ungeahndet hinnehmen würden. Noch nie soll der Prinz der Königin gegenüber seine Meinung so heftig und bestimmt geäußert haben wie bei dieser Gelegenheit. Wir empfingen diese Nachricht, wie ich bereits gesagt habe, teils durch vertraute Sklaven des Prinzen, teils durch einige wenige Freunde, die uns wider Erwarten treu geblieben waren.

17. Juli. Dreizehn lange Tage währt bereits unsere Gefangenschaft – dreizehn lange Tage haben wir in der peinlichsten Ungewißheit unseres Schicksals verlebt, jeden Augenblick auf eine Entscheidung gefaßt, Tag und Nacht durch den geringsten ungewohnten Lärm aufgeschreckt. Es war eine abscheuliche, eine fürchterliche Zeit!

Diesen Morgen saß ich an meinem Schreibtisch; ich hatte eben die Feder aus der Hand gelegt und dachte darüber nach, ob nun nach dem letzten *Kabar* die Königin endlich zu einem Beschluß gekommen sein möge. Plötzlich hörte ich eine ungewöhnliche Aufregung im Hofraum. Ich wollte aus meinem Zimmer treten, dessen Fenster nach der entgegengesetzten Seite gingen, um zu sehen, was es gäbe, als mir Herr Laborde mit der Mitteilung entgegenkam, im Hof werde ein großer *Kabar* abgehalten, und man habe uns Europäer aufgefordert, demselben beizuwohnen.

Wir gingen hin und fanden mehr als 100 Personen, Richter, Adelige und Offiziere, in einem weiten Halbkreis auf Stühlen und Bänken und mitunter auch auf der Erde sitzend; eine Abteilung Soldaten stand hinter ihnen. Einer der Offiziere empfing uns und wies uns Plätze den Richtern gegenüber an. Letztere waren in lange, weiße *Simbus* gehüllt, ihre Blicke ruhten finster und ernst auf uns, und geraume Zeit herrschte Todesstille. Ich gestehe, es wurde mir etwas bange, und ich flüsterte Herrn Laborde leise zu: »Ich glaube, unsere letzte Stunde hat geschlagen.« Seine Antwort war: »Ich bin auf alles gefaßt.«

Endlich erhob sich einer der Minister oder Richter, und mit einer wahren Grabesstimme und einem großen Reichtum an hochtrabenden Worten sagte er ungefähr folgendes:

Das Volk habe erfahren, daß wir Republikaner und in der Absicht nach Madagaskar gekommen seien, hier eine ähnliche Regierungsform einzuführen, den Thron der geliebten Beherrscherin umzustoßen, dem Volke gleiche Rechte wie dem Adel zu geben und die Sklaverei abzuschaffen, ferner, daß wir viele Zusammenkünfte mit den der Königin wie dem Volke gleichermaßen verhaßten Christen gehabt und diese aufgefordert hätten, an ihrem Glauben festzuhalten und auf baldige Hilfe zu vertrauen. Durch diese aufrührerischen Umtriebe sei das Volk so gegen uns aufgebracht worden, daß die Königin, um uns vor dessen Wut zu schützen, sich gezwungen gesehen habe, uns als Gefangene zu behandeln. Die ganze Bevölkerung von Tananariva verlange unseren Tod; aber die Königin, die noch keinem Weißen das Leben genommen, wolle es auch in diesem Fall nicht tun, obwohl die von uns begangenen Verbrechen sie vollkommen dazu berechtigten – und in ihrer Gnade und Großmut habe sie beschlossen, die ganze Bestrafung darauf zu beschränken, uns für immer aus ihren Staaten zu verweisen. Herr Lambert, Herr Marius, die beiden anderen Europäer, die bei Herrn Laborde wohnten, und ich hätten das Stadtgebiet binnen einer Stunde zu räumen; Herr Laborde könne 24 Stunden länger bleiben, und mit Rücksicht auf seine früher geleisteten Dienste sei es ihm gestattet, von seinem Eigentum alles mitzunehmen, was nicht nagelfest sei, die Sklaven ausgenommen; diese fielen, wie auch sein Besitz an Häusern, Gütern usw. an die Königin zurück, deren Huld er das alles zu verdanken gehabt habe. Seinem Sohn, da er mütterlicherseits ein Eingeborener sei und weil man seiner Jugend halber annehme, daß er an der Verschwörung nicht teilgenommen habe, werde es freigestellt, ob er in seinem Vaterland bleiben oder es verlassen wolle. Die Königin bewilligte uns ebenso wie Herrn Laborde so viele Träger, als wir zur Fortschaffung unserer Person und der uns gehörenden Gegenstände bedürften; zu unserer größeren Sicherheit werde sie uns bis zu unserer Einschiffung in Tamatavé von Militär begleiten lassen, und zwar von 50 Soldaten, 20 Offizieren und einem Kommandanten. Herr Laborde bekomme eine gleiche Eskorte, habe aber stets mindestens eine Tagreise hinter uns zu bleiben.

Trotz unserer kritischen Lage machte uns diese Rede beinahe lachen. Plötzlich hatte das Volk etwas zu bedeuten. Dieses arme Volk, das in schwereren Ketten schmachtet als die Leibeigenen in Rußland oder die Sklaven in den Vereinigten Staaten Nordamerikas, bekam plötzlich Einfluß auf der Königin Willen, erhielt die Freiheit zugebilligt, einen Wunsch auszusprechen, ja sogar zu drohen! Dem Redner ging denn auch das Wort *Volk* nicht sehr geläufig von den Lippen; er versprach sich häufig und sagte stattdessen *Königin.*

Natürlich wurde uns nicht erlaubt, auch nur ein Wort zu unserer Verteidigung oder Rechtfertigung vorzubringen. Wir dachten übrigens gar nicht daran, waren von Herzen froh, so leichten Kaufes davonzukommen, und wußten uns diese unerwartete Großmut seitens der Königin gar nicht zu erklären. Freilich konnten wir weder wissen noch ahnen, was uns noch alles bevorstand.

Nachdem der *Kabar* geschlossen worden war, gab man Herrn Lambert die Geschenke zurück, die erst vor wenigen Tagen abgeholt worden waren, aber nicht alle, wie wir trotz der flüchtigen Übergabe gleich feststellen konnten. Die fehlenden mochten jedoch nicht von der Königin zurückbehalten, sondern wohl von den Offizieren und Beamten unterschlagen worden sein. Prinz Rakoto behielt das meiste; er schickte nur einige Kleinigkeiten zurück, und diese wahrscheinlich nur, um anscheinend dem Wunsch der Königin zu gehorchen.

Zudem war allen Offizieren und Adeligen, unter die Herr Lambert Geschenke verteilt hatte, befohlen worden, diese persönlich zurückzubringen; aber die hübschen Summen Geldes, die ihnen Herr Lambert gegeben und von welchen die Königin nichts wußte, behielten sie.

Nun sollten wir in einer Stunde nicht nur unser eigenes Gepäck in Ordnung bringen und die für die Reise nötigen Vorräte an Lebensmitteln besorgen, sondern auch noch alle diese wertvollen Gegenstände verpacken – aber wie?! Die Kisten waren zum größten Teil bereits unbrauchbar, denn nachdem die Königin die Geschenke so feierlich hatte abholen lassen, rechnete niemand damit, daß sie dieselben zurücksenden würde.

Wir befanden uns wirklich in der größten Verlegenheit; aber es war nichts zu ändern. Herr Lambert suchte in aller Eile das Kostbarste aus, und dann warfen wir bunt durcheinander in unsere Reisekoffer und in einige der noch ganzen Kisten so viel wie hineinging. In einer Stunde waren wir zum Aufbruch bereit. Glücklicherweise nahmen es die Offiziere, Soldaten und Träger nicht so genau wie wir mit den Befehlen der Königin; sie trafen ihre Vorbereitungen mit mehr Muße, und der Rest des Tages verging, ohne daß sie auftauchten. Unsere Abreise erfolgte erst am folgenden Morgen; durch die Verzögerung hatte Herr Lambert Zeit, von seinen zurückgewiesenen Geschenken noch manches einzupacken.

18. Juli. Mit wahrer und großer Freude kehrte ich einer Stadt den Rücken, in der ich so viel gelitten und in welcher man jeden Tag nur von Vergiftungen und Hinrichtungen hörte und von nichts sonst. So wurden diesen Morgen einige Stunden vor unserer Abreise zehn Christen unter den grausamsten Martern hingerichtet. Auf dem ganzen Weg vom Gefängnis bis zum Marktplatz stießen die Soldaten mit ihren Lanzen beständig nach ihnen; auf dem Marktplatz angekommen, steinigte man sie beinahe zu Tode. Dann erst hieb man ihnen die Köpfe ab, die auf die Lanzen gesteckt zur Schau ausgestellt wurden. Die Armen sollen sich überaus standhaft benommen und unter Absingen von Hymnen den Geist aufgegeben haben.

Als wir unseren Abzug durch die Stadt hielten, kamen wir am Marktplatz vorbei und sahen zum Abschied dieses schreckliche Bild. Unwillkürlich erwachte bei diesem Anblick in mir der Gedanke, daß der Großmut eines so hinterlistigen und grausamen Weibes nicht sehr zu trauen sei und daß vielleicht das Volk den geheimen Befehl erhalten habe, uns zu überfallen oder mit Steinwürfen zu töten. Dies war jedoch nicht der Fall. Die Leute strömten zwar haufenweise herbei, um uns zu sehen, viele begleiteten uns aus Neugierde sogar eine ziemliche Strecke; aber niemand erlaubte sich die geringste Beleidigung oder Beschimpfung.

Unsere Rückreise in die Hafenstadt Tamatavé gehörte zu den unangenehmsten und beschwerlichsten – noch auf keiner meiner vielen Reisen habe ich ähnliches erlitten. Die Königin hatte es nicht gewagt, uns öffentlich hinrichten zu lassen; aber wie wir nun deutlich erkannten, ihre Absicht war es gewesen, uns auf der Reise zugrunde gehen zu lassen. Herr Lambert litt wie ich sehr am Fieber; für uns war es höchst gefährlich, längere Zeit in den Niederungen zu verweilen und die bösen Ausdünstungen der Moraste einzuatmen. Wir hätten die Reise nach Tamatavé so schnell wie möglich hinter uns bringen und uns ungesäumt nach Mauritius einschiffen müssen, um dort ein besseres Klima, gute Pflege und vor allem ärztliche Hilfe zu finden, denn weder in Tananariva noch sonstwo auf Madagaskar gibt es einen Arzt. Aber nichts von alledem wurde uns gestattet. Die Königin hatte ihre Befehle in einem anderen Sinn gegeben, und anstatt die Reise in acht Tagen zurückzulegen, wie es gewöhnlich der Fall ist, waren wir beinahe acht Wochen (53 Tage) unterwegs. In den ungesunden Gegenden ließ man uns ein bis zwei Wochen in den erbärmlichsten Hütten liegen, und oft, wenn wir gerade an den heftigsten Fieberanfällen litten, riß man uns von dem elenden Lager auf, und die Reise wurde fortgesetzt, ohne daß man darauf achtete, ob das Wetter schön war oder ob es regnete.

In Beforn, einem der ungesundesten Plätze auf dem ganzen Weg, einem kleinen, ärmlichen Dorf, von Sümpfen und Waldungen so vollkommen umgeben, daß man nicht fünfzig Schritte weit auf trockenem Boden gehen konnte, blieben wir gar achtzehn Tage. Herr Lambert suchte den Kommandanten auf alle Art zu bewegen, die Reise zu beschleunigen. Er bot ihm, wie ich glaube, sogar eine ziemlich große Summe Geld. Alles vergebens: Die Befehle der Königin mochten zu genau und zu bestimmt sein, als daß der Mann es hätte wagen können, ihnen entgegenzuhandeln.

Die Hütten, die man uns als Wohnung anwies, waren gewöhnlich in so schlechtem Zustand, daß sie kaum Schutz gegen das Wetter gewährten. Wind und Regen drangen von allen Seiten durch das schadhafte

Dach, durch die dünnen, halbverfallenen Wände. Was mein Leiden noch größer machte, war, daß ich nicht einmal ordentliches Bettzeug hatte und daß mir meine warmen Kleider, in die ich mich nachts hätte hüllen können, schon auf der ersten Tagreise gestohlen wurden. Ich besaß nämlich nicht wie jeder meiner Reisegefährten zwei oder drei Diener, die auf meine Sachen achtgaben, ich war leider Herr und Diener in einer Person, und in meinem kranken Zustande wurde es mir unmöglich, nach irgend etwas zu sehen. An den Rastplätzen angelangt, warf ich mich auf mein Lager, das ich oft tagelang nicht verlassen konnte. Und was für ein Lager das war – eine dünne Matte, ein hartes Kopfkissen und als Decke mein Reisemantel; später gab mir einer der Herren Missionare noch eines von seinen Kopfkissen. Die ganzen 53 Tage kam ich nicht aus meinen Kleidern, denn trotz meiner wiederholten Bitten war der Kommandant auch nicht ein einziges Mal so gefällig, mir einen abgesonderten Platz anzuweisen, wo ich mich hätte an- und auskleiden können; man schob uns alle zusammen in eine und dieselbe Hütte, sie mochte noch so klein sein. Ich litt wirklich unaussprechlich, besonders während der letzten drei Wochen, wo ich mich kaum mehr von meinem Lager erheben und ein paar Schritte weit schleppen konnte.

Das Madagaskar-Fieber ist eine der bösartigsten Krankheiten und meiner Meinung nach viel mehr zu fürchten, als das gelbe Fieber oder die Cholera. Bei diesen leidet man zwar mitunter ebenfalls sehr große Schmerzen, aber in wenigen Tagen ist Tod oder

Heilung entschieden, während man an diesem häßlichen Fieber Monate und Monate leidet. Man hat starke Schmerzen im Magen und im ganzen Unterleib, man erbricht sich häufig, verliert allen Appetit und wird mit der Zeit so schwach, daß man kaum mehr Fuß oder Hand bewegen kann. Zuletzt verfällt man in eine vollkommene Apathie, aus welcher man sich mit aller Mühe und Anstrengung nicht zu reißen vermag. Ich, die ich von frühester Kindheit an Tätigkeit und Beschäftigung gewohnt war, lag jetzt tagelang auf meinem Lager, in Stumpfsinn versunken und kaum bemerkend, was um mich her vorging. Und diese Apathie ist nicht nur Leuten in meinem Alter eigen, sondern allen, die vom Fieber befallen werden, die kräftigsten Männer in der Blüte der Jahre nicht ausgenommen, und sie dauert ebenso wie die Magen- und Leberleiden noch lange fort, wenn das Fieber selbst schon aufgehört hat.

Die Königin Ranavola sagt mit vollem Recht, daß das Fieber und die schlechten Wege ihre besten Hilfstruppen gegen die Europäer seien. Mit beiden würde es bald ein Ende haben, wäre das Land erst kultiviert und bevölkert. Wie ungesund war in früheren Zeiten doch Batavia auf der Insel Java gewesen! Man nannte die Stadt »das Grab der Europäer«, und nur seit man die Kanäle und die Moraste in der Umgebung ausgetrocknet und für öffentliche Reinlichkeit Sorgfalt getragen hat, sind die Fieber viel seltener und von ganz geringer Bedeutung geworden. Eine nicht minder lästige Plage, die wir auf dieser Reise auszustehen hatten, war die höchst strenge Bewachung. Den Tag über standen stets Soldaten mit gekreuzten Gewehren vor der Tür unserer Hütte, und hatte letztere ein Fenster, so auch vor diesem; nachts schliefen drei bis fünf Mann in der Hütte selbst, auch wenn sie so klein war, daß wir Gefangene kaum Platz darin fanden und uns eng zusammendrängen mußten. Gingen wir vor der Hütte auf und ab, oder entfernten wir uns nur ein paar Schritte, so kamen die Satelliten augenblicklich hinter uns her, als ob sie befürchteten, daß wir entfliehen könnten. Selbst wenn wir im vollkommenen Besitz unserer Kraft und Gesundheit gewesen wären, der Gedanke an Flucht wäre uns nie gekommen, denn was hätten wir, fremd wie wir waren, in den endlosen, unwirtlichen Wäldern und Morasten angefangen ohne Lebensmittel, ohne Wegweiser?! Auch die Offiziere traten jeden Augenblick unangemeldet in unsere Hütte, um uns zu überraschen und zu sehen, womit wir uns beschäftigten. Man ließ uns in vollem Maße fühlen, was es heißt, gefangen zu sein und von Militär eskortiert zu werden.

Im Dorf Eranomaro begegneten wir einem französischen Arzt von der Insel Bourbon, der mit der Königin und mehreren Großen des Reiches einen Kontrakt eingegangen war, alle zwei Jahre auf einige Monate nach Tananariva zu kommen und die nötigen Arzneien mitzubringen. Herr Lambert und ich wollten diesen Herrn hinsichtlich des Fiebers um Rat fragen und um Arzneien ersuchen; ich besonders hätte seine Hilfe sehr nötig gehabt, denn ich war ungleich kränker als Herr Lambert. Dieser bekam nämlich die Fieberanfälle nur von vierzehn zu vierzehn

Tagen, während sie mich alle drei bis vier Tage heimsuchten. Der Kommandant erlaubte uns aber weder den Arzt zu besuchen, noch ihn einzuladen, zu uns zu kommen. Er schützte vor, er habe von der Königin persönlich den ausdrücklichen Befehl erhalten, uns während der ganzen Reise mit niemandem – und am allerwenigsten mit einem Europäer – verkehren zu lassen. Diese Strenge erstreckte sich, wie wir in der Folge erfuhren, nur auf uns; man wollte uns vorsätzlich keine Hilfe zukommen lassen. Herr Laborde, der stets einige Tagreisen hinter uns war, wurde viel milder behandelt und durfte, als er mit dem Arzt zusammentraf, den ganzen Abend in dessen Gesellschaft zubringen.

Obgleich die Reise von Tananariva nach Tamatavé lange genug währte, hatte ich dennoch nur wenig Gelegenheit, etwas von den Sitten und Bräuchen des Volkes zu sehen, teils meiner Kränklichkeit, teils der strengen Bewachung wegen. Soviel ich aber im allgemeinen beobachten konnte, besitzen die Madagaskaren mehrere sehr schlechte Eigenschaften: sie sind unendlich träge, berauschen sich gerne und häufig, schwatzen unaufhörlich und haben auch nicht das geringste natürliche Schamgefühl.

Unsere Soldaten z. B., die weder Kost noch Sold erhielten, die alle Not und den größten Mangel litten, wären, glaube ich, lieber Hungers gestorben, als daß sie durch leichte Dienstleistungen gesucht hätten, etwas zu verdienen. Anfangs hatte ich viel Mitleid mit diesen armen Leuten; ich kaufte zeitweise für sie Reis oder süße Kartoffeln oder gab ihnen eine Kleinigkeit an Geld. Als wir in die waldigen Regionen kamen, wo es schöne Insekten und Schnecken in Mengen gab, forderte ich sie auf, mir solche zu bringen, und versprach ihnen dafür Reis oder Geld. Das war jedoch vergebens, nicht einen vermochte ich dazu zu bewegen; sie zogen es vor, sich in irgendeinen Winkel zu kauern und Hunger zu leiden, als sich der geringsten Mühe zu unterziehen. Und nicht die Soldaten allein, sondern das ganze Volk, Männer, Weiber und Kinder. Ich wollte z. B. schon während meines ersten Aufenthaltes in Tamatavé, und später auch in Tananariva, drei bis vier Leute im Monat in Dienst nehmen und sie in die Wälder schicken, um Insekten und Schnecken zu suchen. Ich versprach ihnen viermal soviel Geld, als sie gewöhnlich verdienen, und überdies eine besondere Belohnung, wenn sie mir schöne Exemplare brächten. Auch nicht ein einziger nahm meinen Vorschlag an. Mit ebensowenig Erfolg zeigte ich den Weibern und Kindern große, schöne Glasperlen, Ringe, Armbänder und dergleichen mehr. Die Sachen gefielen ihnen sehr, und sie hätten sie gerne gehabt, wenn ich sie ihnen gegeben hätte, ohne einen Gegendienst dafür zu verlangen. Ich habe wirklich noch bei keinem anderen Volk eine solche Trägheit gefunden; beinahe in allen Ländern, die ich auf meinen früheren Reisen besuchte, selbst unter den ganz wilden Bewohnern Borneos oder Sumatras, halfen mir die Leute oft unaufgefordert, wenn sie mich Insekten, Schnecken oder Muscheln suchen sahen, und gab ich ihnen dafür eine Kleinigkeit, so brachten sie mir dann eine solche Menge, daß ich gar nicht alles mitnehmen konnte. Welche schöne zoologische Beute habe ich dort gemacht, während es mir hier, in diesem neuen, unerforschten Land, wo es gewiß unbekannte Insekten und Schnecken in Menge gibt, nicht möglich war, eine größere Sammlung zusammenzutragen. Die geringe Ausbeute, die ich zurückbrachte, verdanke ich, von unbedeutenden Ausnahmen abgesehen, meiner eigenen Bemühung.

Was die Trunkenheit anbelangt, so herrscht sie in allen Gegenden Madagaskars, mit Ausnahme der von Emir. Dort werden noch einige der alten, strengen Gesetze des Gründers der madagaskarischen Monarchie, des großen Dianampoiene, aufrecht erhalten, unter anderem das, welches alle berauschenden Getränke bei Todesstrafe verbietet. Jeder Berauschte wird ohne weiteren Prozeß hingerichtet. In dieser Gegend erscheint das Volk auch viel gesetzter, ordentlicher und anständiger als in den übrigen, wo die Trunkenheit nicht bestraft wird. Das Lieblingsgetränk der Madagaskaren ist das *Besa-Besa*, das, wie ich bereits erwähnt habe, aus dem Saft des Zuckerrohrs zubereitet wird. Beinahe in jedem Dorf sieht man selbst tagsüber Betrunkene beiderlei Geschlechts, und an vielen Orten hörten wir bis tief in die Nacht hinein Musik und Gesang, lautes Geschwätz und Gelächter; häufig gab es auch Streit und Raufhändel.

Wollte man das Volk nach dieser sozusagen beständigen Lustbarkeit beurteilen, so müßte man es unbedingt für das fröhlichste und glücklichste auf Erden halten. Die Armen sind aber in derselben Lage wie die Sklaven oder Leibeigenen, und wie diese ergeben sie sich dem Trunk, um darin ihr Unglück, ihr Leiden zu vergessen. So sehr jedoch die Madagaskaren (die Hovas wie die Malegaschen) dem Trunk ergeben sind, so sind sie es – wie ich glaube – der Geschwätzigkeit weit mehr: Es ist ihnen unmöglich, auch nur eine Minute lang zu schweigen, und dabei sprechen sie nicht etwa ruhig und gelassen, sondern im Gegenteil mit einem Eifer, mit einer Hast, als befürchteten sie, der Tag wäre zu kurz, um alles gehörig zu bereden. Wer nicht gerade spricht, lacht beinahe unaufhörlich, so daß ich mich oft nach dem Inhalt ihrer Gespräche erkundigte, in der Meinung, daß diese sehr witzig oder spaßhaft sein müßten. Man versicherte mir aber jedesmal, daß weder das eine noch das andere zuträfe, daß es sich um die geringfügigsten und sehr häufig um die unanständigsten Gegenstände handle und daß sie innerhalb einer Stunde die gleichen Gespräche dutzendemal wiederholten.

Ein Fall, der die außerordentliche Geschwätzigkeit dieses Volkes beweist, ist mir selbst vorgekommen. Ich sandte einst in Tananariva einen Boten irgendwohin und stellte fest, daß er für diesen Gang einen Begleiter suchte. Auf meine Erklärung, daß ich wohl einen Boten bezahlen würde, aber nicht deren zwei, gab er mir zur Antwort, ich brauche seinem Begleiter nichts zu bezahlen, aber es sei ihm unmöglich, den Weg, der sehr lang und sehr einsam sei, allein zu machen; er müsse jemanden zum Sprechen haben, und er gebe seinem Gefährten einen Teil von seinem eigenen Lohn ab.

Unsere Träger machten natürlich keine Ausnahme von der allgemeinen Regel – das schwatzte und lachte so unaufhörlich, daß mir manchmal der Kopf ganz wirr wurde davon. Anfangs dachte ich, es würde einige Ruhe eintreten, wenn wir an einen steilen Hügel gelangten. Vergebene Hoffnung – sie keuchten und ächzten, aber sie sprachen.

Von der Unverschämtheit und von der Schamlosigkeit der Madagaskaren habe ich bereits gesprochen, und meinen Lesern, die Szenen zu erzählen, die ich während dieser Reise gesehen habe, ist mir schon aus Rücksichten des Anstandes unmöglich. Da man uns als Staatsgefangene betrachtete, behandelte man uns mit geringerer Aufmerksamkeit und Achtung als auf der Herreise, und die Leute taten sich keinen Zwang an und zeigten sich in ihrer ganzen häßlichen Natürlichkeit. Man wußte wahrlich nicht, wohin die Blicke wenden, und die Herren beglückwünschten mich, daß ich die Sprache nicht verstünde.

Am 13. September – endlich – kamen wir in Tamatavé an. Wir beide Fieberkranke, Herr Lambert und ich, hatten also doch der Königin Ranavola nicht den Gefallen getan zu sterben. Es ist aber auch wirklich ein Wunder, daß wir mit dem Leben davongekommen sind, und ich für meinen Teil hätte nie gedacht, daß mein schwacher, siecher Körper dem erzwungenen, langen Aufenthalt in den ungesundesten Gegenden, der harten Behandlung und den zahllosen, unausgesetzten Entbehrungen würde widerstehen können.

Weder Herrn Lambert noch mir wurde diesmal erlaubt, im Haus von Mademoiselle Julie abzusteigen. Man brachte uns in einer kleinen Hütte unter und bewachte uns mit derselben Strenge und Sorgfalt, wie dies auf der ganzen Reise der Fall gewesen war. Der Kommandant der Eskorte eröffnete uns, daß wir die Insel mit dem ersten nach Mauritius abgehenden Schiff zu verlassen hätten und daß ihm befohlen worden sei, uns während des Aufenthaltes in Tamatavé mit niemandem verkehren zu lassen und uns mit seinen Soldaten bis an das Schiff zu geleiten.

Ich muß es dem Kommandanten wie den Offizieren nachsagen: sie haben ihre Pflichten der Königin gegenüber im buchstäblichen Sinn des Wortes bis zu Ende erfüllt, und wenn es Ihrer madagaskarischen Majestät je einmal einfallen sollte, einen Orden zu stiften (was mit der Zeit ohne Zweifel der Fall sein wird), so verdienen sie alle zu Großkreuzen ernannt zu werden. Freilich wird Königin Ranavola diese Ansicht kaum teilen, und anstatt von ihr gelobt zu werden, mögen die armen Leute wohl eine sehr ungnädige Aufnahme finden, wenn sie die Botschaft zurückbringen, daß Herr Lambert und ich Madagaskar lebend verlassen haben.

Wir waren so glücklich, nur drei Tage in Tamatavé verweilen zu müssen.

Am 16. September ging zufällig ein Schiff nach Mauritius, und ... wir mußten uns von dieser liebenswürdigen Gesellschaft und von diesem interessanten Land trennen. Ich habe bei der Gelegenheit zwar keine Tränen vergossen, im Gegenteil, es wurde mir leicht ums Herz, als ich meinen Fuß an Bord des Schiffes setzte, und mit unbeschreiblichem Vergnügen sah ich den Kommandanten mit seinen Soldaten im Boot zur Küste zurückfahren; aber ich bereue es doch nicht, diese Reise unternommen zu haben, besonders, wenn ich so glücklich sein sollte, meine Gesundheit wiederzuerlangen.

Ich sah und hörte auf Madagaskar so viel Merkwürdiges und Sonderbares, wie in keinem anderen Land, und obwohl von dem Volk freilich wenig Gutes zu sagen ist, so muß man bedenken, daß dieses unter einer so widersinnigen und barbarischen Regierung, wie die der Königin Ranavola, und bei einem so vollständigen Mangel an Moralität und Religion auch nicht anders sein kann.

Sollte Madagaskar einst eine geordnete, gesittete Regierung bekommen, sollte es von den Missionaren besucht werden, die, anstatt sich in weltliche Angelegenheiten zu mischen, ihre Fähigkeiten und Bemühungen darauf beschränken, dem Volk den wahren Sinn der christlichen Religion beizubringen, so kann auf dieser schönen Insel ein blühendes, glückliches Reich entstehen; an dem Stoff dazu fehlt es nicht.

Von der Rückreise nach Mauritius habe ich wenig zu berichten. Unser Schiff, die Brigg CASTRO, Kapitän Schneider, segelte nicht viel rascher als die alte Kanonen-Schaluppe, auf der ich vor ungefähr fünf Monaten von Mauritius nach Tamatavé gekommen war, und da uns die Winde auch nicht sehr begünstigten, benötigten wir für die kurze Überfahrt sechs Tage, die uns aber vor Freude an unserer wiedererlangten Freiheit schnell vergingen.

Am 22. September abends 9 Uhr erreichten wir erst die Gewässer von Mauritius. Hier traf uns ein Unfall, der leicht höchst gefährlich werden und zur größten Genugtuung der Königin Ranavola uns allen das Leben hätte kosten können. Es war eine finstere, wolkenschwere Nacht. Der Kapitän wollte vor Anker gehen und am nächsten Morgen das Schiff durch einen Schlepp-Dampfer in den Hafen bugsieren lassen.

Alle Vorbereitungen waren getroffen, und der Anker sollte ausgeworfen werden. In dem Augenblick fuhr das Steuerruder mit aller Gewalt auf eine Klippe auf und wurde in tausend Stücke zerschmettert. Das Gekrache der brechenden Balken und Hölzer war so groß, daß es schien, als sei das ganze Schiff in Trümmer gegangen. Ich lag bereits im Bett. Erschrocken sprang ich auf, um zu sehen, was los sei; da vernahm ich schon den Ruf des Zweiten Offiziers: »Kommen Sie augenblicklich, Frau Pfeiffer, wenn Sie gerettet sein wollen; das Schiff ist entzwei und wir sinken.« Ich warf nur rasch meinen Mantel über und eilte auf das Deck. Der gute Offizier, Herr St. Ange, hob mich in eines der Boote und sagte mir, ich möge nur ruhig sitzen bleiben, ich sei da außer Gefahr.

Bei genauerer Untersuchung ergab sich jedoch glücklicherweise, daß das Schiff nicht einmal ein Leck, und erst recht nicht einen ganzen Bruch abbekommen hatte und daß sich das ganze Unglück auf den Verlust des Steuerruders und auf die uns eingejagte Angst beschränkte.

Die Anker wurden ausgeworfen, und wir legten uns ruhig zu Bett; am nächsten Morgen erwachten wir mit der freundlich blinkenden Sonne. Man zog die nötigen Signale auf, und alsbald kam einer der Schlepp-Dampfer herangerudert und brachte uns rasch in den Hafen von Mauritius.

Meine hiesigen Freunde waren höchst überrascht, mich wiederzusehen, da man aus Tamatavé die übertriebensten Berichte über den unglücklichen Ausgang unserer Unternehmung erhalten hatte. Die einen hatten behauptet, die Königin Ranavola habe alle in Tananariva lebenden Europäer hinrichten lassen; andere, man habe das Todesurteil nur an Herrn Lambert vollstreckt und die übrigen Europäer, mich eingeschlossen, als Sklaven verkauft; andere wiederum, wir seien des Landes verwiesen, aber auf der Rückreise auf Befehl der Königin ermordet worden. Ich war so glücklich, diese verschiedenartigen Gerüchte Lügen zu strafen; aber leider war die Gefahr noch nicht vorüber, denn wenige Tage nach meiner Ankunft verfiel ich infolge der Nachwirkungen des Fiebers und der übrigen ausgestandenen moralischen und physischen Leiden in eine so schwere Krankheit, daß die Ärzte an meinem Aufkommen lange zweifelten, und hätte sich die Familie Moon meiner nicht so liebevoll angenommen, wäre ich ohne Zweifel verloren gewesen.

Herr Moon, Doktor und Apotheker, lebt mit seiner liebenswürdigen Gattin sehr zurückgezogen auf einer Zuckerpflanzung in Bacoa. Wie sich meine Leser vielleicht erinnern werden, hatte ich diese Familie kurze Zeit vor meiner Abreise nach Madagaskar auf einem Ausflug kennengelernt und einige höchst angenehme Tage in deren Haus verbracht. Kaum erfuhr Herr Moon, daß ich von meiner Reise zurück und schwer erkrankt sei, kam er augenblicklich in die Stadt, um mich abzuholen und in sein Haus zu bringen, wo ich halb sterbend anlangte.

Seiner und des Doktors Herrn A. Perrot kenntnisreicher Sorgfalt und der außerordentlichen Pflege, die mir in seinem Haus zuteil wurde, verdanke ich meine Wiederherstellung, und der Zufall fügte es, daß man mich gerade an meinem sechzigsten Geburtstag, am 9. Oktober 1857, außer Todesgefahr erklärte.

Gott lohne Doktor Moon, seiner Frau und Doktor Perrot, was sie an mir, der ihnen ganz Fremden, getan haben!

Sagt; dichte Grasbüschel;
Sagt; schattige Farnkuppeln;
Ist die Schönste-von-allen hier
vorübergekommen?
Gestern ist sie vorübergekommen;
Vorgestern ist sie vorübergekommen;
Und was hat sie gesagt?
Erinnert euch an den,
der-sich-selbst-getäuscht hat;
Sein Bauch spricht zu sich selbst
und für ihn allein,
Und Gras wächst in seinen Augen.
Ich kehre nach Hause zurück,

Und traurig bin ich nach ihm;
Ich kehre nach Hause zurück,
Um der Verachtung der Menschen zu entgehen.
(Altes Volkslied aus Imerina)

HIER ENDET DAS TAGEBUCH VON FRAU IDA PFEIFFER

Leider haben sich ihre letzten Worte nicht bewahrheitet: die Gefahr war nicht vorüber. Wenn auch mitunter die Fieber-Anfälle kürzere oder längere Zeit ausblieben, Ida Pfeiffer sollte nie mehr ganz gesund werden. Ihr Aufenthalt in Mauritius zögerte sich noch mehrere Monate hinaus, und ihre Briefe an ihren Sohn lassen darauf schließen, daß sie sich während dieser Zeit mit neuen Reiseplänen trug, die jedoch nicht zur Ausführung gelangten. So schrieb sie in einem Brief, datiert vom 16. Dezember 1857:

»Meine Leiden an dem Fieber und besonders an den Nachwehen des Fiebers waren groß und sind noch nicht ganz überwunden; ich hoffe, eine Seereise wird mich vollkommen wiederherstellen. Nach Europa kann ich aber in dieser Jahreszeit nicht gehen; ich würde zuviel mit Kälte und Unwetter zu kämpfen haben, und ich weiß nicht, ob mein jetziger Gesundheitszustand dies ertrüge. Hier auf eine bessere Witterung zu warten, geht auch nicht an, da die Luft dieser Insel mir nicht gut bekommt. Ich werde daher wahrscheinlich nach Australien gehen.«

In einem anderen Brief vom 13. Januar 1858:

»Wie ich hoffe, ist dies der letzte Brief aus Mauritius. Ich bin wirklich sehr erfreut darüber, dieser Insel

Lebewohl zu sagen, und nur von den beiden Familien Moon und Kerr wird mir der Abschied recht, recht schwer werden. Hätten sich diese trefflichen Menschen meiner nicht angenommen, so wäre ich ganz gewiß auf dieser Insel gestorben. Eine Tochter kann ihrer Mutter nicht größere Liebe und Sorgfalt bezeugen, als Frau Moon mir es tat, und sämtliche Mitglieder beider Familien wetteiferten in Dienstleistungen jeder Art. Meine lieben Söhne, prägt Euch diese Namen tief in das Gedächtnis ein, und sollte je der Zufall Euch mit Gliedern der einen oder anderen von jenen Familien zusammenführen, so betrachtet sie wie Eure Brüder und schätzt Euch glücklich, wenn Ihr ihnen Dienste erweisen könnt.«

»Seit drei Wochen geht es mir von Tag zu Tag besser, das Fieber scheint mich endlich doch ganz verlassen zu wollen; ich habe wieder Schlaf und Eßlust.«

»Vor einigen Tagen lernte ich hier einen jungen deutschen Botaniker kennen, Herrn Herbst. Er ist in Rio de Janeiro ansäßig und wurde von der brasilianischen Regierung nach Mauritius und Bourbon geschickt, um von diesen beiden Inseln Zuckerrohr-Pflanzen zur Verbesserung der in Brasilien einheimischen zu holen. Er nimmt eine ganze Schiffsladung davon mit und hofft, im Monat Mai in Rio de Janeiro anzulangen. Ich war beinahe Willens, mit ihm zu gehen; allein da ich nicht weiß, ob Du um diese Zeit schon daselbst sein wirst, so denke ich, es ist doch besser, erst die Reise nach Australien zu machen. Ich habe eine sehr gute Gelegenheit nach Sidney gefunden und gehe in einigen Tagen ab. Die Seereise und die stärkende Luft in Australien, wo ich gerade in der besten Jahreszeit, im Spätherbst, ankommen werde, sollen, wie ich hoffe, den Schlußstein meiner Kur machen und meine gänzliche Erholung zu Stande bringen.«

Nur zwei Tage später, in einem Brief vom 1. März, schrieb sie hingegen:

»Ich war gezwungen, meinen Reiseplan plötzlich zu ändern, und zwar des abscheulichen Madagaskar-Fiebers wegen, das noch immer wiederkehrt und mich sehr schwächt. Ich war schon zur Einschiffung nach Australien bereit, hatte den größten Teil meines Gepäcks bereits an Bord, als ich einen neuen Anfall bekam. Ich ließ meine Koffer wieder von dem Schiff zurückbringen, und am 8. dieses Monates gehe ich mit dem Packetboot nach London, wo ich mich aber nur kurze Zeit aufhalten werde. – Ich will trachten, so rasch als möglich nach der Heimat zu gelangen.«

Sie verließ endlich Mauritius. Während der langen Überfahrt litt sie unter wiederholten Fieberanfällen; Anfang des Monats Juni langte sie in wenig gebessertem Gesundheitszustand in London an, wo sie jedoch nur wenige Wochen blieb. Von London aus reiste sie nach Hamburg; auch da litt es sie nicht lange, und im Monat Juli ging sie nach Berlin, dem Ruf ihrer Freundin, der Frau Geheimrätin Weiß folgend, in deren Haus ihr die beste und sorgsamste Pflege zuteil wurde. Zum Anlaß der Rückkehr Frau Ida Pfeiffers von ihrer Reise nach Madagaskar schreibt ihr Alexander von Humboldt in einem Brief:

»Wie könnte ich mir die Freude versagen, Ihnen, wenn auch nur in wenigen Zeilen zu der Ankunft im Vaterlande meinen innigen Glückwunsch darzubringen. Mögen Sorgfalt und Gemüthsruhe nach so vielen edlen Aufopferungen, die der fernen Länderkunde fruchtbar gewesen sind, Ihre mir so theure Gesundheit stärken; mögen Sie bald Muth und Kräfte gewinnen, nicht um sich neuen Gefahren auszusetzen, sondern um Ihrer schönen Borneo-Reise Ihr neues, gewiß wieder sehr lehrreiches Tagebuch beizufügen. Ich kann Ihnen, theure, verehrte Freundin, nicht lebhaft genug den zärtlichen Antheil schildern, den nicht nur Ihre Majestät die Königin, sondern auch der so warm und menschlich fühlende, in seiner Genesung fortschreitende König, selbst während seiner eigenen Leiden, an Ihren Drangsalen genommen haben. Meine Kräfte sind seit Ihrer Abreise sehr geschwunden. Unser gemeinschaftlicher Freund, der Ihnen so treu zugethane Carl Ritter ist in Teplitz und in voller geistiger Kraft. Ich habe frohe und dankbare Erinnerungen an Hamburg in der Urzeit aufsteigend von Claudius, Klopstock, Sieveking, Reimarus, Büsch und Ebeling in der Handels-Akademie. Mit freundschaftlicher Verehrung und Reise-Kameradschaft Ihr anhänglichster

A. Humboldt

Potsdam, Stadtschloß, den 26. Juni 1858

Ich beschwöre Sie, sich ja mit keiner Antwort zu beeilen.«

Ihre Brüder baten sie in eindringlichen Briefen nach Wien, in die Heimat zurückzukehren, und die Gattin ihres Bruders Cäsar Reyer, Frau Marie Reyer, wollte nach Berlin reisen, um sie abzuholen, Sie verbat sich aber ausdrücklich jeden Besuch. Obgleich von Tag zu Tag leidender, schien sie ihre Krankheit nur als eine vorübergehende zu betrachten, und in diesem Glauben schrieb sie ihren Brüdern, sie hoffe, bald wiederhergestellt oder doch wenigstens kräftiger und reisefähiger zu werden, und daß sie dann nach Wien kommen wolle, denn krank und leidend in ihre Vaterstadt zurückzukehren – das wollte ihr Stolz nicht zulassen.

Unwillkürlich zog es sie jedoch in die Heimat, und als nach mehreren Wochen noch immer keine Besserung in ihrem Gesundheitszustand eintrat, ließ sie sich zu einer Jugendfreundin bringen, zu Frau Baronin Stein, die auf einem Landgut in der Nähe von Krakau lebte.

Ihre Krankheit verschlimmerte sich jedoch zusehends; sie verlor nach und nach die Hoffnung auf eine baldige Genesung und willigte schließlich ein, nach Wien gebracht zu werden. Ihre Schwägerin holte sie ab. Das Zusammentreffen mit der geliebten Freundin und Verwandten war schmerzlich, der angegriffene Zustand der Kranken stellte die Reise nach Wien in Frage. Da aber der Arzt erklärte, daß man ihr die Reise zumuten könne, brachte man sie mit der größten Sorgfalt mit der Eisenbahn in einem besonderen Coupé nach Wien zu ihrem Bruder Carl Reyer, wo sie am 15. September eintraf.

Ihr Bruder berief die ausgezeichnetsten Ärzte zu einem Konzilium ein. Die einstimmige Meinung war, daß Frau Pfeiffer an Leberkrebs leide, einer unheil-

baren Krankheit, wahrscheinlich eine Folge des Madagaskar-Fiebers, das die inneren Körperorgane angreife und zerstöre.

Die heimatliche Luft schien ihr wohl zu tun. Während der ersten Wochen litt sie nur geringe Schmerzen und schöpfte neue Hoffnung. Sie sprach sogar davon, kleinere Reisen zu unternehmen, um ihre Verwandten in Graz, Triest usw. zu besuchen. Diese Rastlosigkeit war aber wohl nur eine Auswirkung ihres Zustandes. Ihre Kräfte nahmen immer mehr ab, heftige Schmerzen traten ein, und sie fiel häufig in Delirium. Während der letzten Tage gab man ihr Opiate, um die heftigen Schmerzen zu mildern. In der Nacht vom 27. auf den 28. Oktober verschied sie sanft und sichtlich ohne Schmerzen.

Ihr Leichenbegängnis fand am 30. Oktober statt, und außer zahlreichen Verwandten und persönlichen Freunden erwiesen ihr sehr viele wissenschaftliche Notabilitäten und andere ausgezeichnete Personen Wiens die letzte Ehre.

Ruhe ihrer Asche!

Oscar Pfeiffer

IDA PFEIFFER

EINE BIOGRAPHISCHE SKIZZE

Am 9.10.1797 (nach anderen Quellen am 14.10.) wurde Ida Laura als Tochter der Anna Rosina geb. von Schwer(e)nfeld und des Musselinfabrikanten Aloys Ra(e)yer in Wien geboren. Bis zu ihrem neunten Lebensjahr wuchs sie als einziges Mädchen unter fünf Brüdern auf. Vater Reyer hielt nichts von der damals üblichen, streng geschlechtsspezifischen Erziehung und bestimmte, daß Ida auf dieselbe Art und Weise erzogen werden sollte wie ihre Brüder. Sie trug Jungenkleidung und spielte am liebsten mit Trommel, Säbel und Gewehr. Ja, der Vater versprach im Scherz dem Mädchen, er werde es auf eine Militärschule schicken. Im Hause Reyer herrschte trotz des vorhandenen Vermögens ein strenger, spartanischer Lebensstil. Damit sich die Kinder früh an Entbehrungen gewöhnten, erhielten sie nur einfache Mahlzeiten und mußten oft auf die Erfüllung selbst bescheidenster Wünsche verzichten. Es war wohl diese harte Schule, die Ida später erlaubt hat, sich auf ihren Reisen weder von größten Strapazen noch von härtesten Entbehrungen abschrecken zu lassen.

Als 1806 Idas Vater starb, sollte sich ihr Leben grundlegend verändern. Die Mutter versuchte ihre eigenen Vorstellungen von Mädchenerziehung in die Tat umzusetzen: Ida hatte von nun an Mädchenkleidung zu tragen. Diese plötzliche Umstellung und der damit einhergehende »Geschlechtsidentitätswandel« sowie der Verlust des Vaters überforderten das Mädchen. Sie flüchtete sich in eine lebensgefährliche Krankheit, von der sie sich erst erholte, nachdem man ihr die vertraute Knabenkleidung zurückgegeben hatte. Heftiger denn je sträubte sich Ida gegen ihre weibliche Rolle. Statt Klavieretüden – im damaligen Erziehungskanon einer Bürgerstochter fest verankert – wollte sie Geige spielen, was für ein Mädchen als unschicklich galt. Also schnitt sie sich absichtlich in die Finger oder verbrannte sie mit Siegellack, um den verhaßten Klavierunterricht zu boykottieren. Ihre Brüder waren nun in einer Internatsschule, so daß sie die meiste Zeit mit ihrer Mutter und der um acht Jahre jüngeren Schwester Marie verbrachte. In verschiedenen Anekdoten wird überliefert, daß sie ein trotziges, eigenwilliges Kind gewesen war, das sich den Verhaltensmaßregeln der Mutter auch in aller Öffentlichkeit widersetzte. Mit dreizehn Jahren mußte sich Ida zwar endgültig damit abfinden, Mädchenkleidung zu tragen – ihr jungenhaftes Benehmen gab sie aber trotzdem nicht auf.

1810 wurde der in der Nachbarschaft lebende Staatsbeamte Joseph Franz Emil Trimmel als Hauslehrer angestellt. Trimmel, der einen großen Teil seiner freien Zeit auf Reisen verbrachte und später auch Reisebeschreibungen und Reisehandbücher veröffentlichte, muß mit seinen geographisch ausge-

richteten Interessen Ida stark beeinflußt haben. In jenen Jahren entwickelte sie jedenfalls eine Vorliebe für Reiseliteratur und beneidete alle Forscher und Weltreisende aus ganzem Herzen. Die Reisebeschreibungen erlaubten ihr, die durch die neue Mädchenrolle auferlegten Einschränkungen zu kompensieren und wenigstens in ihrer Phantasie der häuslichen Enge zu entfliehen. Mit viel Verständnis und pädagogischem Geschick gelang es Trimmel, Idas Vertrauen zu gewinnen. Die Zuneigung zu ihm erleichterte ihr auch erstmals, die weibliche Rolle zu akzeptieren.

Da ich meine Eltern mehr fürchten als lieben gelernt hatte, und er *[Trimmel]*, sozusagen, das erste Wesen war, das mir mit Freundlichkeit und Theilnahme entgegenkam, so hing ich mit schwärmerischer Liebe an ihm. Ich suchte jeden seiner Wünsche zu erfüllen und fühlte mich nie glücklicher, als wenn er mit meinen Bestrebungen zufrieden schien. Er leitete meine ganze Erziehung, und obgleich es mich gar manche Thräne kostete, meinen jugendlichen Träumereien zu entsagen und mich mit Dingen zu befassen, die ich früher mit der tiefsten Verachtung betrachtet hatte, so that ich es doch – ihm zu Liebe. Selbst alle weiblichen Arbeiten, Nähen, Stricken, Kochen u.s.w. lernte ich. Ihm verdanke ich es, daß ich im Verlaufe von drei bis vier Jahren vollkommen zu der Einsicht der Pflichten meines Geschlechtes gelangte, daß aus dem wilden Jungen eine bescheidene Jungfrau wurde. *Auch der um elf Jahre ältere Trimmel hegte für Ida eine tiefe Zuneigung; 1813 schrieb er ihr liebevoll ins Stammbuch und widmete ihr sehnsuchtsvolle Gedichte.*

Die beiden dachten ans Heiraten, aber die Mutter war aus Standesgründen strikte dagegen und verbot jeden weiteren Umgang. Ida litt jahrelang, bekam Depressionen und wurde von der Mutter zur Ablenkung auf Badereisen und auf eine Wallfahrt geschickt. Trimmel gelobte, nie zu heiraten, und er hielt sein Versprechen. Daß Ida bis ins Alter mit ihm Kontakt hatte, blieb ihr streng gehütetes Geheimnis.

Um aus Wien wegzukommen, willigte die junge Frau 1820 schließlich in die Heirat mit dem verwitweten und um 24 Jahre älteren, in Lemberg wohnenden Advokaten Dr. Mark Anton Pfeiffer ein. Geliebt hat sie ihn nicht. Bereits im ersten Monat ihrer Ehe wurde sie schwanger, was sie jedoch nicht daran hinderte, zahlreiche kleinere Reisen zu unternehmen. Dann traten berufliche Schwierigkeiten ein: Dr. Pfeiffer hatte in einem Prozeß die Bestechlichkeit galizischer Beamter aufgedeckt und sich dadurch viele Feinde eingehandelt; man zwang ihn, seine Advokatur niederzulegen. Das Ehepaar zog vorübergehend nach Wien, wo Dr. Pfeiffer auf eine neue Anstellung hoffte. 1821 brachte Ida Pfeiffer einen Sohn zur Welt. Am 7. Mai 1822 schenkte sie einer Tochter, Bertha, das Leben, die jedoch kurz nach der Geburt starb. 1824 wurde der zweite Sohn, Oscar, geboren.

Es folgten schwere Jahre; Dr. Pfeiffer fand keine Anstellung und resignierte langsam. Rückblickend schrieb seine Frau: Gott allein weiß, was ich durch achtzehn Jahre meiner Ehe litt. [...] Nicht durch rohe Behandlung von Seite meines Mannes, sondern durch die drückendsten Lebens-Verhältnisse, durch Noth und Mangel. Ich stammte aus einem wohlhabenden Hause, war von frühester Jugend an Ordnung und Bequemlichkeit gewöhnt, und nun wußte ich oft kaum, wo ich mein Haupt niederlegen, wo ich das Bißchen Geld hernehmen sollte, um mir nur das höchst Nöthige anzuschaffen. Ich verrichtete alle Hausarbeiten, ich fror und hungerte, ich arbeitete im Geheimen für Geld, ich ertheilte Unterricht in Zeichnen und Musik, und doch trotz aller Anstrengungen gab es oft Tage, an welchen ich meinen armen Kindern kaum etwas mehr als trockenes Brot zum Mittagessen vorzusetzen hatte!

Nach 1833 lebte Dr. Pfeiffer vorwiegend in Lemberg bei seinem Sohn aus erster Ehe. Ida Pfeiffer blieb in Wien, da ihre Söhne dort bessere Ausbildungsmöglichkeiten hatten, und konnte so auf ganz legitime Weise dem Eheleben entfliehen. Die Erziehung der Kinder war ihr ganz überlassen, und sie kümmerte sich intensiv darum. Die musische Begabung ihres jüngeren Sohnes Oscar lag ihr besonders am Herzen, er wuchs denn auch zu einem begabten Komponisten und Pianisten heran.

1836 reiste Ida Pfeiffer mit Oscar nach Triest, um ihn dort Seebäder nehmen zu lassen. Der Anblick des Meeres war ein prägendes Erlebnis und weckte eine kaum zu bewältigende Reiselust *in ihr. Noch mußte diese aber unterdrückt werden; erst Jahre später (1841), nach einer kurzen Norditalienfahrt, vermochte nichts mehr sie zurückzuhalten. Schon aus rein pragmatischen Gründen stand für sie von vornherein fest, daß sie ihre Reisen allein unternehmen würde:*

Ihr Mann war zu alt, und zudem lebte das Ehepaar seit Jahren mehr oder weniger getrennt, die Söhne waren beruflich gebunden. Ida Pfeiffer war voll und ganz davon überzeugt, daß sie imstande sei, ihre kühnen Reisepläne allein durchzuführen. Sie verließ sich dabei auf ihr Alter, auf ihren Mut und auf die Selbständigkeit, die ich in harter Schule des Lebens erlangt hatte, als ich nicht nur für mich und meine Kinder, sondern auch mitunter für meinen Mann sorgen mußte.

Im März 1842 trat Ida Pfeiffer ihre erste größere Reise an. Sie verließ Wien unter dem Vorwand, eine Freundin zu besuchen, und fuhr auf dem Donauweg nach Konstantinopel. Weder die im Libanon wütende Pest noch politische Unruhen vermochten sie daran zu hindern, sich von dort aus nach Beirut einzuschiffen, um in das Heilige Land zu gelangen. Hier wollte sie möglichst viele der frühchristlichen Stätten besuchen – und da es nach Ägypten nicht mehr weit war, konnte sie der Versuchung nicht widerstehen. Ägypten war damals ein beliebtes Reiseziel, und alles Ägyptische war in Mode. Nach dem Besuch Kairos und der Pyramiden von Giseh unternahm Ida Pfeiffer kurz entschlossen einen Kamelritt nach Suez. Die Rückreise nach Wien führte sie über Malta, Sizilien und durch das klassische Reiseland Italien. Nach fast neunmonatiger Abwesenheit kehrte sie nach Wien zurück.

Ein Verleger erfuhr von ihrem zu rein privaten Zwecken geführten Reisetagebuch und war von der Lektüre gefesselt. Es kostete ihn jedoch große Mühe,

Ida Pfeiffer davon zu überzeugen, ihre Notizen zu veröffentlichen. Ihr Zögern war nicht allein auf Schüchternheit oder Bescheidenheit zurückzuführen, Grund dafür war vielmehr ihre Familie, die in dieser Angelegenheit ein Wort mitreden wollte. So mußte sie das bereits eingesandte Manuskript zurückverlangen und es Mann und Geschwistern vorlegen, die auf Streichung von allerdings nur einigen wenigen Stellen bestanden. Die weiteren Verlagsverhandlungen führten der Ehemann oder ein von ihm beauftragter Unterhändler. Offensichtlich konnte Ida Pfeiffer die Selbstbestimmung, die während ihrer Reise selbstverständlich und unabdingbar gewesen war, nicht auf das Alltagsleben in Wien übertragen: Hier mußte sie sich wieder Zwängen und gesellschaftlichen Normen fügen. Obgleich sie von ihrem Ehemann getrennt lebte, gab es kein Entrinnen aus der patriarchalischen Familienstruktur, in der dem Mann jegliche Entscheidungsbefugnis zukam. Ob die eigene Unsicherheit oder der familiäre Druck den Ausschlag gaben, wissen wir nicht, jedenfalls erschien die erste Ausgabe ihrer REISE EINER WIENERIN IN DAS HEILIGE LAND anonym. Erst in der vierten Ausgabe (1856) gab sie sich selbstbewußt als Autorin zu erkennen.

Für die Veröffentlichung ihres Reisetagebuches erhielt sie 700 Gulden, und damit war der Grundstock für eine neue, diesmal weniger religiös motivierte Reise gelegt. 1845 wählte sie ein damals absolut unkonventionelles Reiseziel: Island. Sie lernte Englisch und Dänisch und zögerte nicht, sich in die Geheimnisse der revolutionären Kunst der Daguerreotypie einweihen zu lassen. Vermutlich gebührt Ida Pfeiffer das Verdienst, der Nachwelt die ersten photographischen Aufnahmen von Island zurückgelassen zu haben.

Sie fuhr auf einem Handelsschiff von Kopenhagen aus nach Island. Aus der Lektüre von Reiseberichten hatte sie den Eindruck gewonnen, die Isländer seien das gebildetste Volk von ganz Europa und zudem Menschen, die von keiner Großstadt verdorben waren. Diese romantische Hoffnung auf ein wahres Arkadien mußte sie schnell begraben, dafür wurde sie von einer Sammelleidenschaft für naturwissenschaftliche Objekte gepackt, die sie ihr Leben lang begleitete. Da es auf der Insel keine Transportmittel gab, unternahm sie ihre Ausflüge stets zu Pferde und ritt zusammen mit einem Führer durch teilweise unbewohnte Gegenden, auf beschwerlichen Pfaden über die zerklüfteten Lavafelder. Dann verließ sie die Insel auf einem erbärmlich eingerichteten Segelschiff, um einen Blick auf die landschaftlichen Schönheiten Südschwedens zu werfen. In Stockholm war sie bereits so bekannt, daß sie der Königin vorgestellt wurde, bevor sie am 4. Oktober – nach sechsmonatiger Abwesenheit – nach Wien zurückkehrte.

Kaum angekommen, packte sie wieder ihre Reisetasche und fuhr nach Triest. Galt es nur, Verwandte zu besuchen, oder flüchtete sie vor ihrer Popularität, die sie mittlerweile in Wien erlangt hatte? In der Wiener Gesellschaft machte sie sich jedenfalls rar, sie war dort in keinem der vielen Salons zu treffen. Die Arbeit am Manuskript war ihr wichtiger als jede *gesellschaftliche Verpflichtung; sie plante bereits eine ausgedehnte Weltreise, die sie im Frühjahr 1846 anzutreten gedachte, und sie wollte die Drucklegung ihres Tagebuches noch vor ihrer Abreise erleben.*

Am 28. Juni 1846 schiffte sie sich in Hamburg zusammen mit einem alten Reisebekannten, dem Grafen Berchtold, auf einem dänischen Schiff zu einer drei Monate dauernden Überfahrt nach Südamerika ein. Man besuchte die junge, in der Nähe Rio de Janeiros liegende deutsche Kolonie Petrópolis – ein Ausflug, der sich als nicht ungefährlich erwies, wurden sie doch unterwegs von einem Schwarzen überfallen. Mit einem Schirm bewaffnet verteidigte Ida Pfeiffer entschlossen ihr Leben. Auf diese erste große, erfolgreich überwundene Gefahr muß sie sehr stolz gewesen sein: Der im Kampf abgebrochene Schirmgriff wurde bis an ihr Lebensende, fein säuberlich mit einem erklärenden Zettelchen versehen, als Siegestrophäe aufbewahrt. Dieser Überfall vermochte jedoch Ida Pfeiffers Unternehmungsgeist nicht zu lähmen, er forderte ganz im Gegenteil ihren Mut erst recht heraus. Der Graf blieb zurück, und sie machte sich in Begleitung eines Führers und mit einer Doppelpistole ausgerüstet zu den Puri-*Indianern [Tupí] auf den Weg. Durch den dichten Urwald gelangten sie zum Ufer des Flusses Paraíba. Als sie aber endlich ihr Ziel erreicht hatten, begnügte sie sich damit, einen flüchtigen Blick auf die* Wilden *zu werfen.*

Von Rio aus setzte Ida Pfeiffer nun die Reise um das Kap Horn nach Valparaíso fort und lernte dabei die wahren Strapazen einer Seereise kennen. Heftige

Stürme zerbrachen Masten und zerfetzten die Segel; Wasser drang in das Oberdeck, und die Passagiere mußten den Hunger auf dem Boden kauernd notdürftig mit rohen Lebensmitteln stillen. Da sie die höchst seltenen Überfahrtsmöglichkeiten nach dem fernen China nicht versäumen wollte, blieb sie nur gerade zwei Wochen in Chile. Nach 39 Tagen legte das Schiff auf der Insel Tahiti an. Froh, der erzwungenen Monotonie des Schiffsalltags entfliehen zu können, unternahm sie auf der Insel halsbrecherische Partien durch Schluchten und reißende Bäche.

Von Hongkong aus machte sie auf einer chinesischen Dschunke einen Abstecher nach Kanton, schiffte sich dann nach Singapur ein. Über Ceylon erreichte sie Madras und anschließend Kalkutta; von hier aus fuhr sie den Ganges aufwärts bis Benares. Dann ging es in Richtung Westen nach Dehli und weiter die Küste Indiens entlang bis Bombay. Ein kleiner überfüllter Dampfer brachte sie durch den Persischen Golf, über Maskat und Buschir nach Basra: Eine beschwerliche Reise, denn sie konnte sich nur mit Not einen Platz auf Deck ergattern, zudem brachen auf dem Schiff die Pocken aus.

Durch die Entzifferung der Keilschrift und durch Ausgrabungen in Ninive, Khorsabad und Nimrud war gerade der Schleier über dem bis dahin unbekannten Mesopotamien gelüftet worden; Ida Pfeiffer wollte sich die Gelegenheit, die berühmten Orte zu besuchen, nicht entgehen lassen. Worauf sie ihren Weg durch Kurdistan fortsetzte und als erste Europäerin zu Pferd das Zagros-Gebirge überquerte.

Nur schnell weiterkommen – die sonst so sparsame Frau nahm sich sogar einen privaten Führer, bezahlte einen viel zu hohen Preis dafür, setzte ihre Pistolen instand und ritt nach Täbris, ungeachtet der Prophezeiungen, die ihr Mord und Totschlag verhießen. Man schrieb das Jahr 1848, die Grenzen zu Rußland waren gesperrt. Durch Vermittlung des englischen Konsuls erwirkte sie jedoch eine Ausnahmegenehmigung, die sie – nach eigenen Worten – ihrem Alter und ihrem Geschlecht zu verdanken hatte. Am Schwarzen Meer schiffte sie sich nach Odessa ein, von hier aus reiste sie über Konstantinopel nach Athen. Griechenland, durch die philhellenische Bewegung gerade wieder im europäischen Bewußtsein erwacht und seitdem ein beliebtes Reiseziel, hatte Ida Pfeiffer schon lange gelockt. Doch Nachrichten über die revolutionären Vorgänge in ihrer Heimatstadt [1848] versetzten sie in solche Unruhe, daß sie Athen bereits nach zwei Tagen wieder verließ, um über Korfu nach Triest und von da aus im Eilwagen nach Wien zurückzureisen.

Die Veröffentlichung ihrer Reiseaufzeichnungen verzögerte sich, da die von unterwegs abgeschickten Tagebücher lange nicht eintrafen. Vor ihrer gefährlichen Durchquerung Persiens und Rußlands hatte sie ihre Manuskripte nach Europa gesandt, damit ihre Söhne wenigstens ihr Tagebuch erhielten, falls ihr unterwegs etwas zustoßen sollte. Eine bange, zermürbende Wartezeit, wollte sie doch mit dem Honorar einen Teil ihrer Reisekosten begleichen, die sich auf knapp 3000 Gulden beliefen.

Wenn sie sich jeweils in Wien aufhielt, war sie mit dem Verkauf ihrer Sammlungen – vornehmlich naturwissenschaftliche Objekte wie Vögel, Reptilien, Insekten, Pflanzen, Mineralien und ethnographische Gegenstände – an die verschiedenen Museen beschäftigt. Auch dieser Erlös floß in die Reisekasse. Gleichzeitig kümmerte sie sich um neue Aufträge, besuchte eifrig die Museen und erweiterte ihre Kenntnisse hinsichtlich fachgerechtem Sammeln und Präparieren. Sie schmiedete bereits neue Reisepläne und bemühte sich um deren Finanzierung. Bei dieser Gelegenheit traf sie im Empfangszimmer eines Ministers den bekannten österreichischen Biographen Constantin von Wurzbach. Dieser schilderte die Begegnung mit der schlichten, unscheinbaren Dame *mit folgenden Worten:* Frau Ida Pfeiffer bringt beim ersten Begegnen kaum einen mehr als gewöhnlichen Eindruck hervor. Von schlanker Gestalt, zart gebaut, erreicht ihr Körper kaum die mittlere Größe. Ihre Züge sind sehr klein, aber regelmäßig, ihr Teint ist durch Sonnenhitze und andere Witterungseinflüsse unmerklich gebräunt, nur ihr Sprachorgan scheint durch die vielen Strapazen, doch kaum merklich, gelitten zu haben.[1]

Am 18. März 1851 trat Ida Pfeiffer ihre zweite Weltreise an. Diesmal wurde sie von der österreichischen Regierung mit 100 Pfund Sterling unterstützt, und obwohl der Finanzminister bezweifelte, daß eine Frau ohne wissenschaftliche Bildung brauchbare Sammlungen zurückbringe, ließ man ihr nach eineinhalb Jahren erfolgreicher Tätigkeit auf diesem Gebiet nochmals 50 Pfund zukommen.

Auf dem Weg nach London machte Ida Pfeiffer Station in Berlin und traf dort nebst anderen Persönlichkeiten auch Alexander von Humboldt. [...] er nahm mich vorzüglich freundlich auf, meine Reisen schienen ihn nicht nur zu intereßiren, er war so erstaunt, daß er mehrmalen ausrief: »Sie haben Unglaubliches durchgesetzt.« – Von Freiin Bettina Arnim war ich nicht minder herzlich aufgenommen, ich mußte ihr das Versprechen geben, sie jederzeit zu besuchen, wenn ich Berlin berühre. – Compositeur Mayerbeer und Fürst Pückler Muskau ließen bei mir aufführen.[2]

Erstaunlich lange (6 Wochen) hielt sie sich noch in London auf. Vielleicht brauchte sie die Zeit, um die verschiedenen Reiseziele, die ihr vorschwebten, ordnen zu können. Australien und die Inseln des asiatischen Archipels standen zunächst an erster Stelle. Wie sie selbst erklärte, hielten sie die durch den Goldrausch in die Höhe geschnellten Preise aber von einer Reise nach Australien ab. Plötzlich – vermutlich beeinflußt von den Gesprächen, die sie in London mit dem berühmten Geographen Petermann führte – rückten ganz andere Ziele in den Vordergrund, und ungeahnte Entdeckungsgelüste erwachten in ihr.

Aus einem Schreiben Petermanns an das Athenaeum erfahren wir darüber Näheres: Der kürzlich entdeckte See Ngami in Süd-Afrika und die interessante Gegend nördlich nach dem Aequator hin – die Erwägung, wie glücklich sie ihre Reise unter wilden Stämmen, wohin vorzudringen, bewaffnete Männer Bedenken trugen, zurückgelegt habe, wie gut sie, sowohl Islands Kälte, als Babyloniens Hitze ertragen habe – und endlich der Glaube, daß sie dazu bestimmt seyn könne, den Schleier zu lüften, der einige von den gänzlich unbekannten Theilen des inneren Afrika verhüllt, ließen sie den Entschluß fassen, am Kap zu bleiben und zu versuchen, von dort wo möglich nördlich nach den Aequatorialgegenden des afrikanischen Kontinents vorzudringen.[3]

Diesen kühnen Plan glaubte sie zwar ihrer körperlichen Leistungsfähigkeit zumuten zu können, er strapazierte aber ihre Finanzkraft über Gebühr. Sie fuhr wie geplant nach Kapstadt, und man bestätigte ihr dort mündlich, daß sie als Frau viel weiter in das unbekannte Landesinnere einzudringen vermöchte als ein Mann. Die hohen Lebenshaltungskosten, die Entlohnung teurer Führer und die unerläßliche Anschaffung von Wagen, Ochsen, Pferd und Esel machten jedoch all ihre Hoffnungen mit einem Schlag zunichte. Sie fuhr daher nach Singapur und von da aus nach Borneo, wo sie die nächsten sechs Monate verbrachte. Hier entschied sie sich als erste Reisende für eine Route, die über das Sekamilgebirge führte und auf der ihr später viele Forschungsreisende folgen würden. Eine ähnlich gefährliche Expedition unternahm sie auf Sumatra: Sie hatte sich in den Kopf gesetzt, die als Kannibalen verschrieenen Batak aufzusuchen und bis zum damals nur vom Hörensagen bekannten Toba-See zu gelangen. Obwohl ihr 15 km vor dem Ziel die Weiterreise verweigert wurde, drang sie weiter in dieses Land vor als je ein Europäer vor ihr. Ida Pfeiffer kam nicht mit Waffen oder mit der Bibel in der Hand, sondern gewann die Sympathie der Eingeborenen durch ihr humorvolles Auftreten. Ihre Diplomatie folgte dem einfachen Grundsatz, gerade in gefährlichen Situationen, die fremden Menschen zum Lachen zu bringen. Als man sie wieder einmal zurückweisen wollte und ihr mit Gebärden vielsagend drohte, sie umzubringen, klopfte sie einem Einheimischen lächelnd auf die Schulter und sagte halb Malaisch, halb Battakisch: »Ihr werdet eine Frau nicht tödten und auffressen, am wenigsten eine so alte wie ich bin, deren Fleisch schon hart und zähe ist.« [...] Glücklicherweise fingen sie an, über mein Kauderwelsch, über meine Pantomine zu lachen. Meine Furchtlosigkeit, mein Zutrauen gefiel ihnen – ich hatte gesiegt.

Die kreuz und quer verlaufende, eher wirr und ungeplant erscheinende Reiseroute durch Indonesien läßt sich damit erklären, daß Ida Pfeiffer nach Möglichkeit Schiffspassagen benützte, für die sie nicht bezahlen mußte. Und als man ihr auf einem Schiff nach Kalifornien eine freie Überfahrt anbot, zögerte sie nicht und schiffte sich am 6. Juli 1853 zu einer knapp drei Monate dauernden Seereise nach San Francisco ein. Über Panama reiste sie weiter nach Peru und nach Guayaquil in Ecuador. Sie wollte in der Nähe des Chimborazogipfels (6272 m!) die ecuadorianische Westkordillere überqueren und auf diesem Weg nach Quito gelangen. Die Reise war wegen der Regenzeit besonders beschwerlich. In einem Brief in die Heimat heißt es: Im Sommer gehört dieser Ritt gerade nicht zu einer Parthie im Prater, dazu ist der Weg gar zu uneben und felsig, aber in der Regenzeit (hiesigem Winter) ist es so arg, daß außer der Post, keine Menschenseele geht. – Was sollte aber ich arme Menschenseele thun? Quito, die Cordilleren unbesehen lassen? Ne, das hätte meine Seele so gewurmt daß ich keinen ruhigen Augenblick mehr gehabt hätte, den Winter konnt ich nicht verschlafen wie ein Murmelthier, und so ging ich trotz aller Wahrnungen, in Begleitung eines Eingeborenen meines Weges.[4]

Ida Pfeiffer verließ Südamerika über den Isthmus, fuhr den Mississippi aufwärts und bereiste die Großen Seen. Bereits in einem Brief aus den Molukken hatte sie geschrieben, die Niagarafälle sollten den Ciclus *ihrer Reise bilden. Ohne diese gesehen zu haben, könne sie sich* unmöglich zur Ruhe begeben[5]. *Am 10. November schiffte sie sich nach Liverpool ein, und bevor sie nach über vier Jahren in ihre Heimat zurückkehrte, verbrachte sie noch knapp fünf Monate bei ihrem Sohn Oscar auf der Azoreninsel São Miguel.*

In der ILLUSTRIRTEN ZEITUNG von 1856 schilderte Wurzbach Ida Pfeiffer nach dieser zweiten Weltreise als merklich gealtert und brach gleichzeitig eine Lanze zugunsten der von etlichen Leuten als häßlich bezeichneten Weltreisenden. Er zitierte die Worte eines Redakteurs des BOSTON EVENING TRANSCRIPT, dem Ida Pfeiffer im Oktober 1854 beim Besuch dieser Stadt begegnet war. Dieser Journalist schrieb, niemand, der ihr Lächeln gesehen habe, könne behaupten, sie sei häßlich: In person she is slightly and delicately formed, of scarcely the middle height. Her features are quite small and regular, her complexion darkened by exposure apparently, and her expression worn and aged by fatigue. And here allow me to remark, how strange it is that different individuals see the same objects with such different appreciative vision. Madam Pfeiffer has been called plain. I do not understand how one who has ever seen her smile could say so. Her smile is wonderful and extremely fascinating. Her soul beams out of her face with amazing brilliancy and sweetness. I could compare it to nothing but the genial sunshine breaking out from among dark clouds on a dull day.[6]

Ende des Jahres 1855 stellte sie in ihrem »Privat Museum« in einer Wiener Wohnung eine Reihe Objekte aus ihrer ethnographischen Sammlung zur Besichtigung aus. Im Zuge dieser Ausstellung wurde der Wunsch laut, Ida Pfeiffer möge in öffentlichen Vorträgen über ihre Reisen berichten. Zuerst gab sie an, der Mut dazu fehle ihr, denn sie fürchte die civilisirte Barbarei[7]. *Doch dann ließ sie sich überreden und sprach unter anderem über ihre* Reise auf Sumatra zu den Canibalen.

Ida Pfeiffer übersandte Humboldt ihre druckfrischen, in vier Bänden erschienenen Reiseaufzeichnungen, und er schrieb ihr in einer wohlwollenden Würdigung: Sie waren in meinem majestätischen Hochlande von Quito; Sie haben, was so selten ist, den Cotopaxi speien sehen! Dieser neue Ausbruch soll mir Gelegenheit geben, meinen vierten Band des »Kosmos« mit dem Namen »Ida Pfeiffer« zu schmücken.[8]

Humboldt, der in einem Brief an den preußischen König über sie liebevoll als von meiner Ida sprach, verdankte sie auch eine Einladung des Königs und der Königin von Preußen. Das Königspaar verlieh ihr die goldene Medaille für Wissenschaft und Kunst. Auf Antrag Alexander von Humboldts und Carl Ritters wurde ihr als der ersten Frau die Ehrenmitgliedschaft der »Gesellschaft für Erdkunde zu Berlin« verliehen. (In London dagegen würde man ihr diese Würdigung versagen: Die Statuten der dortigen Geographischen Gesellschaft schlossen die Aufnahme eines weiblichen Mitgliedes ausdrücklich aus.) Nun war sie also auch in Wien hoffähig: Erzherzog Ferdinand Max, der Interesse an ihren Naturaliensammlungen zeigte, ehrte sie 1856 mit zwei Einladungen.

Ida Pfeiffer fuhr noch einmal nach Italien, bevor sie am 21. Mai 1856 zu ihrem letzten großen Unternehmen aufbrach: der Reise nach Madagaskar. Zunächst fuhr sie nach München, wo sie anläßlich eines Künstlerfestes als berühmte Persönlichkeit König Max vorgestellt wurde. Die anschließende Reise durch Europa diente vor allem der Beschaffung von Informationen über die politische Situation und die Reisemöglichkeiten auf Madagaskar, denn durch bloßes Studium der spärlich vorhandenen Literatur konnte sie über die damals noch kaum erforschte Insel wenig in Erfahrung bringen. Sie besprach sich mit A. v. Humboldt, der für ihren Reiseplan nur geringe Erfolgsaussichten sah und sich entschieden gegen das Vorhaben Madagaskar aussprach. Da sie den Plan aber nicht aufgeben wollte, wandte sie sich *an die Geographische Gesellschaft von Paris, die ihr diesbezüglich die kompetenteste Informationsquelle zu sein schien. Auch hier war man einhellig der Meinung, die politische Situation auf der Insel sei zu prekär. Ihrer eigenen – unbestätigten – Angabe zufolge, wurde sie hier ebenfalls als Ehrenmitglied in die Gesellschaft aufgenommen. Sie hielt sich noch einige Zeit in Holland auf, wo sie Freunde besuchte, die sie von ihren Aufenthalten in den Holländischen Kolonien Indonesiens kannte.*

Am 31. August 1856 schiffte sie sich in Rotterdam auf einem Auswandererschiff nach Kapstadt ein.

Schon zu Lebzeiten Ida Pfeiffers war die Aufmerksamkeit, die ihr in Österreich und in ihrer Heimatstadt Wien zuteil wurde, vergleichsweise gering. So schrieb sie 1852 aus Indonesien: Ueberall wo ich hinkomme und Europäer finde, werde ich mit einer Zuvorkommenheit und Aufmerksamkeit behandelt, die weit meine Erwartung übertrifft. – Ich genieße wahrlich einen Weltruf. [...] Welche Unterstützung würde man mir zukommen lassen, hätte ich nicht das Unglück eine Oesterreicherin zu sein. Meine Regierung thut wenig, meine Landsleute garnichts.[9]

Trotz zahlreicher Nachrufe in der internationalen Presse vergingen drei Jahrzehnte, bis ihr die Stadt Wien eine besondere Würdigung zuteil werden ließ. 1892 bewirkten die Forderungen des »Wiener Vereins für erweiterte Frauenbildung« schließlich eine posthume Ehrung. Ida Pfeiffers Gebeine wurden in ein Ehrengrab auf dem Wiener Zentralfriedhof überführt; sie war die erste Frau, die an dieser besonderen

Stätte beigesetzt wurde. Hier wurde auch das einzige Ida Pfeiffer-Denkmal enthüllt, ein von Professor Johannes Benk geschaffenes Monument. Es besteht aus einem Obelisken, der die von zwei Delphinen gestützte Weltkugel trägt. In der Mitte sind über einem Medaillon mit Ida Pfeiffers Reliefporträt einzig Name und Lebensdaten verzeichnet; auf dem Sockel kämpft ein sturmbeschädigtes Schiff gegen Wind und Wellen.

Ida Pfeiffers Reisen wurden zwar sogar als Jugendbücher herausgegeben und ihre Werke in sieben Sprachen übersetzt, doch nach dieser letzten öffentlichen Würdigung geriet sie in Vergessenheit. Nur hin und wieder tauchte ihr Name auf, vorwiegend in österreichischen Zeitungen oder in biographischen Sammelwerken.

Die von Ida Pfeiffer auf ihren Reisen zurückgelegten Kilometer entsprechen nahezu einer achtmaligen Umkreisung unseres Planeten. Eine Strecke, die angesichts ihres rasanten Reisetempos kaum zu erstaunen vermag. Hatte sie einmal gesehen, was zu sehen sie sich vorgenommen hatte, war ihr Pflichtkanon erfüllt, und sie wartete ungeduldig und mit unaussprechlicher Sehnsucht darauf, weiterzureisen. Es gab wohl einige magische Fixpunkte, wie Jerusalem oder die Niagara-Fälle, die es anzusteuern galt, sonst aber bestimmte häufig der sich gerade bietende Weg das anzusteuernde Ziel.

Gute oder schlechte Aufnahme, günstige Reisemöglichkeiten waren oft ausschlaggebend für die Dauer ihrer Aufenthalte. Dabei stellten weder

Transport- noch Unterkunftsschwierigkeiten unüberwindliche Hindernisse für sie dar. Ohne mit der Wimper zu zucken, kletterte die Biedermeierdame in den Kamelsattel, setzte sich in ein einfaches Ochsenfuhrwerk – oder ging zu Fuß. Sie reiste oft wie die Einheimischen und nächtigte ebenso in arabischen Karawansereien wie in südamerikanischen Tambos. Sie aß, was die lokale Bevölkerung aß, und wenn es nicht schmeckte, wurde gehungert. Außer einem Kopfkissen leistete sie sich keinerlei Komfort. Ihr oberstes Prinzip war, sich nur mit so viel Gepäck zu belasten, wie sie notfalls eigenhändig tragen konnte, und so wog ihre Ausrüstung gerade 25 Pfund. Ohne ihre Weiblichkeit zu verleugnen (Männerkleidung zu tragen, lehnte sie in der Regel brüsk ab), entwickelte sie im Laufe ihrer Reisen einen zweckmäßigen, individuellen Kleidungsstil, der ihr mehr Bewegungsfreiheit ließ als die traditionelle Frauenkleidung: eine Hose, die knapp übers Knie reichte, darüber einen knöchellangen Rock, der sich während der Fußmärsche einfach hochschlagen ließ, und einen kurzen Umhang.

Durch ihre Reisen erfüllte sich Ida Pfeiffer nicht nur einen Jugendtraum, sie boten ihr darüber hinaus auch die Möglichkeit, einem unerfüllten Leben zu entfliehen. Reisen, Sammeln und Schreiben waren ihr zum Lebensinhalt geworden. Als sie von ihrer zweiten Weltreise zurückkam, kaufte ihr die zoologische Abteilung der Wiener Naturalienkabinette über 2500 Exemplare für einen Betrag von immerhin rund 2000 fl ab.

In einen echten Kontakt zu den Bewohnern der von ihr bereisten Länder trat sie kaum. Sie betrachtete die fremden Völker mit dem Überlegenheitsgefühl einer weißen Europäerin. Als Frau aber hatte sie einen anderen Blick für fremde Menschen und Lebensformen als ihre männlichen Kollegen. So beobachtete sie im allgemeinen spezifisch weibliche Lebensbereiche wie Haushalt, Kindererziehung und den Alltag der einheimischen Frauen sehr aufmerksam und bis in die kleinste Einzelheit. Wo auch immer, die Begegnung mit Frauen war ihr jedoch nur selten angenehm; unter Männern fühlte sie sich wohler.

Ihr Mut, in Gegenden vorzudringen, die vor ihr kein Europäer betreten hatte, verunsicherte und erstaunte ihre männlichen Zeitgenossen. Frauen wie Ida Pfeiffer waren in einer patriarchalisch strukturierten Gesellschaft fehl am Platz. Ein Pressebericht aus dem Jahr 1858 macht dies unmißverständlich deutlich: Wenn sie von der Reise sprach, welche sie vorhatte, da richtete sich der anscheinend schwächliche Körper auf, die Muskeln erstarkten, die Gestalt wurde größer, und man konnte sich der Idee nicht erwehren: das ist ein Mann, keine Frau.[10]

War Ida Pfeiffer eine Emanze?

Mitnichten. Sie wehrte sich sogar ganz entschieden gegen dieses Attribut. Eine besonnene Hausfrau, eine vernünftige, liebende Mutter war und wird ewig das Ideal des Weibes bleiben. *Das war ihre aufrichtige Meinung. Sie verstand sich nicht als Vorreiterin einer feministischen Bewegung, sondern betrachtete ihre Reisen als individuelle Lebensform. Dies bedeutet auch, daß sie durchaus der herkömmlichen Frauenrolle verhaftet war und nie vergaß, daß sie zum* schwachen Geschlechte *gehörte. Ihr Mut, die Grenzen der Konventionen zu überschreiten und sich als einfache Hausfrau und Mutter auf Weltreise zu begeben, kann jedoch aus heutiger Sicht durchaus als Akt der Emanzipation betrachtet werden. Kommt hinzu, daß ihren Reiseberichten eine emanzipatorische Wirkung nicht abzusprechen ist. Die Erfolgsautorin bot sich den weniger wagemutigen Frauen als mögliches Leitbild an und gab ihren Leserinnen die Möglichkeit, sich zu identifizieren, auch wenn ihr diese Absicht fern lag.*

Hiltgund JEHLE – Januar 1991

1 Die Weltreisende Ida Pfeiffer. In: *Illustrirte Zeitung*. Leipzig, 26 (1856–23.2.) S. 140-142; S. 142

2 Brief I. P. 29.7.1851 an v. Schwarz; Wiener Stadt- und Landesbibliothek

3 Petermann, A.: Madame Ida Pfeiffer in Africa. In: *The Athenaeum*. 1851, S. 1281; dt. Übersetzung: Süd-Afrika. Frau Ida Pfeiffer. In: *Magazin für die Literatur des Auslandes*. Leipzig, 1852, Nr. 4, S. 16

4 Brief I. P. 5.4.1854, an v. Schwarz; Wiener Stadt- und Landesbibliothek

5 Brief I. P. 18.12.1852, an v. Schwarz; Wiener Stadt- und Landesbibliothek

6 M. C. W. S.: An Evening With Madam Pfeiffer. In: *Boston Evening Transcript*. Boston, 1854 (-18.10.)

7 Ida Pfeiffer. In: *Die Donau*. Wien, 1855, S. 3293

8 Brief A. v. Humboldt 22.2.1856, an Ida Pfeiffer; In: Pfeiffer, I.: Reise nach Madagaskar. 1861, S. 195f

9 Brief I. P. 3.6.1852, an NN (C. Ritter); Deutsche Staatsbibliothek Berlin

10 Ida Pfeiffer. In: *Die Presse*. Wien, 1858, Nr. 251

DIE INSEL MADAGASKAR

Die Araber nannten sie Dschesiret el-Komr, »die Mondinsel«, die Portugiesen, die sie 1506 entdeckten, nannten sie »St. Lorenzinsel«; die Eingeborenen bezeichneten sie als Nossi-Ddambo, »Insel der Wildschweine«, und für die Bewohner der umliegenden Inseln war sie Tani-be, »das große Land«. Ob Marco Polo mit *Magastar* – wo der sagenumwobene Vogel *Ruc haust* und die Menschen *häßlich sind wie Teufel; sie gehen nackt, tragen bloß einen kleinen Lendenschurz, und sie tun gut daran* – tatsächlich Madagaskar meinte, ist nicht eindeutig erwiesen. Doch wie auch immer: Tatsache ist, daß in den 600 Jahren, die zwischen den Schilderungen des Venezianers und denen der Österreicherin Ida Pfeiffer liegen, der abendländische Begriff von Schönheit – oder Häßlichkeit – sich nicht wesentlich gewandelt hat.

Mit einer Fläche von rund 590 000 km2, einer Länge von 1500 km und einer Breite von ca. 600 km ist Madagaskar im westlichen Teil des Indischen Ozeans die viertgrößte Insel der Welt (nicht die zweitgrößte, wie von I. P. erwähnt) und durch die 400 km breite Straße von Moçambique vom afrikanischen Kontinent getrennt. Das zentrale Hochland, von wo aus die Merina ihr Reich blutig unterdrückten, bedeckt den größten Teil der Insel. Die Hauptstadt Antananarivo, »die Stadt der tausend Dörfer«, liegt auf 1460 m ü. M und zählt heute rund 820 000 Einwohner.

Über den Ursprung der frühesten Bevölkerung weiß man wenig, und auch heute bilden die Madegassen keine rassische Einheit, was darauf schließen läßt, daß die Insel im Laufe der Jahrtausende durch verschiedene Einwanderungswellen bevölkert wurde. Die Merina, häufig auch als Hova bezeichnet (so nannte man im alten Königreich Imerina die »freien Bürger«), ein hellhäutiger Stamm eindeutig asiatischer Abstammung, landete vermutlich im 11. Jhdt. auf Madagaskar, erreichte das zentrale Hochland und drängte die autochthonen Vazimba nach Westen ab; 1811 besiegten sie die Seklaven, ursprünglich ein Hirtenvolk im Westen der Insel, die sie zu eigentlichen Sklaven machten. Die Geschichte des Königreichs von Imerina ist gleichzeitig auch die Geschichte des heutigen Madagaskars.

Doch wie ging es nach dem mißglückten Staatsstreich weiter?

1861 trat der europäerfreundliche Radama II. die Nachfolge von Königin Ranavalona I. an, Ida Pfeiffers erbitterter Feindin; er wurde aber bereits nach zweijähriger Regierungszeit ermordet. Seine Nachfolgerin, Königin Rasoherina (1863-1868), öffnete die Insel wieder dem westlichen Einfluß. 1868 schloß ihre Nachfolgerin Ranavalona II. einen Vertrag mit Frankreich, der sie formell als Herrscherin von Madagaskar anerkannte. 1885 wurde der französischmadegassische Protektoratsvertrag unterzeichnet; doch die Merina des Hochlandes widersetzten sich der Besetzung ihres Landes durch die Franzosen. 1896, nach einem erbitterten Krieg, übernahm der französische General Galieni den Oberbefehl über Madagaskar.

Die Königin mußte abdanken und wurde nach Algier verbannt. 1947 erhoben sich die Madegassen in einem blutig niedergeschlagenen Aufstand gegen die französische Herrschaft. 1946 wurde Madagaskar zum »überseeischen Gebiet der französischen Union« erklärt, am 14. Oktober 1958 schließlich wurde die Republik Madagaskar ausgerufen. Auf Grund der Verfassung von 1975 ist Madagaskar heute eine »Demokratische Republik auf der Basis der Charta der Sozialistischen Revolution«.

Die Insel Madagaskar, die noch vor wenigen Jahren zu den bedeutenden Reisexportländern der Welt gehörte, ist gegenwärtig auf Importe angewiesen, um die Versorgung der Bevölkerung von rund 11 Millionen zu sichern: Das Land ist von Erosion bedroht, einer Folge jahrzehntelanger Monokultur; viele seltene, nur auf Madagaskar vorkommende Pflanzen- und Tierarten sterben langsam aus. Trotz internationaler Bestrebungen und Finanzhilfen stehen bis jetzt nur etwa 2 % der gesamten Landfläche unter Naturschutz.

Die im vorliegenden Text eingestreuten alten Volkslieder aus Madagaskar sind dem Band *Vieilles Chansons des pays d'Imerina* (Tananarive, 1939) von Jean-Joseph Rabearivelo (1903-1937), dem ersten großen madegassischen Dichter, entnommen.

BIBLIOGRAPHIE

REISE EINER WIENERIN IN DAS HEILIGE LAND
2 Teile, in 2 Bänden
(Wien, 1844, 1845, 1846, 1856)
Auszugsweise Neuauflage herausgegeben und bearbeitet von Ludwig Plakolb (Stuttgart, 1969)
Bibliothek klassischer Reiseberichte
(Frankfurt a. M., 1980)

REISE NACH DEM SKANDINAVISCHEN NORDEN UND DER INSEL ISLAND IM JAHRE 1845
2 Teile, in 2 Bänden (Pest, 1846, 1855)

EINE FRAUENFAHRT UM DIE WELT
Reise von Wien nach Brasilien, Chili, Otahaiti, China, Ost-Indien, Persien und Kleinasien
4 Teile, in 3 Bänden (Wien, 1850)

MEINE ZWEITE WELTREISE
London, das Cap der guten Hoffnung, Singapore, Borneo, Java, Sumatra, Java, Celebes, die Molukken, Kalifornien, Peru, Ecuador, Vereinigte Staaten von Nordamerika
4 Teile, in 4 Bänden (Wien 1856)

REISE NACH MADAGASKAR
Nebst einer Biographie der Verfasserin nach ihren eigenen Aufzeichnungen
2 Teile, in 2 Bänden (Wien, 1861)

IDA PFEIFFER – WELTREISENDE IM 19. JAHRHUNDERT
Hiltgund Jehle
(Waxmann Münster/New York, 1989)

Dieses Buch wurde auf umweltfreundlichem,
zellstoffreduziertem, chlorfrei gebleichtem Papier gedruckt.